DIE FRAUEN VON BLOCK 10

HANS-JOACHIM LANG

DIE FRAUEN VON BLOCK 10

Medizinische Versuche in Auschwitz

Weltbild

Besuchen Sie uns im Internet:
www.weltbild.de

Genehmigte Lizenzausgabe für Verlagsgruppe Weltbild GmbH,
Steinerne Furt, 86167 Augsburg

Umschlaggestaltung: Atelier Seidel – Verlagsgrafik, Teising
Umschlagmotiv: akg-images, Berlin
Gesamtherstellung: GGP Media GmbH, Pößneck
Printed in the EU
ISBN 978-3-86365-584-6

2016 2015 2014 2013
Die letzte Jahreszahl gibt die aktuelle Lizenzausgabe an.

Inhalt

Einleitung

Jäh hält Maya Lee inne. Sie stöbert im Internet, soeben hat sie den Namen ihrer Mutter in die Suchmaschine eingetippt. Auf dem Bildschirm ihres Computers erscheint das Foto eines Arms, auf den die Ziffernfolge 2318 tätowiert ist. Maya Lee kennt diese Zahl. Damit brandmarkten die Nazis in Auschwitz ihre Mutter, Magda Blau. 2318 war ihre Häftlingsnummer. Aber was Maya Lee, geborene Blau, vor sich sieht, ist nicht der Arm ihrer Mutter, die sie in einem Nebenzimmer weiß, sondern der Arm von Deborah Fisher in New York, fast 17 000 Kilometer Luftlinie entfernt von Maya Lees Heim in Melbourne.

Drei Tage später, am 28. Juni 2006, stirbt Magda Blau, aber ihre Geschichte lebt weiter auf dem Arm von Deborah Fisher. Die New Yorker Ergotherapeutin ist ebenfalls Tochter eines Holocaust-Überlebenden[1], und sie will ihre Umgebung ermahnen, Auschwitz nicht aus dem Blick zu verlieren. Sie hat Magda Blau nie kennengelernt, aber sie hat von deren Lebensgeschichte gehört. Beeindruckt war sie von dem Mut der slowakischen Jüdin, die ihre Stellung als Blockälteste, soweit es möglich war, zum Wohle ihrer Mithäftlinge ausnutzte. Schon kleine Gesten konnten in dieser Umgebung Wunder bewirken.[2]

Häftlingsunterkünfte in den Konzentrationslagern wurden

Blocks oder Blöcke genannt und durchnummeriert. Blockälteste waren Häftlinge, denen die SS Leitungsaufgaben übertragen hatte. Sie unterstanden direkt den SS-Blockführern und waren ihnen für Disziplin, Ordnung und Sauberkeit in ihrem Block verantwortlich. Wie Magda Blau (damals: Magda Hellinger) diese Position in Block 10 ausfüllte, ist vielen Überlebenden in guter Erinnerung geblieben. Darin unterscheidet sie sich von einer ihrer Nachfolgerinnen, Margit Neumann, insbesondere aber von Blockältesten in anderen Blöcken während der Anfangszeit von Auschwitz, als die SS Schwerkriminelle in solchen Funktionen bevorzugte.

Im Block 10 hielten Nazi-Ärzte Frauen wie Versuchskaninchen. Sie waren, entsprechend den Ansprüchen dieser Mediziner – und oft von ihnen selbst – selektiert worden: die meisten unmittelbar nach ihrer Ankunft in Auschwitz, etliche auch im Lager Birkenau. Ihnen allen war gemeinsam, dass sie Jüdinnen waren. Rosaline de Leon, eine Überlebende aus den Niederlanden, erinnert sich, dass ihre Gefährtinnen aus diesem Block »aus allerlei Landen« und »von allerlei Nationalität« waren. »Es gab dort Polen, Holländer, Deutsche, Griechen, Tschechen, Slowaken, Belgier und Franzosen.«[3]

Als ein Hauptakteur in Block 10 betätigte sich der Gynäkologe Prof. Dr. med. Carl Clauberg. Er hatte im Frühjahr 1943 den Block übernommen, um an Frauen eine Methode der Massensterilisation auszuprobieren. Weitere Mediziner schlossen sich in diesem Gebäude mit eigenen Versuchen bedenkenlos an. Dr. med. Horst Schumann hatte schon in den Tötungsanstalten Grafeneck (Landkreis Reutlingen) und Sonnenstein (Landkreis Pirna) seine Skrupellosigkeit bewiesen, indem er sich aktiv an der Ermordung von Behinderten und psychisch Kranken beteiligte. Er selektierte Frauen in Block 10 für seine Experimente zu Methoden der Röntgensterilisation. Dr. med. Eduard Wirths, letzter Dienstgrad: SS-Sturmbannführer, war als Standortarzt der oberste Mediziner in Auschwitz. Er forschte nebenbei über die Entstehung von Gebärmutterkrebs und operierte, ohne sie zu fragen, Frauen aus diesem Block oder betraute damit Ärzte, die selbst Häftlinge waren und im Lagerbetrieb »Häftlingsärzte« genannt wurden. Der Bakteriologe Dr. med. Bruno Weber leitete die im April 1943 in Block 10 gegründete und anschließend ins Nebenlager Rajsko verlegte »Hygienisch-Bakteriologische Untersuchungsstelle der Waffen-SS und Polizei Süd-Ost«. Sie unterstand unmittelbar dem »Hygiene-Institut der Waffen-SS« und kooperierte mit dem SS-Wirtschafts- und Verwaltungshauptamt, dem die gesamten Konzentrationslager unterstellt waren. Weber, letzter Dienstgrad: SS-Hauptsturmführer, nötigte Frauen aus Block 10 zu Blutspenden in gesundheitsgefährdend großen Mengen für Spezialuntersuchungen. Er interessierte sich für die Reaktionen im Körper, wenn verschiedene Blutgruppen aufeinandertreffen. Der Bakteriologe Dr. med. Hans Münch war Webers Stellvertreter und beteiligte sich mit eigenen Forschungen: Er arbeitete an der Früherkennung von Gelenkrheumatismus und an Methoden, im Speichel Blutgruppen zu bestimmen. Auch Mediziner außerhalb von Auschwitz ließen sich mit Versuchspersonen aus Block 10 bedienen, als handle es sich um ein menschliches Materiallager. Dr. med. Helmut Wirths (Hamburg), Bruder des Standortarztes, ließ sich Gewebeproben schicken. Er war an den Versuchen zur Früherkennung von Gebärmutterkrebs zumindest beteiligt, wenn er sie nicht sogar initiiert hatte. Dr. med. Bruno Beger (München) und Dr. med. Hans Fleischhacker (Tübingen) wählten 29 Frauen aus (dazu noch 57 Männer aus dem Hospitalbereich von Block 21 oder Block 28), die sie nach »rassenanthropologischen« Kriterien klassifizierten. Sie ließen die 86 Juden dem Straßburger Anatomieprofessor Dr. med. August Hirt zuführen, der ihre Leichen für eine geplante Skelettsammlung angefordert hatte.

Den Block 10 bezeichnet der amerikanische Psychiater Prof. Robert Jay Lifton als »Inbegriff für Auschwitz schlechthin«.[4] Lifton kennt Auschwitz nicht aus eigener Erfahrung, aber er hat mit Überlebenden gesprochen: mit Opfern und mit Tätern.

Die französische Ärztin Dr. Adélaïde Hautval, zeitweise Häftlingsärztin in diesem Gebäude, berichtet von dem unauslöschlichen Eindruck, an einen »Ort des Schreckens« versetzt gewesen zu sein. Und die aus Kielce stammende Ärztin Dr. Slavka Kleinová[5], die wie Hautval von Drancy nach Auschwitz deportiert worden war, beschreibt ihre Empfindung, die sie in der ersten Nacht in Block 10 befiel, mit den Worten: »Ich hatte das Gefühl und habe es jetzt noch, als ob man mich in ein Haus geschafft hätte, das etwas von einer Hölle wie auch von einer Irrenanstalt an sich hatte.«[6]

Wenn sie das Unbeschreibliche wenigstens metaphorisch fassen wollen, nennen viele Autoren Auschwitz eine Hölle, oder sie verweisen auf Dante und dessen mittelalterliche Albträume. Auschwitz aber war irdisch und gegenwärtig. Die verstörende Tatsache, dass inmitten einer geordneten Zivilisation Auschwitz möglich war, gibt immer wieder Anlass zu generalpräventiven Verpflichtungen für die Zukunft: Auschwitz darf sich nie wiederholen. Das ist prinzipiell richtig. Gleichwohl ist dieses Buch nicht als eine moralische Pflichtlektion verfasst worden. Denn es kann nicht darum gehen, dem Leid der missbrauchten Frauen von Block 10 einen Sinn zuzuschreiben. Als Bekräftigung für grundlegende Menschenrechte und für eine medizinische Ethik bedarf es keines Ortes wie Auschwitz, Menschenrechte müssen ihre Wertmaßstäbe nicht aus der Negation des Bösen beziehen.

Ein Sinn ergibt sich vor allem daraus, dass diese Frauen, wie alle Opfer nationalsozialistischer Verbrecher, nicht vergessen werden.

Deborah Fisher ließ sich als 47-Jährige die Häftlingsnummer von Magda Blau auf ihren linken Arm tätowieren, so wie es in Auschwitz praktiziert wurde. Sie wünscht, darauf angesprochen und nach der Bedeutung ihrer Tätowierung gefragt zu werden. Weil auch die Holocaust-Überlebenden bald tot sind, will die Nachgeborene selbst Zeugnis geben, sie möchte durch einen provokativen Anstoß eine lebendige Auseinandersetzung herbeiführen.[7] Das ist eine respektable didaktische Überlegung. Aber diese Provokation lässt nicht nur innehalten, sie irritiert auch. Letztlich macht sie mehr auf die Provokateurin aufmerksam als auf ihr Anliegen.

Die Erinnerung an die Verbrechen im Nationalsozialismus, sagt Saul Friedländer, »muss sich an den Intellekt wie an die Emotionen wenden, wenn sie auch den kommenden Generationen zugänglich sein soll«.[8] Diese Forderung macht sich das vorliegende Buch zu eigen, indem am konkreten Beispiel der Medizinversuche die Dimension der nationalsozialistischen Vernichtungsmaschinerie insbesondere aus der Perspektive der Leidtragenden erfasst wird. Das heißt nicht, dass die Täter – in diesem Fall Nazi-Mediziner – ausgeklammert werden und weitere Geschichtsquellen unberücksichtigt bleiben. Sie stehen aber nicht im Mittelpunkt. Dorthin rücken die Opfer, also die Versuchspersonen. Sie waren in Block 10 die Objekte, hier sollen sie Subjekte sein.

Subjekte haben Namen, und Namen schaffen Identität. Diese Voraussetzung begleitete auch frühere Arbeiten des Autors, von denen eine hervorgehoben sein soll: *Die Namen der Nummern.*[9] Sie handelt von jenen oben erwähnten 29 Frauen und 57 Männern, die im August 1943 im KZ Struthof/Natzweiler ermordet wurden, weil August Hirt mit ihren Skeletten eine geplante rassenanthropologische Schausammlung bestücken wollte. Obwohl Historiker dieses bizarre Medizinverbrechen, das im Nürnberger Ärzteprozess ein erstes Mal juristisch aufgearbeitet wurde, oft beschrieben haben, sind die in einem Massengrab beigesetzten 86 Juden sechs Jahrzehnte lang namenlose Opfer geblieben. Dass die Identifizierung möglich war, konnte der Autor zeigen. An ihrem Grab auf dem Jüdischen Friedhof in Straßburg nennt seither ein Granitstein alle 86 Namen.

Während der Erforschung der zugehörigen 86 Biographien kamen Lebenswege zutage, die durch ganz Europa führten, von Larvik in Norwegen bis nach Saloniki in Griechenland. Die überlieferten Quellen offenbaren, dass die unterschiedlichen Lebenswege der 29 Frauen allesamt in Block 10 im Stammlager von Auschwitz mündeten. Dies gab den Anstoß, das als medizinische Versuchsstation bekannte Gebäude genauer zu erforschen. Schon bei der ersten Durchsicht von Quellen zeigte sich, wie fehlerhaft über diesen Block berichtet wird und dass weitaus mehr Versuchspersonen, die in ihm untergebracht waren, Auschwitz überlebten, als allgemein bekannt ist. Darum entstand der verwegene Plan, vor allem anhand von Augenzeugenberichten das Innenleben von Block 10 zu beschreiben und zu erhellen, wie es zu den Menschenversuchen gekommen ist und unter welchen nur schwer vorstellbaren Umständen eines Vernichtungslagers sie von den Betroffenen erlebt wurden.

Da die SS-Lagerverwaltung vor der Befreiung von Auschwitz die meisten der akribisch geführten Akten vernichtete, lässt sich die Zahl der Frauen, die in Block 10 eingewiesen wurden, nur ungefähr bestimmen. Vermutlich waren es rund 800. Die meisten überstanden, oft mit fürchterlichen Nebenwirkungen, die Versuche, kamen dann aber aus anderen Gründen in Auschwitz, Birkenau oder auf den Todesmärschen ums Leben. Etwa 300 Frauen überlebten und konnten in ihre Heimat zurückkehren. Von ihnen fand ich Zeugenaussagen aus Gerichtsprozessen, Anamnesen, Behördenakten, autobiographische Schriften, Interviews, Gesprächsprotokolle – von manchen nur die Namen. Mit einigen wenigen der Überlebenden, mittlerweile hochbetagt, habe ich noch persönlich sprechen können. Aus der Zusammenschau dieser Zeugnisse fügt sich ein Gesamtbild, wie bis jetzt noch keines vorliegt. Dabei soll auch auf gruppendynamische Phänomene eingegangen werden, Spannungen unter den verschiedenen Nationalitäten, Schwarzhandel, Freundschaft und Sexualität, Solidarität, kulturelle Aktivitäten. Nicht zuletzt auch auf das Wunder, dass eine der Häftlingsfrauen ihren dreijährigen Sohn mit in die Versuchsstation nehmen durfte, und das noch größere Wunder, dass er Befreiung und Todesmarsch überlebte.

Block 10 gehört zu den Gebäuden im Stammlager, die Besuchern gemeinhin nicht zugänglich sind. Als Beitrag der deutschen Bundesländer zur Erhaltung der Gedenkstätte Auschwitz-Birkenau wurde der Bau im Jahr 1996 saniert. Die Entscheidung der Gedenkstättenleitung in Oświęcim, den Block 10 als einen Ort der Stille zu belassen, bedeutet nicht, daraus das Leben zu verbannen, das hier behaust war. Ich möchte daran erinnern, wer die Frauen waren, die hier im Ungewissen lebten und litten, sie sind für mich nicht anonyme Opfer, sondern konkrete Personen mit Namen und Herkunft.[10] Nur sehr wenige sind bekannt geworden wie die berühmte Geigerin Alma Rosé, Nichte des Komponisten Gustav Mahler.

Interessieren sollen ihre Lebensgeschichten, die sie nach Auschwitz mitgebracht hatten, und was sie nach ihrer Einweisung noch weiter erwartete: Experimente an ihrem Körper, über deren Wirkungen sie nie vollständig aufgeklärt wurden, und ein Alltag unter extremen Bedingungen. Das Leid, das über die Frauen von Block 10 hereinbrach, war mit den Versuchen noch nicht beendet. Immer wieder bedrohten Selektionen ihr Leben. Sie mussten schwerste Krankheiten überstehen, nach Todesmärschen noch unsäglichem Elend in weiteren Lagern entkommen, ehe sie schließlich befreit wurden. Die Gefühle des Glücks, zu den Siegern zu gehören, mischten sich in die nie mehr unbeschwerte Zeit, die ihnen nach ihrer Rückkehr bevorstand: überschattet von Gesundheitsschäden infolge des Lageraufenthalts, Kinderlosigkeit wegen der Sterilisierungsexperimente, Armut aufgrund der Enteignungen vor den Deportationen und oft auch durch krankheitsbedingte Arbeitsunfähigkeit, Hiobsnachrichten über ermordete Angehörige und Freunde.

In medizingeschichtlichen Darstellungen sind dazu keine Hinweise zu finden, auch nicht zu entwürdigenden Behördengängen, die Opfer von Menschenversuchen auf sich nahmen, um dann nach schier unendlich langer Wartezeit von der Bundesrepublik Deutschland eine oft beschämend geringe »Wiedergutmachung« ausbezahlt zu bekommen. Falls überhaupt. Von der erschütternd mangelhaften strafrechtlichen Aufarbeitung ganz zu schweigen.

Das alles soll nicht vergessen sein, wenn künftig von Medizinversuchen in Auschwitz die Rede ist, die gemeinhin nur mit dem Namen Josef Mengele verbunden werden.[11] Den Frauen von Block 10 und ihren Familien ist dieses Buch gewidmet.

Mehr als eine Wiederbegegnung

Augusta Nathan und Carl Clauberg

»Haben Sie dieses Schwein gesehen?« Augusta Nathan spürt einen altbekannten dumpfen Schmerz. Es ist der 11. Oktober 1955. Das »Schwein«, das soeben im Fernsehen zu sehen war, heißt Carl Clauberg. Vor 13 Jahren hat er ihr Leben zerstört. Ihr Leben und das Leben einiger hundert weiterer Frauen. Nie hat sie »dieses Schwein« vergessen können. Carl Clauberg, Professor der Medizin, Menschheitsverbrecher. Seit mehr als zehn Jahren hat sie ihn nicht mehr gesehen, auch nichts über seinen Aufenthaltsort gehört. Aber die Schmerzen, die er ihr zugefügt hat, sind täglich gegenwärtig. Überraschend ist dieser Carl Clauberg wiederaufgetaucht. Voll Zuversicht sprach er in das Mikrophon eines Reporters. Eine glanzvolle Medizinerkarriere wird ihm in der jungen Bundesrepublik bevorstehen, eine zweite Chance für ihn. Das strahlte er aus. Augusta Nathan ist zu Besuch in Düsseldorf. Sie muss sofort Hendrik van Dam sprechen, den Generalsekretär des Zentralrats der Juden in Deutschland. Sie nimmt den Hörer auf und spricht ins Telefon: »Haben Sie dieses Schwein gesehen?«[1]

Mitte September 1955 vereinbarten die Bundesrepublik Deutschland und die Sowjetunion diplomatische Beziehungen. Dieses Abkommen besiegelte den Status der DDR als zweitem deutschem Staat und beinhaltete das mündlich gegebene Ehrenwort des sowjetischen Ministerpräsidenten Nikita Chruschtschow, binnen einer Woche alle noch im Lande verbliebenen deutschen Kriegs- und Zivilgefangenen freizulassen. Rund 10 000 Heimkehrer sind in den ersten beiden Oktoberwochen im Grenzdurchgangslager Friedland eingetroffen. Auch der Medizinprofessor Carl Clauberg.

Begeistert empfängt die Bevölkerung die freigelassenen Gefangenen, die Anteilnahme an ihrer Ankunft ist überwältigend groß. Riesige Menschenmengen versammeln sich in nahezu allen größeren Städten auf zentralen Plätzen und erwarten in gelöster Stimmung die Rückkehrer. In Kiel, wo Clauberg zunächst bei seiner Schwester wohnen wird, brandet in der Nacht zum 11. Oktober 1955 auf dem beleuchteten Marktplatz Jubel auf, als sich der Bus mit den angekündigten Männern hupend und blinkend nähert. »Auch die sich nie gesehen hatten, lagen einander in den Armen«, berichten die *Kieler Nachrichten* am nächsten Tag. »Die Kraft der Worte reicht nicht aus, um alle Gefühle dieses Augenblicks wiederzugeben.« Der nächtliche Empfang sei »mit einer Strophe des Deutschlandlieds« ausgeklungen. Mit welcher, wird nicht erwähnt.

Der Medizinprofessor kommt jedoch nicht mit dem Bus nach Kiel, sondern einen Tag später mit der Bahn. Nach einer knappen Woche Aufenthalt geht er ins Krankenhaus und lässt sich einen Leistenbruch operieren. Zwei Tage vor dem Eingriff schreibt er an seine Frau: »Ich bin dabei, den Weg – den lang gewussten – in die Weltöffentlichkeit anzutreten und eine Persönlichkeit zu werden, die nicht so leicht von den Blättern – zumindest der interessierten – Welt wieder auszulöschen sein wird.«[2]

Augusta Nathan ist seit zehn Jahren von ihrer Gefangenschaft erlöst. Dennoch wird sie sich nie mehr davon befreien können. Sie hat Auschwitz überlebt, den Todesmarsch nach Ravensbrück und das KZ Neustadt-Glewe. Bei ihrer Rückkunft wartete nirgendwo jemand auf einem Marktplatz. Es ist aber auch schwer zu sagen, welcher dafür hätte in Frage kommen können. Wo ist nun ihre Heimat? Augusta Nathan will nach dem Krieg weder in Deutschland noch sonst wo in Europa leben. Sie lebt jetzt in den USA. In Düsseldorf hält sie sich nur auf, um Entschädigungsansprüche für KZ-Internierung und Vermögensverluste zu klären. Dass ihre Deutschlandreise mit der Rückkehr Claubergs zusammenfällt, ist ein Zufall. Sie stellt, wie eine Woche vor ihr auch der Zentralrat der Juden in Deutschland, am 3. November 1955 Strafanzeige gegen Clauberg. Außerdem beantragt sie, bei einem Strafprozess als Nebenklägerin zugelassen zu werden.[3] Am 7. November 1955 reicht Hermann Langbein vom Comité International d'Auschwitz eine weitere Strafanzeige gegen Clauberg ein, diesmal auch wegen Tötungsdelikten. Am 14. November legt der Zentralrat der Staatsanwaltschaft eine Liste mit 23 Zeugen vor.[4]

Am 19. November, der chirurgische Eingriff an dem Professor ist erfolgreich verlaufen, erscheint in den *Kieler Nachrichten* unter der gefetteten Überschrift »Eilt!« eine Kleinanzeige: »Prof. Dr. med. Carl Clauberg sucht mehrere tüchtige, weibliche Schreibmaschinenkräfte, die entweder arbeitslos (was unwahrscheinlich) oder abends in ihrer Freizeit als Überstunden für einige Tage, täglich 2 bis 3 Stunden, für mich zu arbeiten in der Lage sind.« Interessierte sollen in der »Chirurgischen Universitätsklinik (Privatstation, Zimmer 1)« bei ihm vorsprechen. »Es könnte sein, dass für die beste von ihnen sich die Möglichkeit zu einer Dauerstellung ergibt. In dem Falle: Probezeit, Reise mit mir im Wagen durch Deutschland mit anschließendem Kuraufenthalt (4 Wochen) und während dieser Zeit Arbeit für mich tägl. 2–3 Stunden. Alles frei u. Gehalt.«

Wie viele Interessenten deswegen bei Clauberg vorsprechen, ist nicht überliefert. Dagegen sind andere Besucher aktenkundig geworden: Am 19. November kommt der Untersuchungsrichter mit dem Staatsanwalt zu einer ersten Vernehmung in die Klinik. An Frau A.[5] könne er sich nicht erinnern, sagt Clauberg bei dem Verhör, als ihm der Name gesagt wird. Das ist weder eine Lüge noch eine Schutzbehauptung. Denn der Lagername der Anzeigeerstatterin war ein anderer als der, unter dem sie sich an die Staatsanwaltschaft wandte. In Auschwitz hieß sie noch Augusta Nathan. Paul Nathan, den sie 1921 in Düsseldorf geheiratet hatte, war in Auschwitz ums Leben gekommen, 1950 schloss sie eine zweite Ehe.

»Es ist richtig, dass ich auch selbst den Eingriff der Sterilisierung vorgenommen habe«, gibt Gynäkologe Carl Clauberg bei seiner Vernehmung zu Protokoll. »Es kann möglich sein, dass ich dies auch bei Frau A.[6] getan habe.« Ihm seien in Block 10 insgesamt 400 Frauen »zur Verfügung gestellt« worden. Er selbst habe lediglich 22 Frauen sterilisiert[7], behauptet er. Weitere Sterilisierungen hätten ein Chemiker und ein Sanitätsfeldwebel durchgeführt, zwar auf seine Anweisung hin, aber einzig zu dem Zweck, »die Methode für jeden schmerzlos zu machen«. Als weiteren Beleg für seine edle Gesinnung führt er an, dass es sich bei allen 400 Frauen, »um ganz normale Jüdinnen gehandelt« habe. Mit anderen Worten: Sie hätten ohnehin damit rechnen müssen, im Gas ermordet zu werden. »Die einzige Schädigung, welche die Frauen haben können, ist die der Unfruchtbarkeit.« Eine andere Verletzung sei unmöglich. »Ich habe nicht an Hunderten und Tausenden von Frauen Experimente vorgenommen, sondern an 150 Frauen meine am Tier fertig ausgearbeitete Methode der operationslosen Sterilisierung übertragen.« Einschließlich dieser 150 Frauen, so seine persönliche Bilanz, habe er »dadurch insgesamt 400 Frauen vor der Vernichtung gerettet«.[8] In der Begründung seiner Haftbeschwerde steigerte Clauberg seine angebliche Uneigennützigkeit: Die Unfruchtbarkeit durch seine Einspritzungen sei zwar beabsichtigt gewesen und auch eingetreten. Doch habe er stets »im Einvernehmen mit diesen Frauen« gehandelt. »Die von mir geschaffene Einrichtung galt als ein ›Lebensrettungs-Institut‹. Es bestand bei den weiblichen Häftlingen eine Sucht, dorthinzukommen.«[9]

Am 21. November 1955 wird Carl Clauberg der Haftbefehl

ausgehändigt. Der Vorwurf lautet: Er habe zwischen 1942 und 1945 im KZ Auschwitz mindestens 150 weibliche Häftlinge »körperlich misshandelt und an der Gesundheit beschädigt«, mit der Folge, »dass die Verletzten die Zeugungsfähigkeit verloren, wobei diese Folge beabsichtigt war und eingetreten ist«.[10] Claubergs Beschwerde gegen den Haftbefehl wird am 24. November von der 1. Großen Strafkammer des Landgerichts Kiel verworfen.[11]

Ohne ihr eigenes Zutun, nur weil sie Jüdin war, wurde Augusta Nathan von den Nationalsozialisten aus ihrer heimischen Umgebung gerissen. »Wir waren eine Familie wie Millionen andere in der Welt«, schreibt sie in ihrer Autobiographie, eine Familie mit Sorgen und Freuden. »Niemand taten wir bewusst Unrecht, das Leben schien in festen Geleisen, bis die Nazis die Macht übernahmen.«[12] Geboren wurde sie am 26. Juni 1901 in Gelsenkirchen als Tochter von Hermann und Ida Cohn (geborene Horn). Mit ihrem ersten Mann, einem Kaufmann aus Viersen, gründete sie in Düsseldorf eine Familie, 1925 und 1929 kamen die Söhne Kurt und Herbert auf die Welt. Paul Nathan eröffnete ein Textilgeschäft.

»Wir hatten unser Haus, unsere Freunde, alles was man Heimat nennt, in Deutschland, unsere Eltern und Großeltern und viele Generationen vor ihnen hatten sie in Deutschland gehabt. Dann wurzelt man fest und reißt sich nicht so einfach mit einem einzigen Ruck los.« Dennoch entschließen sie sich schon frühzeitig, Deutschland zu verlassen: Augusta Nathan, ihr Mann, ihre beiden Söhne, außerdem ihr Schwager Siegfried Nathan, der in Viersen eine Arztpraxis zurücklässt. Vage Auswanderungspläne hatte die Familie schon vor dem Machtantritt der Nationalsozialisten, im Herbst 1935 werden sie verwirklicht. Die drei Erwachsenen fahren mit dem Auto nach Alicante zu Freunden und erkunden die Lage. Augusta fliegt zurück, löst die Arztpraxis ihres Schwagers und ihren eigenen Haushalt auf, verhandelt mit Konsulaten, Finanzämtern und anderen Behörden. »Am 1. Dezember 1935[13] ließen wir – zum ersten, aber nicht zum letzten Mal – die Vergangenheit und ein Stück Leben hinter uns, und ich flog mit meinen beiden Jungens, damals fünf und neun Jahre alt, nach Barcelona.« In Alicante findet die Familie eine Wohnung, gewöhnt sich an Land und Leute, lernt die Sprache, baut sich eine neue Existenz auf. »Kurzum: Wir waren gerne dort, fühlten uns glücklich und zufrieden und begannen Wurzeln zu schlagen.«

Nicht länger als ein Jahr dauert diese friedliche Existenz. In der neuen Heimat putschen Faschisten gegen die Volksfront-Regierung, der Bürgerkrieg bricht aus, und die Nathans, die im zunächst noch republikanisch beherrschten Teil Spaniens leben, bekommen ein Problem: Sie sind Deutsche, und den Spaniern erscheint es als unerheblich, dass es sich bei den Nathans um verfolgte Juden handelt. »Nicht unsere Flucht aus Deutschland, sondern unsere Pässe waren ausschlaggebend.« Sie werden aufgefordert, das Land zu verlassen.

Schweren Herzens packen die fünf Nathans die Koffer und lassen alles andere zurück, in der Annahme, bald wieder zurückkehren zu können. »Aber diese Hoffnung verflog bald.« Auf einem französischen Flüchtlingsschiff fahren sie Mitte August 1936 nach Marseille und folgen von dort einer Einladung von Freunden in die Schweiz. Die Kinder können zwar die Schule besuchen, doch die Erwachsenen dürfen nicht arbeiten, weil sie Ausländer sind. Viele Alternativen stehen nun nicht mehr offen. Siegfried und Paul Nathan reisen nach Belgien und erkunden die Aussichten, sich dort niederzulassen. Zwei Monate später folgt Augusta mit den Kindern, denn ihr Mann hat eine Stelle gefunden. Doch bleibt auch Belgien nur eine Episode, nach acht Monaten werden sie als unerwünschte Ausländer ausgewiesen. Allerdings hat sich Siegfried Nathan ein Visum für die USA beschaffen können und verlässt nun das Königreich in Richtung Chicago.

Die jetzt vierköpfige Familie Nathan versucht ihr Glück in den Niederlanden, bezieht in Scheveningen eine möblierte

Wohnung und holt kurz vor Weihnachten 1938 Paul Nathans Mutter zu sich, deren Wohnungseinrichtung in der Pogromnacht restlos zerstört worden ist. Rosa Nathan hatte bis dahin noch mit ihrem Sohn Alfred in Viersen gelebt. »Wir hatten die Hoffnung verloren, in Europa noch irgendwo eine feste Bleibe, eine Heimat zu finden«, erinnert sich Augusta Nathan. Überall ist man nur als Ausländer geduldet und hat Aufenthalts- und Arbeitsprobleme. Darum halten die Nathans ebenfalls nach einer Möglichkeit Ausschau, in die USA zu kommen. »Nach zweijährigen Kämpfen hatten wir endlich im April 1940 das Visum nach Amerika. Wir waren überglücklich. Der Krieg war inzwischen ausgebrochen, mehrmals war es in Holland schon recht kritisch gewesen, ein Einfall der Deutschen wurde jeden Augenblick erwartet. Schnell wurden die Koffer gepackt und zum Spediteur besorgt, die Schiffspapiere in Ordnung gebracht, eine Pension für meine Schwiegermutter gefunden. Mit einem Bein standen wir sozusagen schon auf dem Schiff in die Freiheit, – da kam am 10. Mai 1940 der Einfall der Deutschen in Holland.« Alles ist verloren. »Eine schwere Zeit, die schwerste unseres Lebens, lag jetzt vor uns. Und doch konnten wir uns damals noch nicht im entferntesten vorstellen, wie schwer diese Zeit werden würde.«

Carl Clauberg ist nicht ganz drei Jahre älter als Augusta Nathan, geboren am 28. September 1898 in dem Dorf Wupperhof im Bergischen Land als ältester Sohn eines Messerschmiedemeisters. In Kiel, wohin seine Familie nach der Jahrhundertwende umgesiedelt war, eröffnete sein Vater ein Waffengeschäft. Sohn Carl beendete 1916 seine Schulzeit mit dem Abitur. Gleich am Tag nach der Prüfung erhielt er den Einberufungsbefehl. Er zog als Infanterist in den Ersten Weltkrieg, geriet 1917 in englische Gefangenschaft und wurde erst 1919 wieder entlassen. »Schon frühzeitig interessierte mich das Forschen an der menschlichen Biologie, und schon früh fühlte ich die Berufung zum Arzt in mir«, sagt Clauberg über seine berufliche Neigung.[14] Noch während der Kriegsgefangenschaft habe er sich Bücher aus Deutschland schicken lassen, um sich auf sein Studium vorzubereiten. Sofort nach seiner Heimkehr schrieb er sich in Kiel für das Fach Medizin ein, das er beschleunigt studierte: Nach vier Semestern – mit auswärtigen Stationen in Hamburg und Graz – legte er das Physikum ab, nach weiteren fünf bereits das Staatsexamen (Prädikat: »gut«), dann noch sieben Monate, und die Doktorarbeit (über die Todesursachen bei Luftembolie) war abgeschlossen. Am 1. April 1925 erhielt Clauberg die ärztliche Zulassung und den Doktortitel.

Zwei Jahre vorher, am 23. Mai 1923, berichteten die *Kieler Nachrichten* von einem Medizinstudenten, der eine junge Frau gegen drei Uhr in der Nacht von einer Verlobungsfeier nach Hause begleitet hatte und, Folge erheblichen Alkoholzuspruchs, unmittelbar vor deren Wohnung auf der Steintreppe zusammengebrochen war. Zwei Passanten hätten ihm auf die Beine geholfen, mit einem dritten, der hinzukam, sei er in Streit geraten, worauf dieser dem Studenten von hinten mit einem Spazierstock mehrfach auf den Kopf geschlagen habe. Der junge Mann habe sich herumgedreht, eine Pistole gezogen und geschossen. »Instinktiv griff ich beim Umdrehen in meine Tasche und an meine Pistole, die ich sofort im Rausziehen entsicherte und hochriss«, sagte Carl Clauberg 30 Jahre später und beteuerte, in diesem Moment sei ihm die Pistole mit einem Stock aus der Hand geschlagen worden, woraufhin sich der Schuss gelöst habe. Der Getroffene war sofort tot: ein 51-jähriger Arbeiter, Vater erwachsener und verheirateter Kinder, der gerade in Begriff gewesen war, eine Reise anzutreten.

Der angebliche Angreifer hatte deswegen einen Stock zur Hand, weil er blind war.[15] So jedenfalls stellte es der Sohn des Opfers dar. Die Staatsanwaltschaft indes ließ sich von Claubergs Version einer Notwehrhandlung überzeugen, sie brachte den Fall nicht einmal vor Gericht. Zwei Jahre nach diesem Vorfall zog auch seine Mutter in einer von ihr als Notwehrsituation dargestellten Verstrickung eine Pistole. Ihr Mann betrog sie nämlich mit einer Freundin. Emma Clauberg lauerte den beiden auf einer Straßenbrücke auf, und als deren Auto näher kam, schoss sie – ohne zu treffen. Das Kieler Schöffengericht verurteilte die eifersüchtige Ehefrau zu einer Geldstrafe wegen Bedrohung.[16]

Als Assistenzarzt an der Frauenklinik der Kieler Universität beschäftigte sich Carl Clauberg zwischen 1925 und 1932 wissenschaftlich insbesondere mit Fragen der Fruchtbarkeit von Frauen. Das entsprach dem damaligen Hauptschwerpunkt der Klinik: der Erforschung der weiblichen Geschlechtshormone und des Menstruationszyklus. In ausgiebigen histologischen Untersuchungen hatten die Kieler Mediziner erstmals nachweisen können, dass ein gerade erst identifiziertes Sexualhormon, das zur Gruppe der Gestagene gehörende Progesteron, in der zweiten Zyklushälfte signifikante Veränderungen an der Gebärmutterschleimhaut bewirkt. In gynäkologischen Fachzeitschriften veröffentlichte Clauberg 1930 einen Gestagen-Test, mit dem sich Unfruchtbarkeit ausschließen lässt und der in modifizierter Form auch gegenwärtig noch als »Clauberg-Test« gebräuchlich ist. Der talentierte Mediziner hatte ihn in enger Zusammenarbeit mit dem Hauptlabor des Pharmakonzerns Schering-Kahlbaum AG entwickelt. Dank dieser Kooperation gelang es ihm außerdem, die beiden Hormone, die sich während des weiblichen Zyklus nacheinander bilden, Östrogen und Progesteron, voneinander abzugrenzen; damit schuf er die Grundlagen, um die beiden Wirkstoffe synthetisch herzustellen. Seither werden, wenn auch mittlerweile anders dosiert, Progynon und Proluton zur Behandlung von Unfruchtbarkeit eingesetzt.[17]

1932 wechselte der aufstrebende Wissenschaftler nach Königsberg in die dortige Universitäts-Frauenklinik, habilitierte sich 1933, im selben Jahr, in dem er auch in die NSDAP und in die SA eintrat. Im Juli 1937 wurde er, mittlerweile Oberarzt, zum außerordentlichen, 1939 zum außerplanmäßigen Professor ernannt. In dieser Zeit forschte er nach neuen Wegen, Frauen mit verschlossenen Eileitern durch hohe Dosen synthetischer Östrogene, damals Follikelhormon genannt, zur Fruchtbarkeit zu verhelfen. Seine Erfolge zahlten sich in stattlichen Honoraren der Schering-Werke aus, brachten ihm jedoch nicht den ersehnten Ruf auf den Lehrstuhl einer Universität. Bei Bewerbungen in Graz, Kiel und Marburg wurden andere Kandidaten bevorzugt.[18] Im Februar 1940 übernahm Clauberg im damals oberschlesischen Königshütte (heute: Chorzów) gleichzeitig die Leitung der Knappschafts-Frauenklinik und der Frauenstation des katholischen St. Hedwigs-Krankenhauses. Auch in polnischer Zeit waren beide Positionen in einer Hand gewesen.

Aus der Sicht von Friedel Clauberg stand ihr Mann, den sie am 6. April 1933 geheiratet hatte, zwischen 1933 und 1939 im Zenit seines wissenschaftlichen Forschens. Ein Buch über die weiblichen Sexualhormone und etwa 70 einschlägige Fachaufsätze seien in dieser Zeit neben seinem eigentlichen Beruf als Arzt entstanden. Alle seine Anstrengungen hätten der Bekämpfung von Sterilität bei Frauen gegolten. »Was in meinen Kräften stand, ihn in seiner Arbeit zu unterstützen oder helfen, sei es durch Referieren, Anfertigung der wissenschaftlichen Arbeiten in Stenogramm und Schreibmaschine, oder Verzicht auf eine gemütliche Häuslichkeit, ja selbst Verzicht auf seine Person, habe ich stets in vollem Vertrauen auf seine Aufgabe getan, oftmals unter Aufopferung meiner selbst«, sagt Friedel Clauberg, die selbst einmal Patientin ihres späteren Ehemannes war.[19] 1928 hatte er, nach seinen eigenen Angaben, die an einer Bauchfellentzündung im Beckenbereich (*Pelveoperitonitis*) erkrankte Frau durch eine riskante Operation aus einer Lebensgefahr retten können, allerdings mit der Nebenwirkung ihrer bleibenden Sterilität. Gerade diese Folge führte in der Ehe zu vielen hässlichen Szenen. Einmal hielt der Oberarzt seiner Frau sogar sein geladenes Jagdgewehr vor den Mund und fragte, ob er abdrücken solle. Sie müsse auch für ihn sterben können, wenn sie ihn liebe. »Ich hatte den Eindruck, dass er eine gewisse Befriedigung darin fand, wenn er mich so weit gebracht hatte, dass ich schluchzend und heulend zusammenbrach. Andererseits konnte er in einer Art um Verzeihung bitten, dass ich mich immer wieder zur Versöhnung bereitfand«, schildert Friedel Clauberg ein häufiges Verhaltensmuster.[20]

Carl Clauberg war nur 1,54 Meter groß. Das wich deutlich vom Gardemaß der SS ab, deren Mitglied er entgegen zahlreicher anderslautender Behauptungen nie war. Es liegt nahe, dass die geringe Körpergröße Minderwertigkeitsgefühle auslöste. Die ihm versagte Universitätslaufbahn verstärkte Carl Claubergs ohnehin vorhandene psychische Labilität, die sich nach außen bald in extrem wechselhaften Stimmungen, selbstherrlichem Auftreten, geltungssüchtigem Gehabe und zunehmend auch in alkoholischen Exzessen zeigte. Ein ehedem guter Bekannter Claubergs aus der Zeit in Königshütte sagt im Jahr 1955 als Zeuge rückblickend: »Herr Clauberg war zweifellos mit außergewöhnlicher Intelligenz begabt und hatte auch keinen Grund, an seinen Fähigkeiten als Arzt und Wissenschaftler zu zweifeln. Zweifellos zeigte er aber eine außergewöhnliche Überschätzung seiner Bedeutung und der Bedeutung seiner wissenschaftlichen und ärztlichen Leistungen. Er sprach immer so, als ob alle anderen Ärzte nichts verstünden, er dagegen Außergewöhnliches erarbeitet habe. Immer aber neigte er zu aggressiver Wichtigtuerei und war namentlich, wenn er Alkohol genossen hatte, aufbrausend.« Und als sähe er darin die Erfüllung einer frühen Prophezeihung, erwähnt der Bekannte, dass ihm Friedel Clauberg von einem merkwürdigen Satz ihres Mannes aus der noch glücklichen Anfangszeit der Ehe berichtet habe: »Friedel, dein Carl kommt entweder auf einen goldenen Thron, oder er wird ein Verbrecher.«[21]

Das in der Ehe versagte Kinderglück versuchte das Paar zunächst dadurch zu kompensieren, dass es vorübergehend die Tochter von Carl Claubergs Schwägerin in der Wohnung aufnahm. »Der Wunsch meines Ehemannes nach einem Kinde war auch nicht dadurch befriedigt worden«, sagt seine Frau in einer Vernehmung nach dem Krieg. »Es sollte eben ein ›eigenes‹ Kind sein.«[22] Nach einigen Jahren Ehe begann Carl Clauberg eine intime Beziehung mit seiner Sekretärin, die er in Königsberg eingestellt hatte und die mit nach Königshütte gewechselt war. Dort zeugte er mit ihr eine Tochter und einen Sohn, die 1940 und 1943 zur Welt kamen. Er adoptierte die Kinder und verlangte, dass seine Frau sie mit ihm aufziehe. Unterdessen setzte er mit seiner Sekretärin nicht nur das Arbeitsverhältnis fort. Zeitweise lebte er in Königshütte mit beiden Frauen zusammen, vorübergehend veranlasste er seine Ehefrau, von dort aus in die Bestiden zu ziehen, einem Gebiet in den Karpaten.[23] Ein halbes Dutzend Mal war die Sekretärin auch in Auschwitz zugegen und hat, wie sie in einer Vernehmung zugab, »zwei oder drei Mal an den Versuchen Dr. Claubergs teilgenommen«.[24]

Auschwitz. Anfänge

Frauen werden in das KZ eingeliefert

Eine Kaserne ist kein Ort für Frauen. Nicht in Oświęcim. Jedenfalls nicht vor 1942. Oświęcim, im Süden Polens, war eine unauffällige Kleinstadt mit Marktplatz, Rathaus, Kirche, Synagoge, viel Landwirtschaft, einigen Schnapsbrennereien und einer Kaserne. Dazu einem Bahnhof an der überregionalen Eisenbahnlinie Wien – Krakau und an der Lokalstrecke nach Katowice, wo Anschluss über Breslau nach Berlin bestand. Oświęcim zählte etwa 14000 Einwohner vor dem Zweiten Weltkrieg, davon knapp 60 Prozent Juden.

Oświęcim heißt Auschwitz, als Margita Švalbová am 28. März 1942 in einem Zug mit tausend jüdischen Frauen aus Bratislava, der Hauptstadt der Slowakei, eintrifft. Die Frauen kommen nicht freiwillig, sondern sind in einem Güterzug aus ihrer Heimat deportiert worden. Die Slowakei, die sich ihrer entledigt hat, ist ein noch junger Staat: ein Nebenprodukt der Zerschlagung der Tschechoslowakei, gerade erst drei Jahre alt und so souverän, wie es seine deutschen Nachbarn erlauben. Was nicht viel ist, seit die Nationalsozialisten begonnen haben, das alte Europa umzustürzen und mit ihren Helfern eine eigene Ordnung zu schaffen. Auch in Polen. Nachdem die Deutschen Polen angegriffen und erobert haben, verwandeln sie Oświęcim in die deutsche Industriestadt Auschwitz und die örtliche Kaserne zunächst in ein Arbeitslager, danach in ein Vernichtungslager.

Zwanzig Backsteingebäude, ein Stacheldrahtzaun und zwei Backsteingebäude außerhalb: Damit begann im Sommer 1940 die Geschichte des berüchtigsten Konzentrationslagers aller Zeiten. Das Areal liegt etwa zwei Kilometer südlich vom Stadtzentrum entfernt, dazwischen fließt die Soła. Nur sechs der 20 umzäunten Backsteingebäude waren zweistöckig. Zwangsverpflichtete Polen mussten die übrigen 14 um eine Etage aufstocken, außerdem Wachtürme errichten, das alte Pulvermagazin in ein Krematorium umbauen, ein Gebäude als Gefängnis zurüsten. Ein Gefängnis im Gefängnis, bald nur noch Block 11 genannt oder Todesblock. Ihre ursprünglichen Planungen hatten die deutschen Besatzer bereits verworfen. Ein Sammellager für Polen, die als Zwangsarbeiter nach Deutschland verschleppt wurden, sollte an dieser Stelle nicht mehr entstehen.

»Wo heute Auschwitz steht«, schrieb der polnische Schriftsteller Tadeusz Borowski nach seiner Befreiung, »waren Dörfer und Bauernhöfe. Es gab saftige Wiesen, schattige Landstraßen, Apfelplantagen. Es gab Menschen, die nicht besser oder schlechter als andere Menschen waren. Und dann kamen wir. Wir vertrieben die Menschen, rissen ihre Häuser nieder, planierten den Boden, kneteten ihn zu Schlamm. Wir bauten Baracken, Zäune, Krematorien. Wir brachten Skorbut, Phlegmone und Läuse.«[1] Zwischen Soła und Weichsel (Wisła) hatten die Nazis ein etwa 40 Quadratkilometer großes »Interessengebiet« abgegrenzt, in dem sie in den darauffolgenden Jahren noch Nebenlager errichteten. In der zeitlichen Reihenfolge entstanden Harmense (Dezember 1941), Budy (April 1942), Monowitz (Oktober 1942), Babitz (März 1943), Rajsko (Juni 1943), Bobrek (Mai 1944). Im Oktober 1941 begannen Häftlinge des Stammlagers, drei Kilometer vom Kasernenkomplex entfernt, Häuser des Dorfes Brzezinka (Birkenau) abzureißen und das Vernich-

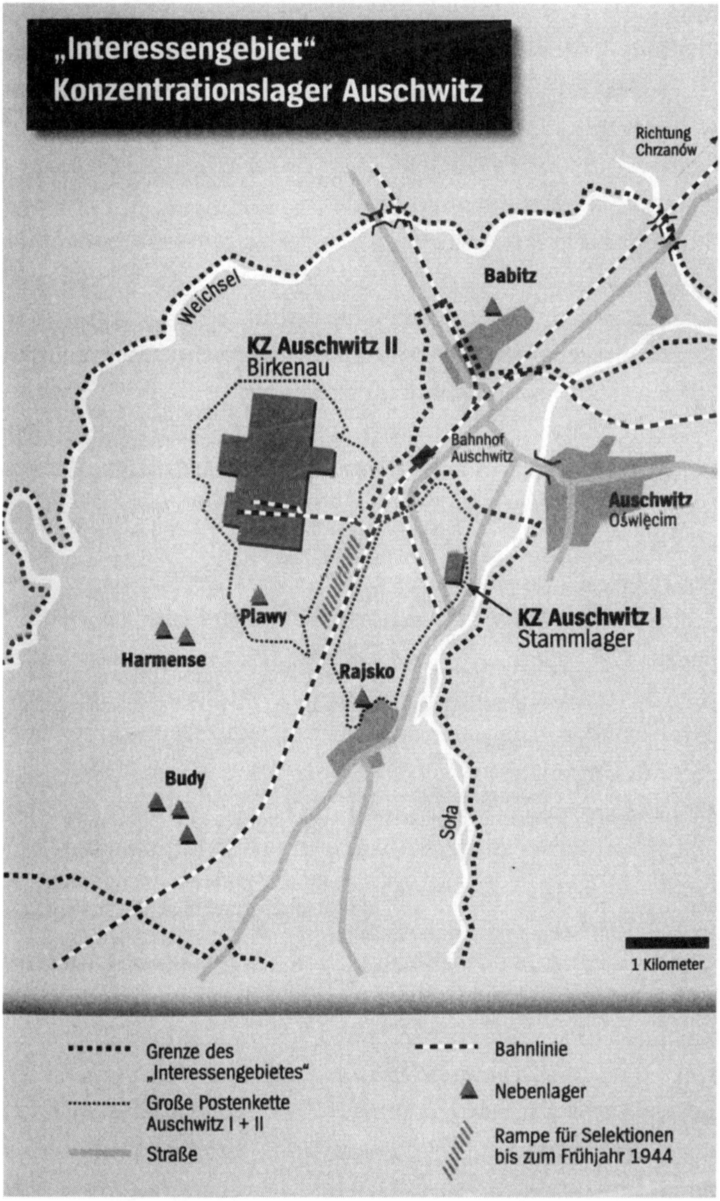

»Interessengebiet« Konzentrationslager Auschwitz

tungslager Auschwitz-Birkenau zu errichten, das nach erster Planung 150 000 sowjetische Kriegsgefangene als Häftlinge fassen sollte. Etwa 10 000 sind tatsächlich nach Auschwitz verschleppt und in neun Blöcken des Stammlagers untergebracht worden. Sie starben massenhaft an Krankheiten, Misshandlungen und Experimenten mit Zyklon B.[2]

Alle Jahre erinnert in Auschwitz am 14. Juni eine Gedenkfeier an den ersten Transport polnischer politischer Gefangener in das Lager. 728 Männer aus Tarnów wurden 1940 in Auschwitz kaserniert, denen man die Häftlingsnummern 31 bis 759 zuwies. Zum großen Teil handelte es sich um Gymnasiasten, Studenten und Angehörige der polnischen Armee, die auf der Flucht in Richtung slowakischer Grenze verhaftet worden waren.[3] Die Nummern 1 bis 30 hatten drei Wochen zuvor reichsdeutsche Strafgefangene erhalten, die aus dem KZ Sachsenhausen überstellt worden waren und als verlängerter Arm der SS Aufsichts- und Kontrollfunktionen übernehmen sollten. In den beiden Gebäuden außerhalb des elektrisch gesicherten Zauns richtete die SS die Lagerverwaltung ein und brachte die Wachmannschaften unter, zunächst 100 SS-Männer sowie Offiziere und Unteroffiziere verschiedener Dienstgrade.[4] Noch im Juni 1940 schmiedeten polnische Häftlinge auf deutschen Befehl einen Torbogen für den Haupteingang mit der zynischen Aufschrift »Arbeit macht frei«. Am 31. Dezember 1940 wurde bereits die Lagernummer 7879 an einen Häftling aus dem Regierungsbezirk Kattowitz ausgegeben. Ungefähr 6000 Männer sollen zu diesem Zeitpunkt im Lager gefangen gewesen sein.[5] Ein Vierteljahr später lebten bereits 12 000 Männer auf dem 20 Hektar großen Gelände. Häftlinge starben an Hunger oder Erschöpfung, an schweren Verletzungen oder an Krankheiten, wurden totgeschlagen oder erschossen. Mitglieder eines »Sonderkommandos« mussten in dem mehrfach erweiterten Krematorium die Leichen ihrer Kameraden verbrennen. Nach Einbau des dritten Ofens durch die Erfurter Firma Topf & Söhne[6] Ende 1941 kamen sie bereits auf 18 pro Stunde, rund um die

Uhr. Das bedeutete: maximale Kapazität. Asche von über 400 Menschen, Tag für Tag.

Als die Lagerleitung Anfang März 1942 die im Stammlager untergebrachten sowjetischen Kriegsgefangenen nach Birkenau verlegt hatte, ließ sie eine Mauer aus Betonplatten und Pfeilern quer durchs Lager ziehen, die zehn der Backsteingebäude für einen neuen Verwendungszweck vom übrigen KZ-Gelände abtrennte.[7]

Hier sind am 26. März 1942, zwei Tage bevor auch Margita Švalbová ankommt, die ersten weiblichen Häftlinge eingesperrt worden, die ein Deportationszug aus dem in der Uckermark gelegenen KZ Ravensbrück nach Auschwitz gebracht hat. Darunter sind politische Häftlinge, auch etliche Zeuginnen Jehovas, in der großen Mehrzahl aber Straftäterinnen. Wie auch im Männerlager formt die SS-Führung Kriminelle zu ihrer Hilfstruppe, die sie dabei unterstützen soll, die übrigen Häftlinge zu disziplinieren und zu terrorisieren. Nur sie sind vorab schon über das Fahrtziel unterrichtet worden und kennen ihren Auftrag, eine Frauenabteilung zu organisieren.

Am selben Tag hält noch ein zweiter Transportzug in Auschwitz, wie schon der erste Zug aus Ravensbrück mit 999 Frauen, diesmal aus Poprad in der Slowakei. Mit diesem zweiten Transport gehen die Nationalsozialisten zu einem neuen, genauer gesagt: zum letzten Abschnitt der Judenverfolgung über – der von den Nazis »Endlösung« genannten massenhaften Deportation der europäischen Juden und deren Vernichtung in spezialisierten Lagern in Osteuropa. Er ist der erste registrierte Transport unter der Ägide von SS-Obersturmbannführer Adolf Eichmann, dem verantwortlichen Organisator der Judenvernichtung im Reichssicherheitshauptamt.

Adele Guttmanová ist 34 Jahre alt. Angehörige der slowakischen Miliz haben sie am 21. März 1942 in Prešov verhaftet, weil sie Jüdin ist. »Noch am gleichen Tag wurde ich nach Poprad abtransportiert«, berichtet sie nach dem Krieg. »Die Unterbringung erfolgte in den ehemaligen Militärkasernen in Poprad, wo wir mit weiteren, ähnlich verhafteten Personen gesammelt wurden. In Poprad waren etwa tausend Frauen.«[8]

Anders als bei den Frauen des vorherigen Transports aus Ravensbrück, denen man die Gefangenennummern auf die Jacken genäht hat, werden den Frauen aus der Slowakei fortlaufende Zahlen in den linken Arm tätowiert, Adele Guttmanová beispielsweise die Zahl 1848. Sie erinnert sich an den ersten Tag: »Uns wurden gleich nach der Ankunft im Lager Auschwitz die Haare kahl geschoren. Wir wurden in einzelne Gruppen eingeteilt. Gerade bei dieser Gelegenheit, als man uns die Haare kahl schor und wir Uniformen von [ermordeten russischen] Kriegsgefangenen zum Anziehen erhielten, haben die Aufseher – SS-Männer, die als Wachen postiert waren – den Befehl gegeben, uns nackt auszuziehen. Dabei wurden Bemerkungen über uns gemacht, und ihr Benehmen hatte mit menschlicher Würde nichts gemeinsam. Ich beherrschte schon damals die deutsche Sprache sehr gut und verstand jeden Ausspruch.«[9]

Zwei Tage später folgen 798 Jüdinnen aus Brünn, die das Reichssicherheitshauptamt ebenfalls im Güterzug aus der Slowakei nach Auschwitz transportieren lässt. Sie haben zuvor einen knappen Monat lang in einer Fabrik bei Bratislava Zwangsarbeit verrichten müssen. Nach ihrer Ankunft im Konzentrationslager erhalten sie die Nummern 1999 bis 2796[10], darunter Margita Švalbová die Nummer 2675. Weitere große Transporte aus der Slowakei sind für den 2., 3., 13., 17., 19., 23., 29. April, 20. Juni, 4., 11., 18. und 25. Juli 1942 registriert. Jedes Mal rund 1000 Personen.[11]

Für den störungsfreien Ablauf der Deportationen stellt die slowakische Eisenbahn sechs spezielle Züge bereit. 25 mit Kreide durchnummerierte, während der Fahrt verschlossene Viehwaggons fassen die Gefangenen, hinter der Nummer zehn laufen zwei Waggons für Gepäck, einer für Lebensmittel und ein Passagierwaggon für die Eskorte.

Die Slowakei ist eines der ersten Länder, aus dem Juden in

die Vernichtungslager deportiert werden. »Der Beginn der einzelnen größeren Evakuierungsaktionen wird weitgehend von der militärischen Entwicklung abhängig sein«, heißt es im Protokoll der Wannsee-Konferenz, in der am 20. Januar 1942 führende Vertreter Nazi-Deutschlands organisatorische Einzelheiten der Judenvernichtung festlegen. In seinem Protokoll resümiert Adolf Eichmann: »Bezüglich der Behandlung der Endlösung in den von uns besetzten und beeinflussten europäischen Gebieten wurde vorgeschlagen, dass die in Betracht kommenden Sachbearbeiter des Auswärtigen Amtes sich mit dem zuständigen Referenten der Sicherheitspolizei und des SD besprechen. In der Slowakei und Kroatien ist die Angelegenheit nicht mehr allzu schwer, da die wesentlichsten Kernfragen in dieser Hinsicht dort bereits einer Lösung zugeführt wurden.«[12]

Die slowakische Regierung hat sogar schon eigene Institutionen geschaffen, um ihre antijüdische Politik realisieren zu können. Juden werden aus der Wirtschaft des Landes ausgeschlossen und enteignet, sie müssen ein gelbes Armband mit Davidstern tragen, werden mit Ausgangssperren belegt. Über 300 Anordnungen und Ausführungsbestimmungen sind erlassen worden, die den jüdischen Einwohnern systematisch ihre bürgerlichen Rechte absprechen, einen den »Nürnberger Gesetzen« ähnelnden »Judencodex«[13] hat die Slowakei im September 1941 eingeführt. Als am 25. März 1942 der erste Eisenbahnzug mit slowakischen Jüdinnen den Bahnhof von Žilina in Richtung Polen verlässt, liegt die Wannsee-Konferenz erst neun Wochen zurück.

Am 10. April 1942 trifft SS-Obergruppenführer Reinhard Heydrich, der »mit allen erforderlichen Vorbereitungen« für eine »Gesamtlösung der Judenfrage« beauftragt ist, in Bratislava ein und vereinbart mit Präsident Jozef Tiso, dass die Transporte nicht nur aus den Sammellagern, sondern auch unmittelbar von den Bezirksstädten abgehen sollen. Gegen das Versprechen, dass die deportierten Juden nicht mehr in die Slowakei zurückgebracht würden, ist die slowakische Führung bereit, für sie eine Gebühr von 3,6 Millionen Reichsmark zu entrichten. Die Rechnung bezahlen die Betroffenen indirekt selbst, denn beglichen wird sie aus dem Erlös des geraubten jüdischen Eigentums.[14]

57 628 Juden lässt die Slowakei im Jahr 1942 aus ihrem Land deportieren, das sind zwei Drittel ihrer jüdischen Bevölkerung. 18 Züge fahren nach Auschwitz, 39 in Lager und Ghettos im Distrikt Lublin. Jozef Tiso, ein ehemaliger Professor für Moraltheologie und trotz seines politischen Amtes nebenher als katholischer Priester tätig, brüstet sich bei einem Erntedankfest am 16. August 1942 angesichts der Deportationen: »Dass das jüdische Element dem Slowaken das Leben bedrohte, davon muss niemand überzeugt werden. Es hätte noch schlimmer ausgesehen, hätten wir uns nicht rechtzeitig von ihnen gesäubert. Und wir taten es dem Gottesgebote nach: Slowake, schüttle sie ab, befreie dich von deinem Schadensstifter!«[15]

Es leeren sich Orte wie Bratislava oder Poprad oder Prešov oder Kežmarok. Sie leeren sich von Juden, und mit den Juden verschwinden Erinnerungen wie die an Dr. Woitech Engel, der in Kežmarok lebte, das nach dem Ersten Weltkrieg noch Käsmark hieß, ein Städtchen am Fuße der Hohen Tatra. Der jüdische Rechtsanwalt wohnte mit Frau und neun Kindern über einer Bäckerei zur Miete, war ein aufrechter Sozialdemokrat, aber nicht politisch aktiv. Über Hitler sei bei ihr daheim nicht gesprochen worden, jedenfalls nicht vor dem Krieg, berichtet Katharina Engel, das Nesthäkchen der Familie. »Wir waren mit vielen deutschen Familien bekannt und befreundet. Man hat sich auch gegenseitig besucht.« In der Schule habe man zwar Slowakisch gelernt, aber eher wie eine Fremdsprache. »Zu Hause haben wir Deutsch gesprochen. Deutsch war unsere Muttersprache. Mein Vater hat die deutsche Kultur geliebt. Alles, was deutsch war, hat ihn fasziniert.«

In Käsmark, wo Katharina Engel aufgewachsen war, lebten

15 000 Einwohner, Christen und Juden, gleichberechtigt. »Als dann die Jugend durch die Stadt marschiert ist und in den jüdischen Geschäften die Scheiben eingeschlagen hat, da haben wir angefangen zu denken.«[16] Dass in dem kleinen Städtchen einst Leute wie Katharina Engel in ihrer Kindheit und Jugend kaum zu unterscheiden wussten, wer Jude war und wer nicht, ist 1942 nicht mehr vorstellbar. Das Wissen über dieses Zusammenleben sollte in Auschwitz vollends ausgelöscht werden. Käsmark ist nun »judenfrei« und voller Hakenkreuzfahnen. Orte wie Käsmark oder Poprad oder Prešov oder Bratislava verlieren ihre Juden jedoch nicht von Geisterhand, die Städte und Dörfer leeren sich nicht von selbst. Sie werden geleert. Die deutschen Judenvernichter haben ihre Helfer vor Ort, fast überall in Europa.

Der Aufenthalt in einem Hotel ist Juden untersagt. Katharina Engel, die sich solchen Verboten widersetzt und sich auch weigert, den Judenstern zu tragen oder Ausgangssperren zu beachten, wird in Bratislava während einer Razzia in einem Hotel von der slowakischen Polizei aufgespürt, in das Sammellager Patronka gebracht und von dort in einem Transport, der ausschließlich aus Frauen besteht, in Viehwagen nach Polen deportiert. Die Fahrt dauert eine Nacht und einen Tag; als sie am Bestimmungsort ankommt, weiß sie nicht, wo sie ist.

Sie ist in Auschwitz. Die Frauen werden in ein Gebäude geführt, das im Lager »Sauna« genannt wird, das aber keine Sauna enthält, sondern Duschen. Dort werden ihnen Nummern in die Arme tätowiert, Katharina Engel die 3263, und die Haare geschoren. Nicht nur vom Kopf werden die Haare entfernt, sondern von allen Stellen des Körpers. Die elektrischen Schneidemaschinen funktionieren manchmal nicht gut genug, viele Scheren sind stumpf, es schmerzt; aber nicht nur auf der Haut. »Meine Haare, meine schönen blonden Haare, hab ich gedacht, warum?« Es ist der 16. April 1942, ihr 22. Geburtstag. Katharina Engel erschüttert die Erinnerung noch Jahrzehnte später. »Ich konnte das überhaupt nicht fassen.«[17]

Im Stammlager in Auschwitz ist sie ein Vierteljahr in ein Arbeitskommando eingeteilt, dann wird sie mit anderen Frauen nach Birkenau überführt. Dort hält SS-Obersturmführer Johann Schwarzhuber eine Rede: »Hier ist Birkenau. Und hier gibt es nur zwei Kategorien von Menschen, Tote oder Lebendige, Dritte gibt es nicht. Und noch etwas will ich euch sagen, die Lebendigen werden hier immer die Toten beneiden.« Katharina Engel stehen drei Jahre bevor, für die ihr noch als alte Frau die Worte fehlen. »Wie soll man das beschreiben? Wo sind Worte dafür? Dafür gibt es keine Worte. Gas, Schläge, Tote, Tote, Leichen, Leichen, nichts anderes. Ein Stück Brot. Ein Stück Marmelade, ein Stück Butter, fertig. Wie kann man das beschreiben? Wie? Ich weiß es nicht.«[18]

Immer mehr Frauen werden nach Auschwitz deportiert. Ende Juli 1942 stellen die rund 5500 jüdischen Slowakinnen den größten Anteil weiblicher Häftlinge im Stammlager. Nach und nach kommen Frauen aus anderen Ländern hinzu, in den Monaten bis Juni Polinnen (darunter auch viele, die nicht wegen ihrer jüdischen Abstammung, sondern wegen Mitarbeit im politischen Widerstand verhaftet worden sind), Deutsche, Belgierinnen und Jugoslawinnen, vom 24. Juni an auch Jüdinnen aus Frankreich und vom 17. Juli an Jüdinnen aus Holland. Bis Mitte August, als das Frauenlager nach Birkenau verlegt wird, sind insgesamt rund 17 000 Frauen im Stammlager inhaftiert gewesen. Viele davon leben zu diesem Zeitpunkt schon nicht mehr.[19]

Zunächst werden noch sämtliche Ankömmlinge von den Waggons direkt ins Lager eingewiesen. Vom 4. Juli an beginnen SS-Ärzte, die eintreffenden Menschen an der berüchtigten »Rampe«, einer Art Bahnsteig wenige hundert Meter südlich des Bahnhofs der Stadt, zu selektieren.[20] Der erste davon betroffene Transport sind Juden aus der Slowakei. Die rund tausend Personen werden bei ihrer Ankunft von brüllenden SS-Posten mit Hunden empfangen, müssen zunächst zwei Gruppen bilden, Frauen und Männer. Von den Frauen werden an jenem Samstag erstmals Mütter mit ihren Kindern, sichtlich Schwangere, ältere Frauen und Kranke zusammen mit arbeitsunfähigen und älteren Männern auf die Ladeflächen bereitstehender Lastwagen gestoßen, in die Gaskammer geschickt und ermordet. Es verbleiben noch 264 Männer und 108 Frauen, die in Fünferreihen antreten müssen und als arbeitsfähig zu Fuß ins Lager getrieben werden.[21]

Nach der schikanösen und entwürdigenden Aufnahmeprozedur werden die eintreffenden Frauen in die nach Nationalitäten getrennten Wohnblocks kommandiert, zeitweise wegen Überfüllung auch in Holzbaracken, die zwischen den Backsteingebäuden errichtet worden sind.

Die hygienischen Bedingungen in dieser Anfangszeit werden als katastrophal beschrieben. Wegen der Überbelegung gibt es zu wenige Waschräume und Latrinen, Ungeziefer vermehrt sich, Seuchen brechen aus, das Essen beschränkt sich auf Hungerrationen. Nach Nächten auf den am Boden ausgebreiteten Strohsäcken – es fehlt noch an Holzpritschen – müssen sich die Gefangenen in aller Frühe vor den Blocks aufreihen und durchzählen lassen. Manchmal bereits im Morgengrauen, weil den Wachleuten in dem Chaos unaufhörlich Fehler unterlaufen. In Kommandos müssen sie zur Zwangsarbeit ausrücken, Äcker bestellen, Ernte einholen, beim Bau von Straßen oder Baracken in Birkenau mitwirken, Häuser in der näheren Umgebung abreißen, aus denen die einheimische Bevölkerung vertrieben worden ist. »Viele sind dabei umgekommen«, berichtet Katharina Engel, die einem der Abbruchkommandos zugeteilt war. »Es bedarf einer Technik, ein solches Haus auseinanderzunehmen, das beherrschten wir nicht. Erst haben wir die Fenster ausgeschlagen, dann die Balken umgestoßen, dann ist die ganze Wand auf die Häftlinge gefallen.« Für alles gibt es Schläge. »Schläge bis zum Tod«, sagt Katharina Engel. Nur extrem selten erlebt sie in ihrem Kommando Aufseher, die nicht schlagen. »Das war in Auschwitz, wie wenn jemand den Nobelpreis bekommt.«[22] In seinen in polnischer Gefangenschaft geschriebenen Erinnerungen räumt selbst Lagerkommandant Rudolf Höß ein: »Das von Anfang an vollgepfropfte Frauenlager bedeutete für die weiblichen Häftlinge in der Masse die psychische Vernichtung, und dieser folgte über kurz oder lang der physische Zusammenbruch. Im Frauenlager waren in jeder Hinsicht stets die schlechtesten Verhältnisse.«[23]

Noch bis Juli 1942 unterstehen die im Stammlager Auschwitz abgetrennten zehn Blocks für weibliche Gefangene der Kommandantur des KZ Ravensbrück. Das ändert sich im August, in dessen erster Hälfte die SS in Auschwitz die Frauenabteilung des Stammlagers auflöst und in den Abschnitt B Ia in Birkenau verlegt.

Zurück bleiben die Kranken. In deren Revier hat die SS durch gnadenlose Selektionen permanente Todesangst verbreitet. Margita Švalbová und wenige weitere Häftlinge, die als Pflegerinnen eingesetzt sind, können hin und wieder Leiden mildern, manchmal durch Zuwendung, ein andermal durch ein heimlich besorgtes Medikament oder durch geschicktes Ausnutzen günstiger Umstände. Für die meisten Kranken kommt die Räumung der Frauenabteilung einem Todesurteil gleich. »Nach der Leerung aller Blocks wirkte das Lager seltsam fremd und leer. Hinter der Mauer bebte und lärmte das Männerlager. Alle Momente hörten wir Schreie, Gestöhn, dann wieder einen Schuss oder das Klatschen des Ziemers … Uns betraf das alles nicht. Wir warteten still und ruhig, was sie mit uns machen würden … Plötzlich öffnete sich das Lagertor, ein SS-Mann mit der unabdinglichen Peitsche stürzte herein und befahl uns, anzutreten, die Kranken, die mit dem Auto transportiert werden sollten, und den Rest gesondert.«[24] Helena Siemaszkiewicz, die mit Beinverletzungen im Krankenblock liegt, schleppt sich zu denen, die sich mit großer Willenskraft auf den Füßen halten können. Sie überleben. Für diesen Moment jedenfalls. Wer weiß schon, was der nächste bringt!

Die Autos fahren zur Gaskammer.

Rozália Kleinmanová, gelernte Schneiderin aus dem ostslowakischen Dörfchen Breznica, ist 21 Jahre alt, als sie am 22. März 1942 in Auschwitz ankommt. Als die Dreiunddreißigste ihres Transports wird sie tätowiert. Sie erlebt, wie die Frauen vom Stammlager nach Birkenau verlegt werden. »Ursprünglich waren in Birkenau männliche russische Gefangene in einer Zahl von etwa 25 000, die man ausgerottet hatte. Dann hat man uns Frauen hingebracht. Die Verhältnisse waren dort sehr schlecht.« Sie wird der Landwirtschaft zugeteilt. »Einmal wurde bekanntgegeben, dass eine ärztliche Untersuchung stattfindet, und wir dachten, dass man uns zu einer besseren Arbeit auswählen wird.« Zehn junge Frauen seien in einen Raum geführt und geröntgt worden. »Nach einigen Tagen hat man uns wieder mit der Begründung geholt, dass die ganze Sache nicht gut geworden ist, dass die Prozedur wiederholt werden muss, aber diesmal waren andere Mädchen da und nicht die, die beim ersten Mal mit mir da waren.« Angeblich wurden die Lungen durchleuchtet. Als sie von anderen Gefangenen erfährt, dass das nicht stimme, versteckt sie sich vor dem nächsten Aufruf. »Die Bestrahlung hat Dr. Schumann vorgenommen, der ein großer schöner Mann war und sich genug anständig zu uns benahm. Er hat uns nicht geschlagen.«[25]

»Negative Bevölkerungspolitik«

Massensterilisierungen als NS-»Rassenhygiene«

Am 1. September 1940 beginnt Siegfried Georg Fudalla an der Frauenklinik in Königshütte ein Medizinalpraktikum. Unter Anleitung von Carl Clauberg, der diese Klinik seit dem 2. Februar 1940 leitet, sammelt er Material für eine Doktorarbeit. Fudalla arbeitet mit Versuchskaninchen. Er hat von Clauberg den Auftrag erhalten, ein Mittel zu finden, das im weiblichen Eileiter nach einer vorübergehenden, örtlich begrenzten, nicht durch Bakterien verursachten Entzündung zu einer Vernarbung und Verklebung führt. Zu diesem Zweck betäubt er Kaninchen, legt deren Eileiter frei und spritzt mit einer feinen Injektionsnadel verschiedene Mittel ein. Nach etlichen Versuchsreihen stellt sich heraus, dass eine Lösung, die zehn Prozent Formalin enthält, die beabsichtigte Wirkung erzielt. Als Fudalla sein Praktikum beendet, sind diese Forschungen allerdings noch nicht abgeschlossen.[1]

Die Versuchskaninchen hatte Heinrich Himmler zur Verfügung stellen lassen, bei dem Clauberg nach langwierigen Bemühungen am Nachmittag des 22. März 1940, einem Karfreitag, zu einer Audienz vorgeladen worden war. Dem SS-Reichsführer war der Gynäkologe vor allem als eine Kapazität auf dem Gebiet der weiblichen Sexualhormone bekannt. Es hatte sich herumgesprochen, dass die Schering AG in Zusammenarbeit mit ihm und dem späteren Nobelpreisträger Adolf Butenandt die beiden Hormonpräparate Progynon und Proluton entwickelt hatte und dass auch schon erste Erfolge bei der Behandlung von weiblicher Unfruchtbarkeit erzielt worden waren. Bei höheren Chargen des Rasse- und Siedlungshauptamtes der SS wurde Clauberg gelegentlich als Helfer in der Not empfohlen, wenn sich in »arischen« Ehen kein Nachwuchs einstellen wollte oder wenn bei Verlobungs- und Verheiratungsgesuchen von SS-Angehörigen Bedenken aufkamen, die Bräute könnten unfruchtbar sein.[2]

Clauberg fürchtete im Frühjahr 1940 zu Recht, dass seine wissenschaftliche Karriere in Oberschlesien auf ein Abstellgleis führen könnte. Er fühlte sich in seinen Fähigkeiten verkannt und zu Höherem berufen. Deswegen hatte er es ausdrücklich abgelehnt, die Klinikleitungen als Dauerstellung zu übernehmen, und sich vertraglich nur auf einen »Sonderauftrag« eingelassen, für den er sich auf unbestimmte Zeit bis zum Kriegsende beurlauben ließ. Seine beamtete Oberarztstelle in Königsberg wurde ihm freigehalten.

Das Gespräch mit Himmler sollte eine Wende einleiten, darum hatte sich Clauberg gut vorbereitet und war voller Erwartungen nach Berlin gereist. Seine bisherigen Erfolge bei der Erforschung der weiblichen Sexualhormone, so seine Strategie, sollten lediglich als Ausgangspunkt für weiter reichende Pläne dienen. Sein Augenmerk richtete sich auf die sinkenden Geburtenraten in Deutschland. Sie bedeuteten für die Nationalsozialisten ein Problem, Clauberg wollte dafür eine Lösung liefern. Einzelnen Frauen durch Hormonbehandlung zur Geburt eines Kindes zu verhelfen, falle statistisch gesehen nicht ins Gewicht. Ein nennenswerter Bevölkerungszuwachs durch Geburten könne nur dann gelingen, wenn man an der Wurzel ansetze, argumentierte der Gynäkologe. Und so hörte Himmler an diesem Karfreitag Spekulationen über die Folgen moderner Lebensgewohnheiten für die Ernährung, die deswegen intensivierte Bodenbewirtschaftung durch Kunstdünger und die auffällig kleiner werdenden Gebärmuttern. Vor allem der Kunstdünger, so Clauberg, sei für diese Fehlentwicklung verantwortlich, und darum wolle er ein »Forschungsinstitut für Fortpflanzungsbiologie« gründen, das die mutmaßlichen Zusammenhänge von Agrarproduktion und weiblicher Fortpflanzungsfähigkeit beweisen und nach alternativen Düngemitteln suchen solle.

Offenbar hielt Himmler diese Vorschläge für aufschiebbar bis in die Nachkriegszeit. Nachdrücklich interessierte ihn dagegen die Frage, ob es nicht auch möglich wäre, fruchtbare Frauen – so sie denn nach den gängigen Kriterien als »rassisch minderwertig« klassifiziert waren – schnell und zuverlässig, in großer Zahl und von den Betroffenen unbemerkt zu sterilisieren. Dahinter stand auch hier die noch vage Absicht, die Bevölkerung im gerade besiegten Polen und danach auch in weiteren Gebieten Osteuropas nach rassischen Gesichtspunkten zu selektieren, dem Grundsatz entsprechend, »dass die Vermehrung der Juden und Polen auf alle mögliche Weise eingeschränkt werden muss«.[3] Himmler selbst hatte dafür den Begriff »negative Bevölkerungspolitik« speziell für die Zukunft Osteuropas geprägt. In den Szenarien des Reichssicherheitshauptamts, der Berliner Terrorzentrale der SS, war von der »rassischen Auslaugung« und der »Zerstörung der biologischen Kraft« der in Osteuropa lebenden Völker die Rede. Deren Arbeitsvermögen sollte so lange wie möglich ausgebeutet werden, aber gleichzeitig war vorgesehen, sie durch eine zwangsweise Massensterilisierung in den Untergang zu treiben.

Himmlers fordernde Überlegungen zu einer operationslosen Sterilisierungsmethode waren Clauberg zumindest in medizintechnischer Hinsicht nicht fremd. Angeblich waren in ihm solche Gedanken schon erhebliche Zeit vor dem »Gesetz zur Verhinderung erbkranken Nachwuchses« herangereift, mit dem die Nazis im Sommer 1933 massenhafte Zwangssterilisationen unter der deutschen Bevölkerung legitimiert hatten.

Wäre schon damals seine »lang erträumte Methode« in dem von ihm bislang vergeblich angestrebten »Spezial-Forschungs-Institut« ausgearbeitet gewesen, meint Clauberg noch im Nachhinein, hätten die betreffenden Frauen statt einer Operation »ihre Einspritzung kriegen und wieder nach Hause an ihren Kochtopf gehen können«.[4]

Ein 1935 erschienener Aufsatz Claubergs erschloss bereits vom Titel her den Kern seiner beiden möglichen Forschungsrichtungen: »Experimentelle Untersuchungen zur hormonalen temporären Sterilisierung und zur Behebung hormonal bedingter Sterilität«[5]. Die »temporären Sterilisierungen« entsprachen freilich noch eher den Forderungen emanzipierter Frauen nach einer Geburtenkontrolle durch hormonale Empfängnisverhütung und kamen nicht gerade den Vorstellungen der Nationalsozialisten entgegen.

Die operationslose Sterilisierungsmethode, die Himmler finanziell fördern wollte, hatte mit Claubergs Hormonforschung nur indirekt zu tun. Als wesentliches Hilfsmittel diente ein erst seit wenigen Jahren angewandtes gynäkologisches Röntgenuntersuchungsverfahren: die Hysterosalpingographie, mit der die Gebärmutter (Hysteros) und die Eileiter (Salpinx) bildlich dargestellt werden. Das geschieht, indem man ein verdünntes Färbemittel durch den Gebärmutterhals in die Gebärmutter spritzt. Bei entsprechendem Druck gelangt die Flüssigkeit von den Eileitern in die Bauchhöhle und verteilt sich dort. Am Röntgenschirm lässt sich der Weg des Kontrastmittels genau verfolgen und auf diese Weise feststellen, ob die Eileiter durchlässig oder verschlossen sind.

Clauberg hatte diese Methode noch an der Universitätsfrauenklinik Kiel kennengelernt, wo sie 1928 eingeführt worden war. Dort und in Königsberg nutzte er sie, um bei unfruchtbaren Frauen den Erfolg seiner Hormontherapien zu prüfen.[6] Wenn es ihm also gelang, mit irgendeinem Mittel die Eileiter zu verschließen, dann stand ihm mit der Hysterosalpingographie eine zuverlässige Technik zur Verfügung, um den Erfolg der

Sterilisierung zu kontrollieren. Genau dieses Prinzip beschrieb Clauberg offenbar bei seiner Audienz, denn Himmler veranlasste hinterher bei der Deutschen Forschungsgemeinschaft, dass sie ein Röntgengerät finanzierte, das Clauberg benötigte. Clauberg ließ es in der Knappschaftsklinik in Königshütte für seine Untersuchungen aufstellen. Nach eigenen Vorarbeiten, mit denen er nach dem Treffen mit Himmler im April 1940 begonnen hatte[7], beauftragte er jenen schon erwähnten Doktoranden Siegfried Fudalla, an Versuchskaninchen verschiedene Reizsubstanzen auszuprobieren, die eine Vernarbung der Eileiter bewirken sollten.

Fudalla schließt sein halbjähriges Praktikum Ende Februar 1941 ab. Vom Prinzip her sind zu diesem Zeitpunkt die Grundlagen geschaffen, eine Schwangerschaft mit einem verhältnismäßig einfachen chemischen Eingriff dauerhaft zu verhindern. »Bis Ende des Jahres 1940 habe ich in zahllosen Kleintier-Versuchen und in Tag- und Nachtarbeit das Problem der operationslosen Sterilisierung gelöst«, blickt Clauberg in einer seiner Vernehmungen zurück.[8] Praktikabel ist die Methode aber noch nicht. Er setzt die Versuche an den Kaninchen fort, weil die von ihm gesuchte Substanz noch Eigenschaften aufweisen soll, die verhindern, dass sie nach der Einspritzung wirkungslos aus der Gebärmutter abläuft. Außerdem benötigt er für die Kontrolle einen Röntgenkontraststoff. Dafür sind dem Gynäkologen seine langjährigen Beziehungen zu Schering dienlich. Der Chemiker Johannes Paul Goebel liefert als Kontraststoff Neo-Röntyum, ein Bariumsulfat, das üblicherweise für Röntgenaufnahmen des Darms verwendet wurde.

Nach eigener Darstellung schreibt Clauberg im März 1941 einen Brief an Himmler und berichtet, er habe mittlerweile seine Methode einer operationslosen Sterilisierung fertig ausgearbeitet – was so freilich nicht der Wahrheit entspricht. Schon zu diesem Zeitpunkt plant er, seine Versuche auf den Menschen zu übertragen, und schlägt vor, dass ihm 50 Frauen in seine Klinik überwiesen werden sollen, die für eine Zwangssterilisation vorgesehen seien. In einer weiteren Unterredung am 27. Mai 1941 legt Himmler ihm nahe, diese Experimente im KZ Ravensbrück vorzunehmen. Clauberg, der mit dieser Wendung nicht einverstanden ist, wagt es offenbar nicht, dem »Reichsführer-SS« zu widersprechen, kann aber Ernst-Robert Grawitz zu einer Intervention bewegen. Grawitz ist als »Reichsarzt-SS und Polizei« mitverantwortlich für Massenmorde an Behinderten und medizinische Experimente an Gefangenen. In einem Schreiben vom 29. Mai 1941 an Himmler bezieht er sich auf eine Besprechung mit Clauberg »über dessen neue Methode zur operationslosen Unfruchtbarmachung minderwertiger Frauen« und will ein »Missverständnis« aufklären. Die Experimente könnten nämlich nicht in Ravensbrück stattfinden, »da die Methode sich noch in der Ausarbeitung befindet, da Prof. Clauberg hierfür seinen eigens dazu beschafften klinischen Apparat an Ort und Stelle benötigt und bei Zwischenfällen jederzeit zu Operationen persönlich zur Verfügung stehen muss«. Darum schlägt Grawitz vor: »Bei der unerhörten Bedeutung, die ein solches Verfahren im Sinne einer negativen Bevölkerungspolitik haben würde, und der daraus sich ergebenden Wichtigkeit, eine einwandfreie Ausarbeitung der Methode mit allen Methoden zu fördern, erlaube ich mir daher, Reichsführer, den Vorschlag, Prof. Clauberg ein entsprechendes Forschungsinstitut in oder bei Königshütte einzurichten und diesem ein Frauenkonzentrationslager für etwa zehn Personen anzugliedern.«[9] Einstweilen bleibt es bei diesem Schreiben. Ob und gegebenenfalls wie Himmler darauf reagierte, ist nicht überliefert.

Es dürfte kein Zufall gewesen sein, dass im selben Monat wie Clauberg auch Viktor Brack einen Brief an den Reichsführer der SS schickt, in dem es um das gleiche Thema geht. Es sei, schreibt er am 28. März 1941, »nach dem augenblicklichen Stand der Röntgentechnik und -forschung … ohne weiteres möglich, eine Massensterilisation durch Röntgenstrahlen durchzuführen«.[10] Brack ist kein Mediziner, sondern als Diplom-Wirtschaftsingenieur im Rang eines SS-Oberführers verantwortlicher Leiter der sogenannten Aktion T 4. Diese massenhafte Tötung von Geisteskranken und Behinderten, deren ideologische Rechtfertigung sich neben der NS-spezifischen Eugenik (»Rassenhygiene«) insbesondere auch auf ökonomische Gründe stützt, wird seit Kriegsbeginn von der Berliner Tiergartenstraße 4 aus gelenkt. Psychiatrische Patienten werden als »Ballastexistenzen« denunziert, die eine unnötige Belastung für die Volkswirtschaft bedeuteten. Während dieses Mordprogramm noch in vollem Gange ist, beschäftigt sich der NS-Gesundheitspolitiker Brack im Rahmen der »Lebensraum«-Phantasien der Nazi-Elite ebenfalls mit Plänen, »rassisch unerwünschte« Bevölkerungsgruppen nicht nur in den bereits eroberten Gebieten im Osten, sondern auch schon weit darüber hinaus an der Fortpflanzung zu hindern, zugleich aber deren Arbeitskraft möglichst effizient auszunutzen. Überlegungen dieser Art findet man unter den Vorgaben der von Himmler propagierten »negativen Bevölkerungspolitik« bald auch in Ausarbeitungen zum Generalplan Ost, etwa: »Wenn wir diejenigen Fremdvölkischen, die wir aus rassischen Gründen nicht im Siedlungsraum des deutschen Volkes belassen können, unter der Voraussetzung, dass besondere politische Bedenken gegen die Betreffenden nicht bestehen, überall da einsetzen können, um deutsche Menschen zu sparen, so wäre das rassenpolitisch, wahrscheinlich aber auch allgemeinpolitisch ein großer Erfolg.«[11]

In seinem Brief vom Frühjahr 1941 an Himmler muss Brack allerdings die von ihm gerühmten medizintechnischen Möglichkeiten einer Massensterilisation durch Röntgenstrahlen wegen einiger nicht unwesentlicher Defizite einschränken: »Unmöglich erscheint es jedoch, diese Maßnahme durchzuführen, ohne dass die davon Betroffenen über kurz oder lang mit Sicherheit feststellen können, dass sie durch Röntgenstrahlen sterilisiert bzw. kastriert sind.«[12] Brack geht nicht darauf ein, welche Wissenschaftler mit den Experimenten befasst waren, von denen er berichtet. Er resümiert nur die Ergebnisse. »Sollen irgendwelche Personen für dauernd unfruchtbar gemacht werden, so gelingt dies nur unter Anwendung so hoher Röntgendosen, dass mit ihnen eine Kastration mit allen ihren Folgen eintritt. Die hohen Röntgendosen vernichten nämlich die innere Sekretion des Eierstocks bzw. des Hodens. Geringere Dosen würden nur auf eine gewisse Zeit die Zeugungsfähigkeit unterbinden. Die infrage kommenden Folgen sind z.B. das Ausbleiben der Periode, klimakterische Erscheinungen, Veränderung der Behaarung, Änderung des Stoffwechsels usw. Auf diese Nachteile muss auf jeden Fall hingewiesen werden.«

Weil nicht beabsichtigt ist, die Körperregionen außerhalb der Sexualorgane mit Blei abzudecken, muss als weiterer Nachteil hingenommen werden, dass wegen der hohen Dosen auch das übrige Körpergewebe geschädigt wird. »Bei zu großer Strahlenintensität«, heißt es abschließend, »zeigen sich dann in den folgenden Tagen oder Wochen an den von den Strahlen erreichten Hautteilen individuell verschieden starke Verbrennungserscheinungen.« Die Kapazität einer Röntgenanlage schätzt Brack auf 150 bis 200 Sterilisierungen pro Tag.

Ein gutes Jahr später, am 30. Mai 1942, bringt Carl Clauberg sein altes Anliegen bei Himmler in Erinnerung und erwähnt in einem Brief, dass weitere Fortschritte einzig an der Frage gescheitert seien, »wie die Zur-Verfügungstellung von K. Z.-Insassinnen vor sich gehen« solle. Noch einmal wirbt er für sein bevorzugtes Forschungsprojekt, mit dem er die von ihm vermuteten Zusammenhänge zwischen Ernährung und Fruchtbarkeit belegen will. Dazu erbittet er mindestens zehn Morgen unbewirtschaftetes Land, landwirtschaftliches Personal, mehrere hundert Versuchskaninchen, Ställe, Tierpfleger. Und für die Erprobung seiner operationslosen Sterilisierungsmethode beantragt er »die Sonderunterbringungsmöglichkeit für jeweils 5 bis 10 Frauen (Einzelräume oder zu zweien), entsprechend den Verhältnissen von Krankenzimmern«, eine »Röntgen-Spezial-Apparatur« sowie die erforderlichen Instrumente. Dies alles, wünscht er, solle zu einem »Forschungsinstitut für Fortpflanzungsbiologie des RFSS« zusammengefasst werden.[13] In dessen Zentrum stellt er sich eine Klinik vor, in der einerseits »bisher unfruchtbare, fortpflanzungserwünschte Frauen intensivst durchzubehandeln« wären – einschließlich der Erprobung neuer Verfahren in bislang aussichtslosen Fällen. Andererseits solle sie dazu dienen, die Methode der operationslosen Sterilisierung an »fortpflanzungsunwürdigen Frauen«[14] auszuwerten und nach Bewährung »laufend anzuwenden«. Dieser Klinik sollte das landwirtschaftliche Versuchsgut angeschlossen werden zum Zweck: »Erstens weitgehende Ernährungsversuche am Tier, zweitens weitgehende Ernährungsversuche am Menschen (Lagerinsassen).«[15]

SS-Oberführer Viktor Brack kommt am 23. Juni 1942 seinerseits auf seinen Brief vom März des Vorjahres zurück. Inzwischen haben, Konsequenz der Wannsee-Konferenz, die Deportationen der europäischen Juden in die Konzentrationslager begonnen. Laut Protokoll kommen »im Zuge dieser Endlösung der europäischen Judenfrage ... rund 11 Millionen Juden in Betracht«. Die große Zahl von Liquidierungen der Juden in den Vernichtungslagern Bełżec, Chełmno, Treblinka und Sobibór und durch die Einsatzgruppen der SS zeigt bereits an, was mit »Endlösung« gemeint ist. Brack will nun offenbar verhindern, dass mit den Juden deren Arbeitskraft eliminiert wird, ohne sie zuvor noch auszunutzen. Denn er weist Himmler in seinem Brief darauf hin, dass unter den deportierten Juden »mindestens 2–3 Millionen sehr gut arbeitsfähiger Männer und Frauen enthalten« seien. Brack: »Ich stehe in Anbetracht der außerordentlichen Schwierigkeiten, die uns die Arbeiterfrage bereitet, auf dem Standpunkt, diese 2–3 Millionen auf jeden Fall heranzuziehen und zu erhalten.« Das sei allerdings nur möglich, wenn man sie »gleichzeitig fortpflanzungsunfähig macht«. Sterilisationen, wie sie seit 1933 an den Erbkranken operativ vorgenommen werden, bezeichnet er als »zu zeitraubend und kostspielig«. Darum wolle er »im Interesse der Erhaltung von Arbeitermaterial« an seinen Vorschlag einer Röntgenkastration erinnern. Diese sei »relativ billig« und ließe sich »bei vielen Tausenden in kürzester Zeit durchführen«. Die früheren Bedenken, dass den Strahlenopfern die Folgen nicht verborgen bleiben können, hält er nun für belanglos. »Ich glaube, dass es auch im Augenblick schon unerheblich geworden ist, ob die Betroffenen dann nach einigen Wochen bzw. Monaten an den Auswirkungen merken, dass sie kastriert sind.«

Am 8. Juli 1942 lädt Himmler Clauberg zu einem weiteren Gespräch ein, an dem diesmal noch die beiden SS-Brigadeführer Glücks und Gebhardt teilnehmen. Inhalt der Besprechung ist die Sterilisierung von Jüdinnen. Himmler sagt Clauberg zu, dass ihm für seine Experimente an Tieren und Menschen das KZ Auschwitz zur Verfügung stehe. Es solle anhand einiger Grundversuche ein Verfahren gefunden werden, ausgesuchte Frauen unbemerkt zu sterilisieren. »Sobald das Ergebnis der Versuche vorliegt, wollte der Reichsführer-SS noch einmal einen Bericht vorgelegt bekommen, damit dann an die praktische Durchführung zur Sterilisierung der Jüdinnen herangegangen werden kann.« Erörtert wird auch die Frage, wie bei Männern eine Sterilisierung durch Röntgenbestrahlung zu erreichen sei. Dazu soll der Röntgenspezialist Prof. Hans Hohlfelder (Leiter des SS-Röntgensturmbanns beim SS-Führungshauptamt) hinzugezogen werden.[16]

Am 10. Juli 1942 lässt Himmler Clauberg ausrichten, er könne Jüdinnen nach seiner Methode im Konzentrationslager[17] sterilisieren. Zuvor müsse er jedoch noch mitteilen, wie lange er benötige, um 1000 Jüdinnen ohne deren Wissen unfruchtbar zu machen. Darüber hinaus verlangt Himmler Nachweise über die langfristige Wirksamkeit der Versuche, und zwar nicht allein durch Röntgenaufnahmen. »In dem einen oder anderen Fall dürfte aber auch ein praktischer Versuch in der Weise durchgeführt werden, dass man eine Jüdin mit einem Juden für eine gewisse Zeit zusammensperrt und dann sieht, welcher Erfolg dabei auftritt.«[18]

Vermutlich im September 1942[19] kommt SS-Standortarzt Eduard Wirths aus Auschwitz nach Königshütte, um von seinem einstigen Examensprüfer Clauberg[20] zu erfahren, was er genau vorhabe und welche Vorbereitungen dazu getroffen werden müssten.[21] Wenig später reist der Professor ein erstes Mal nach Auschwitz und führt mit Lagerleiter Rudolf Höß ein längeres Gespräch über die geplanten Experimente. Das zweite Mal im Oktober 1942 kommt er zur Ortsbesichtigung. Standortarzt Wirths empfängt ihn, begleitet ihn nach Birkenau und zeigt ihm dort die Sanitätsbaracken. Die Verhältnisse, die Clauberg im Frauenlager vorfindet, erscheinen ihm für seine Arbeit ungünstig. Er habe einen Schreck bekommen, schildert er 1955 bei einer Vernehmung seine Eindrücke, alles sei schlechter gewesen als im Stammlager Auschwitz. »Dort standen nicht Steinhäuser, sondern Holzbaracken, die nur von einfachen Zäunen umgeben waren.« Wirths zeigt ihm die Sanitätsbaracken und fordert ihn auf, geeignete Räume auszusuchen. Aber darauf allein kommt es ihm nicht an, denn es fällt ihm auf, und es stört ihn, dass die Insassen nicht ausreichend ernährt sind. Sogleich befürchtet er, diese Bedingungen könnten sich negativ auf seine geplanten Experimente auswirken. Er beabsichtigt, sich in Birkenau nur provisorisch einzurichten – und bittet Wirths dennoch, ihm in einer Sanitätsbaracke »ein gutes Röntgengerät für Durchleuchtungszwecke« aufzustellen und einen oder zwei Räume für fünf bis acht Häftlingsfrauen zuzuweisen.

Nach Himmlers Einverständnis beordert Brack im Sommer 1942 Horst Schumann nach Berlin und beauftragt ihn, in Auschwitz die Sterilisation von Juden durch Röntgenstrahlen praktisch zu erproben. Schumann willigt ein. Er trifft im Spätsommer oder Herbst 1942 in Auschwitz ein und beginnt, nach den erforderlichen Vorbereitungen, im November 1942 in Block 30 des Lagers Auschwitz-Birkenau mit seinen Menschenversuchen.[22]

Der Vorläufer

Erste Versuche in Auschwitz-Birkenau

Das für Frauen eingerichtete, mit Stacheldraht vom übrigen Lager abgeteilte Krankenrevier des Lagers Auschwitz-Birkenau umfasst sechs einstöckige Holzbaracken, die vor ihrem Umbau als Pferdeställe dienten. Eine davon, Block 30, ausgestattet mit einem Holzboden, wird im Spätherbst 1942 für eine Spezialaufgabe zugerüstet.

Der Block ist in zwei Zuständigkeitsbezirke unterteilt, zu etwa einem Drittel reserviert für Carl Clauberg und zu zwei Dritteln für Horst Schumann. In den Schumann'schen Trakt kommt man durch einen kleinen Korridor, der zu einem Warteraum führt. Von dort gelangt man in eine kleine Kammer, in der Personal untergebracht werden soll. Ebenso betritt man von hier aus den verhältnismäßig großen Behandlungsraum von Schumann, der rund ein Drittel der Grundfläche von Block 30 einnimmt. Claubergs Behandlungsraum dagegen misst nicht einmal ein Viertel davon. Auch ihn erreicht man durch einen Korridor. Dort führt noch eine Tür in einen schlauchartigen Raum, in dem acht Belegbetten für Claubergs Versuchsopfer stehen.

In der aus Brettern zusammengenagelten Baracke ist es im Winter empfindlich kalt und zugig. Schumann sucht darum nicht nur eine Helferin für Schreib- und Organisationsarbeit, sondern auch eine Heizerin, die während der Bestrahlungen die in dem geräumigen Arbeitsraum aufgestellten Blechöfen in Gang halten soll. »Geh dich morgen bei ihm melden«, hätten ihr zwei Jüdinnen aus der Ambulanz empfohlen, sagt Sonja Fischmann. Die 21-jährige Österreicherin beherzigt diesen Rat der Häftlingsärztin Enna Weiss und der Pflegerin Margita Świalbová, denn die Arbeit verheißt, auch tagsüber ein Dach über dem Kopf zu haben.

Die junge Frau hatte im Jahr zuvor in Wien Sprachkurse besucht, um sich auf eine Emigration nach Frankreich vorzubereiten. Dorthin waren ihre Eltern 1938 geflohen, getrennt voneinander und in der Annahme, dass es sich um eine vorübergehende Ausreise handle. Im Sommer 1942 wurde Sonja Fischmann von der jüdischen Polizei in der Sperlgasse abgeholt und der Gestapo übergeben. Nach sechs Wochen Haft kam sie mit einem Sammeltransport nach Prag, nach einem kurzen Gefängnisaufenthalt ging die Fahrt nach Dresden. Von dort aus wurde sie mit anderen Häftlingen nach Auschwitz gebracht. »Wir sind in aller Frühe angekommen, um vier Uhr etwa von der Hundestaffel empfangen worden. Zu Fuß sind wir dann nach Birkenau. Nach Birkenau zu kommen, das war die Hölle. Morast, kein Licht, kein Wasser, keine Toiletten. Das kann man sich nicht vorstellen, wie das Lager damals war. Später war es besser, aber als ich gekommen bin, war es furchtbar.«[1] Sonja Fischmann musste in einem Landwirtschaftskommando im Nebenlager Rajsko arbeiten, nach wenigen Tagen hatte sie ihre Füße in den Holzpantinen wund gelaufen, sie waren voll Blut und Schmutz, als sie sich Hilfe suchend an die Ambulanz wandte.

Ihr kommt die Vermittlung an Schumann nicht ungelegen. »Ich wusste nicht, wer er war, was er macht, was er tut.« Sie meldet sich bei ihm, wird von ihm geheißen, anderntags zu kommen und in der Frühe den Raum einzuheizen, das Weitere werde sie noch erfahren. »Ich hab aber nicht gewusst, wo man

Kohlen hernehmen soll. Jeder hat gesagt: Gehe in die Küche organisieren. Aber ich hab gar nicht gewusst, was organisieren heißt. Und als ich dann endlich zu Kohlen gekommen bin, nachdem ich deswegen auch noch geprügelt worden bin, bin ich mit dem Kübel Kohlen in die Leichengrube gefallen. Da hat mir ein Russe geholfen. Das war mein erster Tag beim Schumann.«[2]

Fortan wohnt Sonja Fischmann in diesem Gebäude, dem Block 30. »Wir haben so einen Verschlag gehabt, da hab ich mit der Kasche drin gewohnt zuerst, später waren wir dann zu fünft.« Kasche, das ist Kazimiera Topor, eine 18-jährige Polin, die wenige Tage zuvor wegen ihrer Mitgliedschaft in einer illegalen Organisation in Kattowitz verhaftet und ins Lager eingeliefert worden war.[3] Sie ist von ihrer Konstitution her kräftiger als ihre Leidensgenossin und wird Schumann zugeteilt, weil eine neue Heizerin gebraucht wird und Sonja Fischmann eine andere Aufgaben bekommen soll. Für Außenstehende, auch für die SS, ist der Block gesperrt. »Niemand durfte den Block betreten. Das war die Weisung vom Dr. Schumann. Von Anfang an. Jeder hat gerätselt, was in diesen Block kommt. Da kamen diese Siemens-Apparate, aber wir wussten nicht, was das bedeutet.«[4]

»Eines schönen Tages«, berichtet Ludwig Gehr im Strafverfahren gegen Horst Schumann dem Untersuchungsrichter, habe er von seiner Berliner Firmenzentrale den Auftrag erhalten, in einer Baracke des Konzentrationslagers Birkenau »zwei Röntgenbomben« aufzustellen. Gehr, von Beruf Ingenieur, leitet das Siemens-Büro in Gleiwitz. »Es handelt sich bei diesen Apparaten um sogenannte Therapie-Apparate, wie diese zur Krebsbestrahlung im Normalfall verwendet werden.« Seiner Ansicht nach ist die Baracke »für die Aufstellung der beiden Bomben« räumlich nicht geeignet, doch muss er die Geräte trotz seiner nach Berlin übermittelten Einwände zusammen mit einem Monteur wie vorgesehen installieren. »Ich habe die Anweisungen ausgeführt, die Übergabe und Ausdosierung der

Anlage zusammen mit Herrn Dr. Schumann übernahm ein anderer Kollege.«[5] Der dafür zuständige Siemens-Oberingenieur Hermann Luft ist deswegen eigens aus Berlin angereist. »Zwei oder drei Tage lang habe ich Dr. Schumann in der Schaltung und Bedienung des Apparates unterwiesen«, überliefert Luft. »Es war möglich, mit der Apparatur Tiefen- und Oberflächenbestrahlung vorzunehmen.« Als Schumann »die Schaltung und die Bedienung im wesentlichen beherrschte«, reist der Oberingenieur wieder ab.[6]

Eine Krebstherapie, so ungewöhnlich sie an diesem Ort gewesen wäre, hätte gewiss weniger Aufsehen erregt als das, was in dieser Baracke tatsächlich mit den Röntgenapparaten angestellt wird. Die Geräte sind ziemlich störanfällig, deswegen muss Gehr häufig angefordert werden. Dabei entwickelt Schumann ihm gegenüber offenbar so viel Zutrauen, dass er ihn in sein Vorhaben einweiht. »Dr. Schumann hatte die Idee, mit Hilfe der installierten Apparate eine möglichst große Anzahl von Häftlingen möglichst schnell zu kastrieren, ohne dass ihre Arbeitskraft verloren ging.« Schumann wählt für seine Versuche im Lager, wie es scheint, beliebige Männer und Frauen aus, belügt sie über seine Absichten und befiehlt ihnen, mit niemandem über das Geschehen in Block 30 zu reden. Also wird nicht offen darüber gesprochen. Aber es wird geflüstert und getuschelt.

Schon die Anlieferung der Apparate bleibt in den Baracken des Krankenreviers nicht unbemerkt und gibt Rätsel auf angesichts des auffälligen Kontrasts zu der sonst recht dürftigen Ausstattung. Kurt-Bruno Knuth-Siebenlist beispielsweise hält es für ausgeschlossen, »dass man ein derart schon dem Äußeren nach teures Gerät für die Behandlung von Frauenhäftlingen anschaffte«. Der 34-jährige politische Häftling aus Hohensalza, dem es gelungen ist, als Schreiber der Kommandantur zugeteilt zu werden, kann sich mit einem Passierschein in den Lagerabschnitten von Birkenau relativ frei bewegen. Er hat die Anlieferung der Röntgenanlage mitbekommen und lässt sie sich von Orli Reichert, der Lagerältesten im Krankenrevier, aus der Nähe zeigen. Weil er ihr vertrauen kann, fragt er sie bei der Besichtigung, »wozu man ein derartiges Ungetüm von Apparatur im Krankenbau aufgestellt habe und was dieses in Chrom und gelbem Lack aufgebaute Gerät zu bewirken habe«. Reichert habe nur gesagt, dass damit Mädchen und Frauen sterilisiert würden und dass sie ein solches Gerät noch nie gesehen habe. Bei einem neuerlichen Besuch führt sie ihm vor, wie das Gerät funktioniert, und berichtet, dass »man in der Zwischenzeit schon verschiedentlich Frauen und Mädchen bestrahlt habe, dessen Erfolg man nun abwarten wolle«.[7]

Horst Schumann beginnt mit seinen medizinischen Experimenten noch vor Carl Clauberg, der erst im Dezember in Erscheinung tritt. Die gemeinsame Nutzung von Block 30 bedeutet jedoch nicht, dass die beiden Ärzte gemeinsame Interessen verfolgen. In den überlieferten Augenzeugenberichten ist nie davon die Rede, dass Schumann und Clauberg zur gleichen Zeit anwesend sind, obwohl sie getrennte Räume benutzen. Zwar suchen beide nach ökonomischen Methoden, die Fortpflanzung bestimmter Bevölkerungsgruppen zu unterbinden. Aber ihre Motive, Vorüberlegungen und Vorgehensweisen unterscheiden sich signifikant. Darüber hinaus ergeben sich auch aus Herkunft, Ausbildung und Charakter so wenige Berührungspunkte, dass sich Clauberg und Schumann nach Möglichkeit aus dem Weg gehen.

Schumann wurde am 1. Mai 1906 als drittes Kind eines Arztes in Halle geboren. Er war fünf Jahre alt, als sich seine Eltern scheiden ließen. Fortan wuchs er bei seinem Vater auf, dessen zweite Ehe ebenfalls scheiterte und der die Erziehung seines Sohnes weitgehend seiner ältesten Tochter überließ. Bereits als 14-Jähriger kam Horst Schumann in Kontakt mit rechtsextremen militanten Wehrverbänden. In Halle, wo er weiterhin wohnen blieb und nach dem Schulabschluss Medizin studierte, trat er am 1. Februar 1930 in die NSDAP ein. Sein Examen legte er nach einem Interim in Innsbruck ebenfalls in Halle ab, wo er im Juli 1933 als Assistenzarzt an der Chirurgischen Abteilung der Universitätsklinik eingestellt wurde. An einer wissenschaftlichen Karriere war ihm allerdings nicht gelegen, wahrscheinlich war er dafür auch gar nicht qualifiziert. Er bevorzugte die Beamtenlaufbahn, die er 1934 im städtischen Gesundheitsamt in Halle aufnahm und die ihn, im Einklang mit der nationalsozialistischen Gesundheitspolitik, in leitende Positionen führte. Als Amtsarzt in Halle war Schumann auch im örtlichen Erbgesundheitsgericht tätig, das über eine große Anzahl von Zwangssterilisationen förmlich zu entscheiden hatte. Grundlage dafür war das sogenannte Erbgesundheitsgesetz vom Juli 1933, nach dem Menschen mit echten oder – so bei der Schizophrenie – vermuteten Erbkrankheiten durch ärztlichen Eingriff an der Fortpflanzung gehindert werden sollten. In der Zeit des Nationalsozialismus wurden zu diesem Zweck schätzungsweise 400 000 Frauen und Männer zwangssterilisiert.[8]

Ebenfalls ideologisch motiviert waren die Morde an über 100 000 Kranken und Behinderten, die in Anstalten untergebracht waren. In diesem Kontext ließ sich Horst Schumann, seit Kriegsbeginn Arzt bei der Luftwaffe, von der »Führer«-Kanzlei verpflichten, als Leitender Arzt und Direktor bei Grafeneck auf der Schwäbischen Alb eine »Landespflegeanstalt« einzurichten, die nichts anderes war als eine getarnte Tötungsstätte. Die überwiegend aus württembergischen Anstalten selektierten Patienten wurden durch Kohlenmonoxid umgebracht, im Laufe des Jahres 1940 über 10 000 Personen. Schumann war bis April 1940 einer von drei Ärzten, die dort das Gas einströmen ließen. Danach wechselte er nach Sonnenstein bei Pirna in Sachsen, wo von Juni 1940 bis August 1941 unter seiner Leitung 13 720 Patienten und über 1000 KZ-Häftlinge in der Gaskammer ermordet wurden.

Am 28. Juli 1941 kam Schumann zum ersten Mal nach Auschwitz. Er war Gutachter für eine Ärztekommission geworden, die in Konzentrationslagern unter dem Decknamen »14f13«

arbeitsunfähige oder durch Augenschein als unheilbar krank eingestufte Häftlinge der Tötungsmaschinerie überantwortete. In Auschwitz selektierte er 575 Häftlinge, die in die NS-Tötungsanstalt Sonnenstein gebracht und im Gas erstickt wurden. Weitere solcher »Auslesen« führte er auch in den Konzentrationslagern Buchenwald, Dachau, Flossenbürg, Groß-Rosen, Mauthausen, Neuengamme und Niederhagen durch.

Von der Kanzlei des »Führers« erhielt Schumann im Herbst 1942 den Auftrag, die Wirksamkeit von Sterilisierungen mittels Röntgenstrahlen an Häftlingen des KZ Auschwitz zu erproben. Zu diesem Zweck fuhr er Anfang November 1942 nach Birkenau und nahm in Block 30 seine Tätigkeit auf.

Antonia Wierzbicki hat in Block 7 in Birkenau Stubendienst. Von dem polnischen Häftling Ryszard Wisniewski, der als Elektriker öfter in Block 30 zu tun hat, erfährt sie im November 1942, dass dort ein Dr. Schumann experimentell die Geschlechtsteile von Männern und Frauen bestrahlt. Dieser Arzt ist für sie kein Unbekannter. Die Häftlinge Roman Szafarazyk und Tadeuz Lisowski hatten ihr berichtet, die Lagerverwaltung habe sie beauftragt, die Namen jener 575 Männer, die von Schumann nach Sonnenstein in die Tötungsanstalt geschickt worden waren, aus der Kartei zu streichen. Es hatte einen schmerzlichen Grund gegeben, ihr diese Nachricht zu übermitteln: »Unter den im Register der Lebenden gelöschten Namen befand sich auch der Name meines Sohnes Roman Wierzbicki.«

In der zweiten Novemberhälfte werden in Antonia Wierzbickis Block bei einem Appell zwölf Frauen ausgesucht und aufgeschrieben, weitere Frauen in Block 12 und anderen Blocks, insgesamt etwa 50. Alle seien am nächsten Tag zum Block 30 geführt und von Dr. Schumann bestrahlt worden, sie hätten sich danach nicht gut gefühlt, hätten erbrochen und unter Kopfschmerzen gelitten. Dieselben Frauen seien nach ein paar Tagen ein zweites Mal bestrahlt worden.[9] Narcyza Materlik, seit Juli 1942 in Auschwitz, ist eine von den zwölf Frauen in Block 7, die zur Röntgenbestrahlung kommandiert werden. Sie muss dort bei der Ankunft ihre Häftlingsnummer aufschreiben, aber es gelingt ihr offenbar, eine falsche einzutragen. »Ich gab die Nummer einer bereits verstorbenen Kameradin Aniela Pietrkiwicz an.« Dank dieser kleinen Manipulation kann sie sich einer weiteren Aufforderung zur Bestrahlung entziehen. Aber schon die erste Strahlendosis führt dazu, dass sie später keine Kinder mehr bekommen kann.[10]

Sonja Fischmann, die verhinderte Heizerin, ist nun mit der organisatorischen Abwicklung in Block 30 betraut. Jeweils am Tag vor den Bestrahlungen muss sie im Auftrag von Schumann zur Lagerverwaltung, Abteilung Arbeitseinsatz, gehen und für die Versuche eine gewisse Anzahl von Frauen anfordern. »Beim Arbeitseinsatz erhielt ich eine schriftliche Anweisung, auf welcher verzeichnet war, von welchem Block die Frauen zu stellen sind.« Von dort werden die betreffenden Frauen zu Block 30 gebracht, wo sie sich im Warteraum ausziehen müssen. Fischmann: »Ich habe dann eine Liste der Häftlinge angelegt, auf welcher die Häftlinge nach der Häftlingsnummer aufgezeichnet wurden, deren Alter, Nationalität und Blocknummer noch aufgenommen wurde. Wenn dann Dr. Schumann kam, musste ich ihm die Anzahl der Häftlinge melden und die Liste übergeben.«[11]

Adele Guttmanová erfährt von Ria Hanzová, die sie im Deportationszug nach Auschwitz kennengelernt hat und die nun in Block 30 Clauberg als Pflegerin assistiert, dass sich unter Schumanns Opfern auch griechische Männer befinden. Guttmanová: »Ich weiß, dass diese Sterilisierungen versuchsweise mit Bestrahlungen erfolgten und zwar mit Geräten, die von der Firma Siemens hergestellt waren. Jedenfalls wurde es so erzählt.«[12]

Julian Tadeusz Kiwala[13], der als Sanitäter im Krankenhausblock 24 arbeitet, wird Ende November 1942 darauf aufmerksam, dass zwei- bis dreimal wöchentlich Gruppen von jüdischen Häftlingen in den geheimnisvollen Block gebracht werden. »Ich bemerkte, dass bei dem Zubringen dieser Gruppen auf den Block 30 gewisse Unterbrechungen vorkamen, sodass nicht jede Woche die Häftlinge auf diesen Block gebracht wurden.«[14]

Der Siemens-Ingenieur Gehr erwähnt, dass in einer ersten Serie 350 Häftlinge bestrahlt worden seien. Frauen und Männer hätten vor dem Barackeneingang Schlange gestanden und seien dann einzeln hineingerufen worden. »Unmittelbar nach Bestrahlung war den behandelten Personen nichts anzumerken.« Sie selbst haben keine Ahnung, was es mit diesen Apparaten auf sich hat. Aber dass die seltsame Behandlung in irgendeinem Zusammenhang mit ihren Geschlechtsorganen steht, bleibt ihnen spätestens dann nicht mehr verborgen, wenn sich erste Veränderungen am Körper zeigen, die obendrein mit starken Schmerzen einhergehen. Für die Kameraden in ihrer Umgebung ist klar, was das bedeutet.

Etela Gregorová, mit der Lagernummer 1294 eine der ersten slowakischen Jüdinnen in Auschwitz, ist mit anderen Frauen aus ihrer Heimat Anfang 1943 im Birkenau-Block 26 untergebracht, als eines Morgens ein Offizier in Begleitung der Blockältesten zum Zählappell kommt. »Ohne uns zu fragen, haben sie 40 bis 50 Frauen abgezählt und befohlen, aus den Reihen zu treten. Wir wussten nicht, worum es sich handelt, wir hatten aber Angst, es fehle ihnen jemand an der Zahl zur Vergasung.« Als Marschrichtung wird das Krankenrevier ausgegeben. »Wir wussten noch immer nicht, was sich tun wird. Wir marschierten um die Ambulanz und kamen bis in den hinteren Trakt des Reviers, wo der sogenannte Block 30 stand. Auf einmal wurde uns entsetzlich klar, wohin sie uns führen, denn über diesen Block waren verschiedene Gerüchte im ganzen Lager im Umlauf, aber niemand wusste etwas Konkretes, weil das Personal nach außen mit niemandem verkehren durfte. Als wir zum Block 30 kamen, befahlen sie uns, halt zu machen und zu warten. Inzwischen kamen noch drei weibliche Aufseherinnen, die Acht gaben, damit keine entfliehe. Plötzlich öffnet sich die Tür, und aus einer Hälfte des Blocks kam derselbe hohe Offizier heraus, der bei unserem Block war, er befahl, Ruhe zu bewahren, und wir wurden einzeln hereingerufen.«[15]

Der Frankfurter Staatsanwaltschaft berichtet Izabella Sosnowska Jahrzehnte später: »Dass Dr. Schumann in Block 30 Röntgenbestrahlungen durchgeführt hat, weiß ich nicht nur vom Hörensagen.« Die 28-jährige Polin ist im Winter 1942/43 in der Schreibstube des Birkenauer Häftlingskrankenbaus eingesetzt. Die Schreiberinnen arbeiten Wand an Wand zum Bestrahlungsraum und haben große Sorge, dass sie Strahlenschäden davontragen könnten. Durch Astlöcher und Risse in den Bretterwänden können sie, wenn sie vorsichtig in den Röntgenraum spähen, beobachten, was dort vor sich geht.[16] Sie habe oft Gruppen zwischen fünf und 15 Personen vor dem Röntgenraum stehen sehen, die gewartet hätten, bis sie aufgerufen worden seien, sagt Sosnowska. Es habe Wochen gegeben, an denen nahezu täglich Bestrahlungen stattfanden, dann sei wieder einige Zeit pausiert worden. »Ich habe Häftlinge gefragt, die vor Block 30 standen: Was macht ihr hier? Worauf diese antworteten: Wir kommen zum Röntgen.« Izabella Sosnowska erinnert sich daran, wie sich Frauen in der Ambulanz einfanden, die bestrahlt worden waren, und wie ihr dann eine Weile danach von Häftlingsärzten, Häftlingspflegerinnen und Häftlingsältesten mitgeteilt wurde, dass bestrahlte weibliche Häftlinge mit Wunden, die nicht verheilen wollten, im Krankenbau lägen. »Ich weiß auch, dass weibliche Häftlinge an den Folgen der Bestrahlungen gestorben sind.«[17]

Für Leute wie den Ingenieur Gehr ist es nicht sehr schwierig, Genaueres über diese Vorgänge zu erfahren. »Ganz allgemein kann ich sagen, dass Dr. Schumann aus seinen Verbrechen keinen Hehl machte, er hat offen darüber gesprochen. Er hielt anscheinend die Dinge für richtig.« Gehr fragt ihn deshalb »alsbald nach Anlaufen der Aktion, was bei den Dingen herauskomme«. Schumann habe darauf sinngemäß geantwortet, man könne das noch nicht vorhersehen, weil »die ersten

350 alle draufgegangen« seien. Allerdings weiß Gehr von Schumann nur, dass diese Häftlinge nach der Röntgenbehandlung gestorben waren, jedoch nicht mit absoluter Sicherheit, »ob die Röntgenbehandlung bei allen diesen Leuten für den Tod kausal war, denn es herrschte zu dieser Zeit auch eine Fleckfieberepidemie im Lager«.[18]

Da Kazimiera Topor bei den Bestrahlungen immer einheizen musste, konnte sie auch deren gesamten Verlauf selbst beobachten. Die spätere Buchhalterin prägte sich die Räume und ihre Einrichtung ein und konnte sie nach Kriegsende präzise beschreiben.

Die dominierenden Gegenstände des Arbeitsraums seien zwei Röntgenapparate gewesen, die mit cremefarbenem Emaille überzogen waren. Sie sahen anders aus als die Röntgengeräte, die Kazimiera Topor bis dahin zu Gesicht bekommen hatte. Die Apparatur wurde mit Wasser gekühlt, das aus dünnen Röhrchen zum Ausguss floss. Das Wasser lief ununterbrochen, Tag und Nacht, unabhängig davon, ob die Maschine in Betrieb war oder nicht. »Für uns Häftlinge, die in der Baracke Nummer 30 beschäftigt waren, bildete es die einzige Wasserquelle.« Mit einem kleinen Topf wurde es abgeschöpft. »Das Aggregat bestand aus einer Art Säule, die fest auf einer breiten Unterlage aufgestellt war. An dieser Säule war ein kugelartiger Apparat angebracht, der mit Hilfe eines Knebelgriffs in Form eines Kreises bewegt wurde. Aus dem kugelartigen Teil des Apparates ragte auf einer Entfernung von circa 25 Zentimetern ein kleinerer Teil in Form eines Rechtecks mit den Maßen von circa 25 mal 20 Zentimetern heraus. Das Ende dieses Rechtecks war kugelförmig, und dieses kugelförmige Ende war schwarz. Bei der Sterilisation der Männer setzte Dr. Schumann auf diese kugelförmigen Enden etwas wie kleine Kästchen aus Sperrholz auf.«

Es seien niemals Frauen und Männer am selben Tag bestrahlt worden, berichtet Topor. Die abkommandierten Personen hätten sich im Warteraum ausziehen müssen und seien einzeln in den Arbeitsraum geholt worden. »Der nackte Häftling wurde seitlich zwischen die beiden Apparate gestellt, so dass sich die herausragenden Teile der kugelartigen Apparatur direkt an den Körper anlehnten – bei den Männern in der Genitaliengegend, bei den Frauen in der Gegend der Eierstöcke, und diese Körperteile wurden dann von vorne und von hinten gleichzeitig bestrahlt. Die Frauen wurden von Dr. Schumann direkt auf den Betonboden gestellt, die Männer aber stellte Dr. Schumann auf ein niedriges Stühlchen.« Sobald die Versuchsperson bereitstand, schloss sich Schumann in eine Kabine ein. »Diese Kabine war aus Beton und hatte Beschirmungen aus Blei sowie zwei kleine Fensterchen aus dickem Bleiglas.« In die etwa zwei Meter breite Kabine war »ein Schaltpult mit zahlreichen Knöpfen und Skalen« eingebaut. Den Abstand zwischen Kabine und Röntgengerät schätzt Topor auf drei bis vier Meter. »Die Bestrahlung mit Röntgenstrahlen der Geschlechtsorgane dauerte von ein paar bis einigen über zehn Minuten, später wurde diese Zeit von Schumann gekürzt.« Dabei machte sich Schumann in der Kabine Notizen, die er mitnahm, wenn er die Baracke verließ. Niemand sollte erfahren, was die Prozedur bezweckte. Falls danach gefragt wurde, musste das Häftlingspersonal antworten, dass es sich um eine Prophylaxe gegen Typhus handle. »Gleichzeitig warnte er uns, uns in der Nähe der Apparatur aufzuhalten, da ihre Nähe unsere Gesundheit ungünstig beeinflussen könnte. Ferner betonte er, dass der schädliche Einfluss der Apparatur innerhalb von 30 Metern erfolgte.«[19]

Magda Lenka Hertzková aus Prešov ist Anfang Juni 1942 mit einem Transport von rund 480 Frauen in Auschwitz angekommen. Sie arbeitete in einem Kommando, das Kanäle gräbt und Wege ausbessert. Dann wird sie wie Etela Gregorová beim Morgenappell jener Gruppe zugeteilt, die zum Block 30 marschieren muss. Sie seien »einzeln in einen Raum geholt« worden, »in dem irgendeine Maschine war, die ich weder vorher noch nachher gesehen habe«, erinnert sich Hertzková. »In dem Raum war es halbdunkel, und es wurde mir befohlen, mich vollkommen zu entkleiden, was ich auch tat. Dann wurde mir befohlen, mich zwischen zwei Platten zu stellen. Ich nehme an, sie waren aus Eisen. Ich fühlte die Kühle sowohl an der Bauchseite als auch an der Rückseite des Körpers.« Sie habe bei der Gelegenheit auch gehört, dass ein Mann in dem Raum als Dr. Schumann angeredet worden sei. »Als ich zwischen den erwähnten Platten stand, ging das Licht für einige Sekunden aus, und ich hörte ein Summen, als wenn der elektrische Strom eingeschaltet ist. Das Licht ging wieder an, mir wurde befohlen, mich anzukleiden, und ich ging in die Unterkunft.«[20] Etela Gregorová erinnert sich noch, dass sie wie betäubt den Raum verließ. »Ich hatte nur große Angst, und ich war relativ glücklich, dass es nicht Gas war und dass ich noch lebte.«[21]

Alle werden krank. Die meisten müssen sich gleich oder wenig später erbrechen. »Am Abend, als ich mich niederlegte, fühlte ich am Bauch heftiges Brennen«, beschreibt Gregorová ihre Körperreaktionen, »dann bekam ich Schüttelfrost wie nach Sonnenstich, der Bauch hatte sich mäßig gerötet.« Am nächsten Tag seien dieselben Personen wieder abgeholt worden und hätten ein zweites Mal in die Maschine treten müssen, berichtet Katarina Princz aus Prešov. Die 20-jährige Slowakin war im selben Transport wie Etela Gregorová, Adele Guttmanová, Ria Hanzová und Rozália Kleinmanová am 26. März 1942 in Auschwitz angekommen. An diesem zweiten Tag sei sie von einer Freundin aus Prešov, der damaligen Blockältesten von Block 27, gewarnt worden: Sie wisse von einer jüdischen Ärztin, dass die Behandlung gesundheitsschädlich sei. Katarina Princz folgt dem dringenden Rat, sich unbedingt, notfalls durch Flucht, aus ihrem Arbeitskommando zu entfernen. Eine ähnliche Empfehlung hat auch Etela Gregorová von jener Ärztin direkt erhalten und ist von ihrer Blockältesten darin unterstützt worden, einen Platz in einem Außenkommando zu finden, weit weg von Block 30. »Obzwar ich die Arbeit draußen infolge der psychischen Qual und Schwäche nach der Bestrahlung nur schwer ertrug, habe ich alles überwunden«, sagt sie rückblickend. Laut Sylvia Friedmann aus der ostslowakischen Stadt Bardejov, damals 22 Jahre alt, meldeten sich etliche Kameradinnen, auf die Gefahr der Bestrahlung aufmerksam geworden, »für die schwersten Arbeiten bei Außenkommandos … um weiteren Versuchen zu entgehen«.[22]

Wer sich nicht kümmert oder keine guten Kontakte hat, muss sich bis zu vier Mal bestrahlen lassen. »Zwei Holländerinnen, die eine hieß Margarete, sind nach etwa zehn Tagen an den Folgen der Behandlung in der Maschine verstorben. Sie hatten schreckliche Schmerzen und furchtbar eiternde Wunden am Bauch«, sagt Katarina Princz. Als ein weiteres Bestrahlungsopfer nennt sie die gleichaltrige Martha Löwenstein[23]. Auch sie stammte aus Prešov und war zusammen mit ihr im selben Transport angekommen.[24]

Claubergs Abteilung in Block 30 besteht aus zwei Räumen. Den einen Raum dominieren ein gynäkologischer Tisch mit einer daran angebrachten, auf Schienen beweglichen Röntgenplatte und ein Röntgengerät. Bei der Justierung des Tisches muss Kazimiera Topor als Modell dienen: »Es geschah folgendermaßen, dass man mir befahl, mich von unten zu entkleiden und auf den Tisch zu legen. Ich erinnere mich, dass das nach oben gezogene Kleid beim Schieben der Platte störte.« Der Raum kann mit einem Fenstervorhang verdunkelt werden. Topor erinnert sich noch an ein Apothekenschränkchen an der Wand zur Aufbewahrung von Spiritus zum Sterilisieren der Instrumente.[25]

Der zweite Raum ist eine Schlafkammer mit acht Metallbetten[26] für die von Clauberg ausgewählten Frauen. »Soviel ich weiß, gewannen sie die Frauen, indem sie im Lager bekannt machten, dass sie junge Krankenpflegerinnen suchten«, berichtet Margita Švalbová.[27] Die 27-jährige slowakische Jüdin, die Medizin studiert und eine Ausbildung als Krankenpflegerin absolviert hat, erfüllt die Kriterien der Lagerleitung, die für Clauberg eine erfahrene Röntgenassistentin sucht. Zwar hätte sie auch den rassischen Vorstellungen der Nationalsozialisten entsprechen sollen, aber jemand mit dergleichen Voraussetzungen ist gerade nicht verfügbar. Also gibt man sich auch mit einer Jüdin zufrieden.[28] Wie bereits im Stammlager ist Margita Švalbová nach der Verlegung auch in Birkenau dem Krankenrevier zugeteilt. Nun wird sie aufgefordert, sich in Block 30 einzufinden. »Bald darauf kam Prof. Clauberg, besichtigte die Räume und prüfte mich, ob ich auch wirklich den Röntgen-Apparat bedienen kann.«[29]

Spätestens zu diesem Zeitpunkt kommen auch die Auswahlkriterien hinsichtlich der für ihn in Frage kommenden Häftlinge zur Sprache. Clauberg glaubt zunächst, im Lager Frauen finden zu können, die nach Gesetzeslage wegen angeblicher Erbkrankheiten[30] sowieso zwangssterilisiert werden sollen. Offenbar hält er sich für legitimiert, diese Frauen ohne weiteres Verfahren als Versuchsobjekte benutzen zu können. Solche Vorstellungen, die er gegenüber Wirths vorbringt, lassen sich jedoch in der Lagerrealität nicht einlösen, ein Umstand, den er umso leichter akzeptieren kann, als ihm Wirths versichert, dass derartige Einschränkungen nicht erforderlich seien. Da allen Insassinnen die Vernichtung drohe, komme es gar nicht darauf an, welche und wie viele Frauen er auswähle.[31]

Die ersten Frauen, die man diesem Schicksal im Auftrag von Clauberg ausgeliefert habe, seien Holländerinnen gewesen, sagt Margita Švalbová. Außerdem erinnert sie sich an eine Slowakin und einige wenige Frauen aus anderen Ländern. Im Vergleich zu den ausgehungerten Häftlingen, die er bei seinem früheren Besuch in Birkenau gesehen hatte – Frauen, die schon längere Zeit im Lager lebten –, sind diese soeben erst in Auschwitz angekommenen Versuchspersonen gesund und von guter Konstitution. Clauberg beschränkt sich zunächst darauf, einige Röntgenaufnahmen zu machen. Er hat dafür einen Apparat zur Verfügung gestellt bekommen, der aus Wehrmachtsbeständen stammt. »Es war wohl das beste Heeresgerät, kam aber für meine Zwecke nicht in Betracht.«[32]

Nach einer Woche fährt Clauberg erneut nach Birkenau, um sich die Röntgenbilder anzusehen, die bis dahin in einem externen Labor entwickelt worden sind. Sie bestätigen seinen ersten Eindruck, dass der Apparat die technischen Anforderungen nicht erfüllt. Außerdem zeichnet sich ab, dass ihm seine Versuchspersonen wegsterben könnten. Eine von ihnen, deren Röntgenbilder er vor sich hat, lebt schon nicht mehr, sie ist an Flecktyphus gestorben. Überhaupt herrscht große Sorge im Lager, da sich die Seuche seit einigen Wochen epidemisch ausbreitet. Die Angst ist allgegenwärtig, immer mehr Todesfälle werden gemeldet. Häftlinge, die von der Krankheit geschwächt sind, müssen damit rechnen, in die Gaskammer geschickt zu werden.

Auch Horst Schumann und die beiden für ihn abgestellten Pflegerinnen haben sich angesteckt. Die Röntgenbestrahlungen in seiner Abteilung werden deswegen nach Weihnachten vorübergehend eingestellt. Clauberg schaut sich in den Sanitätsbaracken des Krankenreviers um und nimmt zur Kenntnis, wie elend es den erkrankten Häftlingen ergeht. »Sie lagen teilnahmslos auf ihren Holzpritschen.« Er habe dann nach Lagerführer Rudolf Höß verlangt und ihm gesagt, dass er einen besseren Röntgenapparat benötige und dass dieser in einer geeigneteren Umgebung installiert werden müsse. Auch wolle er unter den gegebenen Bedingungen nicht in Birkenau arbeiten. Höß habe ihm angeboten, im Stammlager einen Ort für seine Versuche einzurichten, der seinen Wünschen entspräche. Daraufhin sei er mit Höß und Wirths ins Stammlager gefahren und habe Block 10 ausgesucht. »Ich habe noch die von mir für erforderlich gehaltenen baulichen Änderungen gefordert und gebeten, mir Frauen zur Verfügung zu stellen, die schon Kinder gehabt hatten und keine mehr haben wollten.« Außerdem habe er verlangt, dass die Frauen keine Häftlingskleidung tragen sollten.[33] Tatsächlich werden Ende des Jahres 1942 die zu diesem Zeitpunkt noch in Block 10 untergebrachten männlichen Häftlinge ausquartiert.[34]

Im Birkenauer Block 30 ist es Margita Švalbovás Aufgabe, den Röntgenapparat im Behandlungsraum auf Claubergs Kommando zu betätigen. Was es damit auf sich hat, ist nicht minder geheimnisvoll als Schumanns Strahlenkammer. Ab und zu kommen in den nächsten Wochen SS-Ärzte und schauen Clauberg zu. Bei einer solchen Demonstration, erinnert sich Švalbová, ist auch die SS-Oberaufseherin Maria Mandel zugegen. Aber weder den Häftlingen noch den Pflegerinnen ist es erlaubt, das Gebäude zu verlassen. Švalbová hat allerdings noch einen Spezialauftrag: Sie muss den Eingang ins Lazarett bewachen, zu dem der Block 30 gehört. Auf diese Weise kommt sie mit Pflegerinnen aus anderen Stationen in Kontakt und kann sich mit ihnen austauschen.

Engelina Jas, aus den Niederlanden deportiert, wird eine der ersten Versuchspersonen Claubergs. Wer ihm zuallererst vorgeführt wurde, lässt sich nicht mehr ermitteln. Die Amsterdamerin versucht nach dem Krieg, die Anfänge zu rekonstruieren: »Ehe wir uns dort aufhielten, waren dort polnische Frauen, jemand aus Paris und eine Tschechoslowakin.«[35] Monika Zatka, von ihren Kameradinnen Zatek gerufen, war eine von ihnen, damals noch Studentin, erst 21 Jahre alt. Sie ist von der Gestapo in Wielka Wola, einer in den Beskiden gelegenen polnischen Gemeinde, verhaftet, ins Gefängnis gebracht und wenig später in Auschwitz eingeliefert worden. Ihre KZ-Nummer 24208 lässt darauf schließen, dass dies am 11. November 1942 war. Sie gibt an, Clauberg habe ihr im Januar 1943 in Block 30 eine Flüssigkeit durch die Scheide in die Gebärmutter eingespritzt. Vermutlich ein Röntgenkontrastmittel.

Engelina Jas ist zu diesem Zeitpunkt 31, seit sieben Jahren verheiratet mit William Arnold Egger, sie haben einen Sohn, Wim. Vor ihrer Verhaftung lebt die jüdische Familie in einem Versteck in Den Haag, wo sie schließlich von Nachbarn an die

Gestapo verraten wird. Egger, der aus Afrika stammt, wird vor den Augen seiner Frau und seines Sohnes schwer misshandelt und danach ins Gefängnis gesteckt. Eine unfassbare Gewalt bricht über Engelina Jas herein. Sie kommt mit ihrer Mutter und ihrer Schwester sofort ins Durchgangslager Westerbork und dort in den nächsten Transport nach Auschwitz. Unterwegs kann sie noch ein Briefchen aus dem Zug werfen. »Ich hatte das Gefühl, dass ich nie wieder zurückkommen würde.«

Am 13. Januar 1943 steigt Jas mit ihrer Schwester und ihrer Mutter aus dem Zug. Das Gepäck müsse zurückbleiben, rufen SS-Männer. Alle müssen sich nach Geschlecht aufstellen, dann wird nach Alter sortiert. Die 31-Jährige will wie ihre Mutter und ihre Schwester zu einem der bereitstehenden Lastwagen laufen, wird aber zurückgehalten, weil man sie offenbar für jünger hält, als sie ist. Sie hat den Eindruck, als seien ausschließlich Frauen unter 30 ins Lager gelassen worden. »Wir sehen uns bald wieder«, ruft sie den beiden nach. Noch ahnt sie nicht, dass es der Abschiedsgruß ist. Die Lastwagen fahren zwar in dieselbe Richtung, aber sie steuern die Gaskammer an.

40 Frauen bleiben vorerst am Leben, durchlaufen in Birkenau die übliche Aufnahmeprozedur in der sogenannten Sauna. »Es war entsetzlich. Wir mussten uns alle splitternackt ausziehen, um uns herum die gaffende Drecksbande.« Die Haare werden geschoren, jeder muss unter die kalte Dusche, kein Handtuch zum Abtrocknen. Holzschuhe werden ausgeteilt und russische Uniformen ohne Knöpfe, dazu ein dünnes Hemd und ein Kopftuch. »Niemand hatte mehr etwas Persönliches bei sich. Als wollte man bei den neu angekommenen Gefangenen das Gefühl der Trostlosigkeit noch unermesslich steigern, war jedem auch alles abgenommen worden, was der Körperpflege dient: Zahnbürsten, Kämme und auch die vielen kleinen, aber im gewohnten Alltag unverzichtbaren Dinge.« Sehbehinderte müssen sogar ihre Brillen abgeben.

Den nächsten Schock löst die Tätowierung aus, die nie mehr zu löschen sein wird. Die Vorstellung, auf immer gezeichnet zu sein, verbindet sich mit dem Gefühl, auf immer verloren zu sein. Engelina Jas ist nun die Nummer 28481. Nummer 28481 kommt in Block 9, jeder Werktag beginnt fortan mit einem Zählappell.

Eines frühen Morgens erscheint die Blockälteste in der Baracke und befiehlt: »Alle verheirateten Frauen über 25 Jahre müssen aus ihrem Bett kommen.« Engelina Jas sagt sich: »Vielleicht müssen wir Essen tragen.« Sie meldet sich mit einigen weiteren Kameradinnen, darunter auch die 24-jährige Eugenia Lewin, die im Januar 1943 mit einem Transport aus Grodno angekommen ist. Die Frauen werden in eine hölzerne Baracke geführt – Block 30. »Es standen dort sechs oder sieben Betten, und wir kapierten nicht, wieso wir ins Bett sollten. Wir waren doch nicht krank!« Eine tschechische Pflegerin erklärt den ratlosen Frauen: »Wenn ihr hier bleibt, dann habt ihr eine Chance, wieder lebend herauszukommen.«[36]

Außer Engelina Jas werden noch zwei weitere Niederländerinnen aufgenommen, Hanna Ketellapper und Klaartje »Cleo« Ziekenoppasser. Eine vierte will nicht bleiben. An ihrer Stelle wird Bluma »Bep« Poons geholt. Alle sind sie im selben Transport angekommen. Hanna Ketellapper ist frisch verheiratet. Wie viele junge Paare hatten sie und Sander Ketellapper in Westerbork eine Notehe geschlossen. Die beiden wussten, dass eine Abschiebung irgendwohin nach Osten bevorstand, und weil es geheißen hatte, dass Ehepaare nicht getrennt würden, heirateten sie noch schnell, um zusammenbleiben zu können. Dem frischgetrauten Ehepaar waren einige wenige Tage Zweisamkeit geblieben, erfüllt von Angst vor der Zukunft. Die Hochzeitsreise war die Deportation nach Auschwitz, wo das Paar nach seiner Ankunft von der SS an der Bahnrampe brutal getrennt wurde.

Anfangs sind acht Frauen im Schlafraum von Block 30 untergebracht. Engelina Jas ist die Einzige unter ihnen, die schon ein Kind hat. Neben ihr liegt Hélène Frank, eine gebürtige Polin, die zuletzt in Belgien wohnte. »In diesem Revier haben wir zunächst einige Wochen ohne weitere Erklärungen gelegen«, sagt Jas. Dann wird von einem auf den nächsten Tag »der Professor« angekündigt. Nach seiner Ankunft müssen alle der Reihe nach in den Behandlungsraum gehen. Sie müssen sich auf einen Stuhl setzen und werden von verschiedenen Seiten geröntgt. Es schaut noch ein SS-Mann zu, möglicherweise SS-Standortarzt Eduard Wirths. Als Nummer eins wird die 31-jährige Cleo Ziekenoppasser aufgerufen.[37] Bewusstlos wird sie herausgetragen. Engelina Jas kommt als Letzte an die Reihe. Alle fühlen sich miserabel, einige weinen.[38] »Cleo scheint sehr schwach gewesen zu sein. Wenig später ist sie gestorben«, berichtet Jas, die als deren Todestag den 25. Februar 1943 überliefert, ihren Geburtstag.[39]

Clauberg erscheint noch einige Male in Block 30, angeblich immer am selben Tag. Diese Regelmäßigkeit sei den Frauen bald aufgefallen, sagt Švalbová. Sie werden deshalb umso unruhiger und ängstlicher, je näher der Visitentag rückt.[40] Als Grund nennt die Krankenpflegerin: »Ich wusste, dass die Experimente Schmerzen auslösten.« Alle fürchten, diese offen zu zeigen, aus Angst, ins Gas geschickt zu werden. »Die Frauen strengten sich deswegen enorm an, sich zu beherrschen und allenfalls zu stöhnen, statt ihren Schmerzen freien Lauf zu lassen.« Hinzu kommt, dass sie den Sinn dessen nicht verstehen, was ihnen angetan wird.

Clauberg sagte bei seinen Vernehmungen, er habe an seinen Versuchspersonen zunächst ausschließlich das Kontrastmittel Neo-Röntyum getestet, um herauszufinden, ob das Röntgengerät für seine Zwecke geeignet sei. Die Frauen dagegen haben keine Ahnung, was die Spritze enthält. Sie sehen ein martialisches Gerät, sind angsterfüllt, auch wegen der unzähligen Gerüchte. Was soll die Flüssigkeit bewirken, die in die Vagina injiziert wird? Ist es wirklich eine Methode, um sie unfruchtbar zu machen, wie die einen behaupten? Oder, auch so ein Gerede, bedeutet es genau das Gegenteil – dass man sie durch eine Insemination schwängern will? »Vor beidem hatten sie Angst«, berichtet Švalbová. Am meisten aber vor einer künstlichen Befruchtung. Denn es hat sich herumgesprochen, dass schwangere Frauen in die Gaskammer kommen.

Außer Margita Švalbová gehören zu Claubergs Personal noch zwei weitere slowakische Jüdinnen, die 21-jährige Ria Hanzová[41] und die 22-jährige Sylvia Friedmann. Letztere muss sorgfältig Buch führen, ob die Versuchspersonen nach den Experimenten Schmerzen haben, ob Fieber auftritt und ob sie weiter menstruieren.

Anfang März 1943 beziehen acht jüdische Häftlingsfrauen[42], die als Verwaltungskräfte des Krankenreviers Birkenau beschäftigt sind, Claubergs Patientinnenraum, die dort untergebrachten Versuchspersonen werden in Birkenau nach Block 17 verlegt, ein steinernes Gebäude. Jas: »In diesem Block war es schrecklich, alle haben Typhus bekommen.« Eine aus der Gruppe, eine Wienerin, ist daran gestorben. Alle haben Fieber und sind, eine Folge des Typhus, stocktaub. »Obwohl wir dicht beieinander lagen, haben wir uns angeschrien, als wären wir einen Kilometer voneinander entfernt gewesen. Bep Poons hat noch Medizin für mich geholt, ihr ging es bereits besser.« Aber Engelina Jas leidet auch noch an Ruhr. Sie liegt im obersten Bett, hat keine Kraft mehr, herunterzukommen. Wasser wird keines gebracht, es muss »organisiert« werden. »Wir waren so verdreckt, dass wir ein Laken zerrissen haben, um uns ein bisschen reinigen zu können.«[43]

Clauberg hält sich fern. Eines Nachts erscheint eine Ärztin, Erna Weiss. Alle müssen aufstehen und werden untersucht. »Wir saßen und bibberten vor Kälte.«[44] Dann müssen sie zur Bekleidungskammer gehen: die Holländerinnen Engelina Jas, Hanna Ketellapper und Bep Poons, die polnischstämmige Belgierin Hélène Frank, Margarethe (»Margit«) Neumann aus Paris, die Slowakin Sara Kilewanowsky, eine Polin (wahrscheinlich Monika Zatka) und noch eine achte Frau. Sie erhalten saubere Bekleidung. Mit einem Krankenwagen werden sie ins Stammlager und dort zu Block 10 gebracht. Es ist April 1943.

Innenansichten

Orientierungsgang durch Block 10 im Stammlager

Äußerlich unterscheidet sich Block 10 kaum von den anderen Kasernen im Stammlager Auschwitz. Unverwechselbar ist der Backsteinbau nur durch die Mauer, die ihn an der Frontseite mit dem benachbarten Block 11, dem Todesblock, verbindet. Der dazwischenliegende Innenhof ist dadurch verdeckt. Im Frühjahr 1943 sind alle Fenster von Block 10 mit Blenden verschlossen, die wie Holzschütten so angebracht sind, dass sie nur durch einen Spalt an der Oberkante etwas Luft und Licht eindringen lassen, aber weder Einsicht noch Aussicht ermöglichen. Weil in dem Innenhof häufig Hinrichtungen stattfinden und jeder Blick dorthin verhindert werden soll, bleiben die Blenden an dieser Gebäudeseite bestehen. Vor allen übrigen Fenstern wird im Sommer 1943 anstelle der Bretter ein Maschenzaun angebracht. Ilse Nußbaum berichtet, es sei »ein Block-Gespräch« gewesen, »dass die Verschalung auf Veranlassung von Professor Clauberg entfernt wurde, damit wir mehr Luft bekamen«.[1]

Der Seiteneingang an der zu Block 9 gewandten Ostseite des Gebäudes ist stets verschlossen. Nur mit besonderer Erlaubnis darf der Block von der Lagerstraße her betreten werden, die an der Frontseite vorbeiführt. An diesem einzigen Eingang wacht

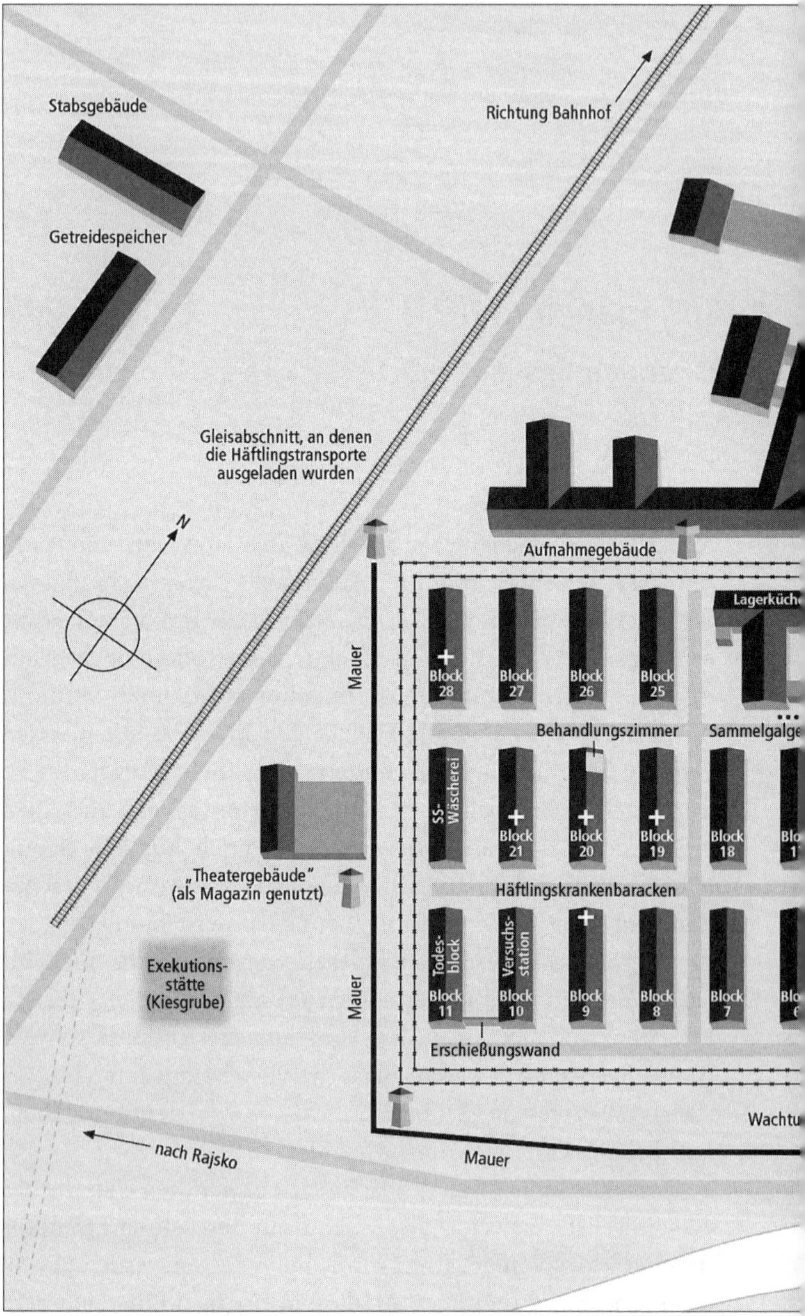

Stabsgebäude
Getreidespeicher
Richtung Bahnhof
Gleisabschnitt, an denen die Häftlingstransporte ausgeladen wurden
N
Aufnahmegebäude
Mauer
Block 28
Block 27
Block 26
Block 25
Behandlungszimmer
SS-Wäscherei
Block 21
Block 20
Block 19
Block 18
„Theatergebäude" (als Magazin genutzt)
Häftlingskrankenbaracken
Todes-block
Block 11
Versuchs-station
Block 10
Block 9
Block 8
Block 7
Exekutions-stätte (Kiesgrube)
Mauer
Erschießungswand
nach Rajsko
Mauer

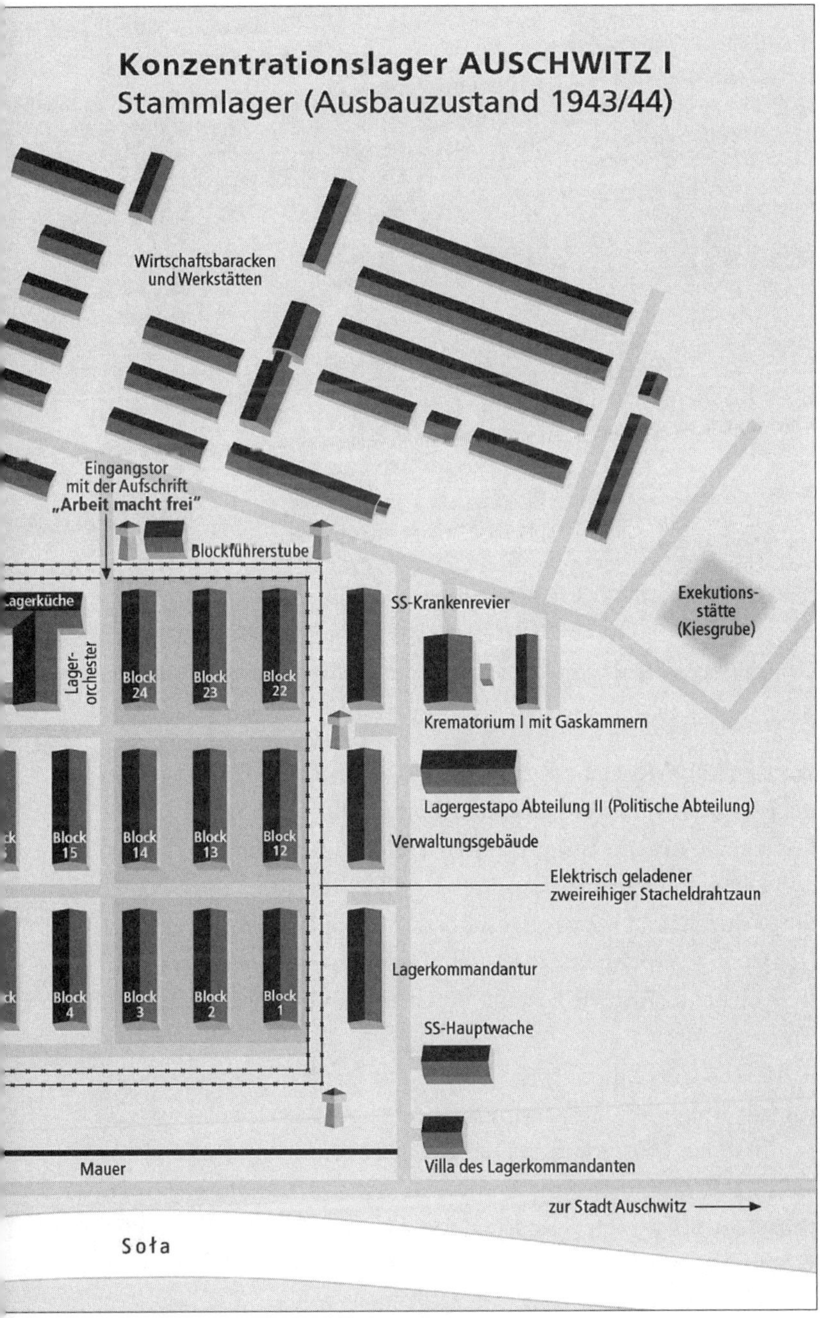
Konzentrationslager AUSCHWITZ I
Stammlager (Ausbauzustand 1943/44)
Wirtschaftsbaracken und Werkstätten
Eingangstor mit der Aufschrift „Arbeit macht frei"
Blockführerstube
Lagerküche
Lager-orchester
Block 24
Block 23
Block 22
Block 15
Block 14
Block 13
Block 12
Block 4
Block 3
Block 2
Block 1
SS-Krankenrevier
Exekutions-stätte (Kiesgrube)
Krematorium I mit Gaskammern
Lagergestapo Abteilung II (Politische Abteilung)
Verwaltungsgebäude
Elektrisch geladener zweireihiger Stacheldrahtzaun
Lagerkommandantur
SS-Hauptwache
Villa des Lagerkommandanten
Mauer
zur Stadt Auschwitz
Soła

Der Eingang zu Block 10, aufgenommen im Frühsommer 2010.

vom frühen Morgen bis zum frühen Abend eine Häftlingsfrau als Pförtnerin, in der restlichen Zeit ist die Tür abgeschlossen. Geht man hinein, umgibt einen kalte und muffige Luft.[2] Ein 2,18 Meter breiter und 3,20 Meter hoher Korridor, 45,30 Meter lang, durchzieht das Erdgeschoss. Auf halber Strecke zweigt links ein Treppenhaus ab, durch dessen zwei Fenster nur spärlich Licht nach drinnen fällt. Auch tagsüber müssen Lampen brennen.

Hinter der Eingangstür liegen auf beiden Seiten Sanitärräume, links der Toilettenraum, rechts ein tagsüber meist verschlossener Waschraum. Die zwölf Toiletten sind alle offen. »Man saß dort nicht alleine, woran wir uns zuerst gewöhnen mussten, aber später wussten wir es nicht besser«, berichtet Dr. Froukje de Leeuw. Toilettenpapier gibt es keines. Vermutlich im Spätjahr 1943 wird um zwei Becken herum eine Wand

Block 10, Erdgeschoss: Blick vom Treppenhaus in der Mitte des Flurs auf die Eingangstür, vorn die Zugänge zu Carl Claubergs Experimentierraum (rechts) und, gegenüber, zu dem von mehreren Ärzten genutzten Operationsraum.

gebaut. »Sie dürfen nur vom Personal benutzt werden, und wenn die Aufseherin drauf musste, musstest du hastig die Kabine verlassen«, fügt die Rotterdamer Ärztin hinzu.[3]

Toilette und Waschraum haben jeweils eine Grundfläche von nur 18 Quadratmetern; sie sind winzig, gemessen daran, dass sie zeitweise von über 400 Personen benutzt werden müs-

Block 10, erster Stock: Mittelgang durch einen der beiden Schlafsäle.

sen. Nach der Toilette folgt, auf insgesamt 64 Quadratmetern, Claubergs Hoheitsgebiet: vier längs des Flurs aufgereihte Räume, die durch Türen auch miteinander verbunden sind. Das erste Zimmer ist durch eine Zwischenwand geteilt, die eine Entwicklungskammer für die Röntgenaufnahmen abtrennt. Claubergs größter Raum ist das Behandlungszimmer, vor dem im Flur ein Schild mit der Aufschrift »Röntgenaufnahme« hängt.[4] Vor dem Treppenhaus befindet sich auf dieser Seite, 15 Quadratmeter groß, noch ein Aufenthaltsraum für meist zwei

Schlafsaal im ersten Stock: links, jeweils hinter den hölzernen Stützpfeilern, zwei zur Erschießungsmauer hin gelegene abgedunkelte Fenster, rechts zwei Fenster mit Blick auf die Lagerstraße.

SS-Aufseherinnen, die über Nacht stets das Gebäude verlassen. Am Ende des Flurs, hinter dem Treppenhaus, schließen sich zwei kleine Säle an. Der erste ist ein überwiegend als Station für bettlägerig Kranke genutzter Saal, der zweite die sogenannte Pflegerstube. In letzterem Raum, rund 54 Quadratmeter groß, stehen elf dreistöckige Betten, ein Tisch, ein paar Hocker und in der Ecke ein festes Waschbecken. Ferner zwei Schränke, beide dreigeteilt, in denen Decken aufbewahrt werden.[5] Aus Platzmangel müssen einige Pflegerinnen in einem der beiden Säle in der oberen Etage wohnen.

Auf der rechten Flurseite hinter dem Waschraum liegt ein Operationssaal, in dem auch Apothekenschränke stehen. Über diesen 49 Quadratmeter großen Saal gebietet Eduard Wirths, gelegentlich überlässt er ihn auch Horst Schumann. In den kommenden Monaten sind darin meist Häftlingsärzte mit chirurgischen Eingriffen beschäftigt, die sie im Auftrag von Wirths oder Schumann erledigen. Anschließend folgen ein 31 Quadratmeter großer Krankensaal, der vor allem für die frisch Operierten als Intensivstation genutzt wird, sowie ein kleiner Raum von 17 Quadratmetern mit zwei Betten, den die Blockälteste und die Blockschreiberin gemeinsam nutzen. Sie haben bei geöffneter Tür freien Blick auf die Treppe. Die zwei hinteren Säle auf der rechten Flurseite dienen als Laborräume.

Über die Treppe gelangt man in einen kleinen Flur des Obergeschosses, von dem links und rechts die beiden je 256 Quadratmeter messenden Aufenthaltssäle abzweigen, geradeaus führt die Tür in einen 22 Quadratmeter großen Raum, der ebenfalls dem SS-»Hygiene-Institut« untersteht.

In den Anfangsmonaten 1943 wird auf der linken Erdgeschosshälfte Claubergs Abteilung mit den erforderlichen Geräten bestückt. Unterdessen richten männliche Häftlinge in den beiden hinteren Räumen der rechten Flurseite Arbeitsplätze für ein Labor ein. Es wird Außenstelle eines »Hygiene-Instituts«, das die SS seit Herbst 1942 in Rajsko vier Kilometer südwestlich von Auschwitz aufbaut. In diesem Labor der Außenstelle bringt die Lagerleitung hochqualifizierte jüdische Wissenschaftler unter, die in der Vorkriegszeit, aber auch noch in den ersten Jahren der deutschen Besatzung am Institut des polnischen Biologen und Fleckfieberforschers Rudolf Weigl in Lwów (Lemberg) angestellt waren, danach, im Herbst 1942, von der SS für ein deutsches Fabriklabor in Lwów zwangsverpflichtet und schließlich auf Veranlassung des SS-Bakteriologen Bruno Weber[6] am 7. Februar 1943 samt ihren Familien nach Auschwitz verschleppt wurden. Unter ihnen sind die Ärzte und Biochemiker Dr. Ludwig Fleck, Dr. Bernhard Umschweif, Dr. Jacób Seemann und Dr. Owsiej Abramowicz, von den drei Erstgenannten auch die Ehefrauen: Ernestyna Fleck, Natalia Umschweif und Anna Seemann. Sie alle bekommen in Auschwitz den Status von »Sonderhäftlingen«, zu deren Privilegien es gehört, dass ihnen die Haare nicht geschoren werden.[7] Die Männer, die tagsüber in diesem Labor forschen, sind nach ihrer Arbeitszeit schräg gegenüber in Block 20 untergebracht. Ihre Frauen, die im Labor mitarbeiten, haben ihren Schlafplatz auf der anderen Flurseite in der »Pflegerstube«.

Vermutlich am 8. April 1943 wird das Labor in Betrieb genommen.[8] Um diesen Tag herum verlegt die Lagerleitung auch die ersten weiblichen Häftlinge in den Versuchsblock. Bep Poons nennt als Zeitpunkt den 15. April.[9] Ein exaktes Datum ist allerdings nirgends sonst dokumentiert, und die Überlebenden wissen die Zeiten meist nur ungefähr. Ein Teil des Labors wird im Mai 1943 nach Rajsko ausgesiedelt. In Block 10 verbleiben als Mitarbeiter die Eheleute Fleck und Umschweif, Anna Seemann sowie der Bakteriologe Dr. Jacques Lewin aus Paris, der bereits am 30. März 1942 mit dem ersten Transport aus Frankreich nach Auschwitz deportiert worden ist.[10] Später werden in der im Haus verbliebenen serologischen Abteilung noch einzelne Häftlingsfrauen für Hilfsarbeiten hinzugezogen. Den anderen ist es verboten, das Labor zu betreten. »Wir durften nicht einmal in die Nähe kommen«, sagt Schewa Friedmann, die in einem der beiden oberen Säle untergebracht ist.[11]

Die medizinischen Geräte, mit denen das Labor des »Hygiene-Instituts« ausgestattet wird, sind größtenteils Raubgut aus medizinischen Einrichtungen in Polen und Frankreich. Mieczysław Kieta, der als Häftling im Labor mithilft, muss mit Kameraden Präparate, Chemikalien oder Laborgläser in die provisorischen Arbeitsräume in Block 10 tragen. Sie vermuten zunächst, dass auch der links vom Flur gelegene Trakt zum »Hygiene-Institut« gehöre. Als der erste der beiden oberen Säle mit Frauen aus Birkenau belegt wird, die als Versuchspersonen dienen sollen, schränkt die SS die relative Freizügigkeit im Gebäude ein. »Von nun an konnten wir uns nicht mehr so frei wie früher in Block 10 bewegen. Nur wer im serologischen Labor beschäftigt war und wer dort chemische und klinische Analysen durchführte, durfte den Block betreten.«[12]

In den nächsten Wochen und Monaten werden nacheinander Hunderte von Frauen in den Block 10 eingewiesen, zusätzlich zu den acht, die Carl Clauberg aus Block 30 übernommen hat. Hin und wieder wenden sich in diesen Tagen SS-Leute im Lager Birkenau an Blockälteste und lassen Frauen beim Morgenappell selektieren, hier Verheiratete, dort Ledige, je nach Auftraggeber. Manchmal sind auch Horst Schumann oder Eduard Wirths persönlich bei den Selektionen anwesend, nie hingegen Clauberg.

Etliche Häftlinge, die als medizinische Helfer in den Birkenauer Krankenrevieren eingesetzt sind, erfahren gerüchteweise von der entstehenden Versuchsstation und sind in Sorge. In manchen Fällen können sie Mithäftlinge warnen, einzelne sogar vor einer Verlegung bewahren. Margita Švalbová beispielsweise kennt polnische Häftlingsärzte aus dem Männerlager, die gut informiert sind. Als im Stammlager Block 10 zu einer Versuchsstation umgebaut wird, raten sie ihr, den Wechsel dorthin möglichst zu vermeiden. Denn sie halten es für sicher, dass die SS früher oder später alle Augenzeugen ihrer Verbrechen exekutieren werde. Aber nicht jeder, der auch nur eine leise Ahnung von dem bekommt, was in Block 10 vor sich geht, kann ausweichen, wenn die Wahl gerade auf ihn fällt. Ohnehin lauern Gefahren überall im Lager, und niemand kann voraussagen, welche gerade die bedrohlichsten sind.

Wer beispielsweise in einem Abbruchkommando mit primitivsten Werkzeugen Häuser früherer polnischer Bewohner abreißen muss, angetrieben von gnadenlosen Kapos und immer vor Augen, wie Kameradinnen von einstürzenden Mauern verletzt oder erschlagen werden, ergreift jede Gelegenheit zu einem Wechsel. Es ist auch keine echte Wahl. Wer dem Befehl absolut nicht folgen möchte, kann nur hoffen, dass es ihm gelingen werde, sich im entscheidenden Moment wegzuducken, vielleicht auch dank gnädiger Unterstützung eines Funktionshäftlings. Aber die Angst, in der Gaskammer sterben zu müssen, falls man sich weigert oder erwischt wird, ist immer präsent.

Die Versuchspersonen

Jüdische Frauen aus nahezu ganz Europa

Als Erste müssen die Frauen in Block 10 einziehen, die von Clauberg schon in Birkenau untersucht wurden und dort in Block 17 auf die Fertigstellung der Versuchsstation gewartet haben. Aus diesem Block wählt die SS noch einige weitere Frauen aus, etwa die 30-jährige Janina Kałanczyńska aus Łomźa.[1] Sie ist seit 1937 verheiratet, hat vor dem Krieg eine Tochter zur Welt gebracht und verbringt in völliger Ungewissheit über das Schicksal ihrer übrigen Familie schon fünf Monate in Auschwitz. Auch fünf Griechinnen, die am 3. April mit einem Transport aus Saloniki eingetroffen sind, werden nach wenigen Tagen über Birkenau zum Block 10 gebracht.[2] Die 35-jährige Bronislawa Misiorowska aus Wilno (Vilnius) erinnert sich, dass sie ebenfalls im April 1943 aus Birkenau in den Block 10 verlegt wurde.[3] Katharina Engel kann sich mit einem beherzten Sprung aus dem Fenster einem solchen Zugriff entziehen. »Die anderen habe ich nie mehr gesehen. Die haben sie ins Männerlager zu Clauberg geschleppt, dort haben sie Versuche gemacht.« Dank der Unterstützung einer Blockältesten kann sie kurzfristig in einem anderen Block untertauchen, bis die Gefahr vorbei ist.[4]

Die Versuchspersonen sollen gesund und gut genährt sein. Darauf drängt insbesondere Clauberg. Diese Voraussetzungen treffen am wenigsten auf Häftlinge zu, die schon seit längerer Zeit im Lager sind. Darum selektieren die Mediziner die von ihnen für Experimente vorgesehenen Personen sehr bald dort, wo die Juden aus den verschiedensten Orten Europas eintreffen: am Bahnsteig des Stammlagers von Auschwitz, der berüchtigten »Rampe«. Auf diesen Einfall ist wahrscheinlich Eduard Wirths gekommen, der Lagerarzt, der ohnehin an diesem Platz regelmäßig die Ankunft der Deportierten überwacht und darauf achtet, wer sofort in den Tod geschickt und wer, mit einer ungewissen Überlebenschance, als Arbeitssklave ins Lager eingewiesen wird. Von Mitte April 1943 an werden mehrfach Frauen in großen Gruppen unmittelbar bei ihrer Ankunft in Auschwitz von der Bahnsteigrampe weggeholt und direkt in den Versuchsblock eingeliefert.

Griechenland. Eigentlich war Alica Baruch noch ein Mädchen, aber seit dem 9. April 1941 durfte sie es nicht mehr sein. »An diesem Tag kamen die Deutschen in die Stadt, und meine Kindheit war vorbei.«[5] Saloniki, das Zentrum des sephardischen Judentums am Mittelmeer, veränderte in kürzester Zeit sein Gesicht. Auf Anordnung der deutschen Besatzer wurden jüdische Schulen geschlossen, jüdische Straßennamen umbenannt, die jüdische Tageszeitung *Messagero* eingestellt, die Jüdische Gemeinde erhielt einen mit den Deutschen sympathisierenden Vorstand. Im Dezember 1942 wurde begonnen, den jüdischen Friedhof einzuebnen, am 6. Februar 1943 wurden Rassengesetze erlassen, im selben Monat die meisten Juden in einem Ghetto interniert. Am 15. März begannen die Deportationen mit einem Zug, der etwa 2800 Jüdinnen und Juden nach Auschwitz brachte. Bis zum Juli rollte etwa jeden dritten Tag ein weiterer Transport mit 2000 bis 3000 Personen in Richtung Auschwitz, insgesamt 46 091 Männer, Frauen und Kinder.[6]

Es ist der neunte Transport aus Saloniki, der am 17. April 1943 in Auschwitz eintrifft, am Shabbat ha-Gadol, dem Großen Sabbat vor Pessach. Acht Tage ist der Zug unterwegs gewesen. »Es war uns gesagt worden, dass die Fahrt nach Polen ginge und dort ein neues Leben begänne«, schreibt Aliza Sarfati.[7] Zwi Koretz, nach dem Einmarsch der Deutschen zum obersten Rabbiner und Präsidenten der Jüdischen Gemeinde in Saloniki ernannt, hatte die Gemeindemitglieder überredet, den Direktiven der Nazis zu folgen. Sie müssen Geld und Wertgegenstände abliefern und erhalten blaue Zertifikate, die angeblich zum Erwerb von Grundstücken in Polen berechtigen, und zur Erhöhung der Glaubwürdigkeit zahlen die Besatzer jeder Familie 600 polnische Złoty aus. »Wir zweifelten keine Minute.« In der Hoffnung, auf diese Weise nicht zu Zwangsarbeiten für die Deutschen abgezogen zu werden[8], heiraten viele Mädchen und Jungen zum Schein, so auch Aliza Sarfati. »Ich war in dem Moment 15 Jahre alt.« Vor der Abfahrt ergeht das Verbot an die Deportierten, Koffer mitzunehmen, mehr als 20 Kilo Gepäck sind nicht erlaubt.

Aliza Sarfati wird mit knapp 100 Personen, darunter ihr »Bräutigam«, ihre Eltern und ihr Bruder, in einen Viehwaggon gepfercht. Unterwegs wagt man zunächst nicht, von dem mitgebrachten Brot und den Oliven zu essen, aus Scham, vor den anderen den kleinen Kübel im Waggon als Toilette benutzen zu müssen. Man ist davon überzeugt, dass sich die Entbehrungen auszahlen werden. »Nur ein paar Tage noch, und wir würden unser Ziel erreichen und ein neues Leben beginnen können!« Der Zug fährt über Skopje, Belgrad, Zagreb, Maribor, Graz, Wien, Brno, Ostrava und erreicht am 17. April Auschwitz. »Es war heiß, Leute wurden ohnmächtig, und es starben welche. Ich saß zwischen ihnen und malte mir das Wiedersehen mit den anderen aus, die vor uns gefahren waren. Vielleicht würden sie uns mit Blumen empfangen.«

Der Zug hält, die verriegelten Türen werden geöffnet. Der Kontrast ihrer Träume zu der Realität, die über die Reisenden hereinbricht, ist schwer fassbar. Hunde bellen, Uniformierte schreien, raus, raus, schnell, schnell. Aliza Sarfati wird von ihrem »Bräutigam« getrennt, sie steht bei ihrer Mutter, die plötzlich sieht, wie ihr Mann auf einen Lastwagen gestoßen wird. »Sie rannte von mir los und stieg auf einen Lastwagen, auf dem nur Frauen waren. Sie hatte alle Papiere bei sich, die wir von den Deutschen bekommen hatten. Sie wollte bei Vater sein und schon mal das Haus vorbereiten.« Tochter Aliza indes weigert sich, der Familie auf die Ladefläche zu folgen. Ihr Bruder beschimpft sie, weil sie sich der Aufforderung ihrer Mutter widersetzt. »Ich blieb hartnäckig. Ich wollte den Weg zu Fuß gehen, um die Gegend kennenzulernen. Denn ich wollte wissen, wie ich zum Bahnsteig zurückfände, wenn meine Freunde aus Saloniki mit einem späteren Transport kommen würden. Ich wollte sie mit Blumen willkommen heißen – und nicht so, wie ich begrüßt wurde.«[9]

Fürchterliche Szenen erschüttern in diesen Minuten unzählige Familien. 2271 Personen werden unmittelbar nach dem Aussteigen zu den bereitstehenden Lastwagen gedrängt und zu den Gaskammern gefahren. 467 Männer und 262 Frauen bleiben vorläufig am Leben. Hanna Ajasch erlebt den Schock dieser Ankunft eine Woche vor ihrem 21. Geburtstag. Sie ist verheiratet, hat eine anderthalb Jahre alte Tochter und muss sich alleine einreihen. Vielleicht hat sie ihr Kind ihrer Mutter gegeben. Der Häftling Albert Benveniste, der Zwangsarbeit am Bahnsteig leistet, ruft, wenn Deportationszüge eintreffen, immer wieder Frauen auf Griechisch zu, sie sollen ihre Kinder den Alten anvertrauen, damit sie vom Roten Kreuz versorgt würden. Er will dadurch junge Frauen vor dem sicheren Tod im Gas retten.[10] »Ich wurde gefragt, ob ich verheiratet sei, ob ich Kinder habe, und dann wurde ich mit anderen nach Auschwitz überführt«, sagt Hanna Ajasch. Auch Nina Knesits wird die Selektion an der Bahnsteigrampe nie vergessen. »Viele meiner Angehörigen habe ich da zum letzten Mal gesehen.« Sie ist gerade 20 Jahre alt geworden. »Aus unserem Transport wurden 99 – an diese Zahl erinnere ich mich genau, weil wir darüber ein Lied gemacht haben – junge Frauen und Mädchen ausgesondert. Der SS-Standortarzt Wirths wählte aus dem Transport uns aus, wobei er nur Wert legte auf junge, verheiratete Frauen.«[11] Aliza Sarfati bestätigt diese Zahl: »Zugleich mit mir wurden aus meinem Transport weitere 98 Mädchen in den Versuchsblock gebracht.«[12]

Sie sind die ersten für Block 10 selektierten Frauen, die nicht über Birkenau geleitet werden. Sie werden direkt ins Stammlager geschickt, die Aufnahmeprozedur erfolgt in Block 2 und ist die gleiche wie in Birkenau. Einen Tag später werden sie in die Versuchsstation eingewiesen. »Als wir dort eintrafen, waren im Block 10 schon, außer Frauen vom Personal, sieben Frauen aus Saloniki.« Also außer den fünf Griechinnen, die mit dem Transport vom 3. April eingetroffen waren, noch zwei weitere. Unter den Neuen sind etliche junge Frauen, meist zwischen 15 und 18 Jahren, die sich wahrheitsgemäß als verheiratet ausgeben, aber noch über keine sexuellen Erfahrungen verfügen. Sie gehören zu denen, die sich im Ghetto von Saloniki noch schnell entschlossen hatten, eine Scheinehe einzugehen. Was sie nun alle erwarten wird, wissen sie zunächst nicht. »Einige Zeit nach unserer Ankunft auf Block 10 erfuhren wir, dass mit uns Versuche vorgenommen werden sollten. Wir hatten furchtbare Angst.« Manche überlegen sich, ob es nicht besser wäre, sich sofort nach Birkenau zu melden. Dafür habe es einen bestimmten Grund gegeben, sagt Nina Knesits: »Zu diesem Zeitpunkt glaubten wir noch, dass sich dort die Eltern befänden.«[13]

Auch Sylvia Amar hat im Ghetto Saloniki geheiratet. Es war, am 24. März 1943, eine Liebesheirat. Ihren Mann kannte sie schon lange, es gab auch schon seit einiger Zeit Hochzeitspläne. Sie hatten aber warten wollen, bis die deutschen Besatzer abzögen. Und dann sollte ein großes Fest gefeiert werden. Sylvia Amar stammte, im Gegensatz zu den meisten anderen griechischen Frauen in Block 10, aus einer Mittelschichtfamilie. Ihr Vater handelte mit Olivenöl, er hatte neun Kinder. Sie hatte eine französische Privatschule besuchen dürfen, bis sie 18 war, einen Beruf durfte sie aber nicht lernen. »Mein Vater erlaubte nicht, dass ich arbeite, weil Frauen nicht arbeiten sollten.«[14]

Ihre Familie wollte, dass sie gut verheiratet werde und Kinder aufziehe. Sie heiratet, muss das Land verlassen, verliert ihre Identität, aus Sylvia Amar wird die Nummer 41539. Aber ihre Schwester Oro ist die ganze Zeit über bei ihr, auch in Block 10.[15]

Rund 150 Frauen leben nun in der Versuchsstation, die meisten in dem zur Lagerstraße gelegenen Saal 1 in der ersten Etage.

Belgien. Wenige Tage nach der Aufnahme der Griechinnen werden weitere Frauen in den Block 10 eingewiesen. Sie waren im 20. Transport aus dem belgischen Mechelen (Malines) gekommen, der mit etwas mehr Glück nicht Auschwitz, sondern vielleicht die Freiheit bedeutet hätte. Am 19. April 1943 war der Zug abgefahren, dem Tag des jüdischen Pessachfestes. Im Warschauer Ghetto riskierten an diesem Tag Tausende Juden einen bewaffneten Aufstand gegen die SS. In Belgien, nur acht Kilometer hinter Mechelen, stürmten drei tollkühne Schulfreunde den spätabends beim Sammellager gestarteten 20. Konvoi, um die 1636 Juden zu befreien, die sich in den Waggons befanden. Es war das einzige Mal in der Geschichte der nationalsozialistischen Massenverschleppungen, dass Widerständler es wagten, einen der vielen hundert Deportationszüge anzugreifen.

Der Zug hat gerade den Bahnhof Boortmeerbeek hinter sich gelassen, etwa 20 Kilometer von Brüssel entfernt, als eine rote Laterne auf den Schienen den Lokführer zu einer scharfen Bremsung veranlasst. Ein Warnschuss peitscht durch die Nacht, Youra Livschitz, Jean Franklemont und Robert Maistriau springen aus der Deckung und versuchen, mit Zangen an den erstbesten Viehwaggons den Draht durchzuzwicken, der die Verriegelung der Schiebetüren absichert. Nur einem von ihnen gelingt der Streich. Robert Maistriau schiebt eine Tür auf, zischt den verängstigten Menschen »Sortez, sortez!« entgegen und auf Deutsch noch »Schnell, schnell, fliehen Sie!«. Denen, die vorne stehen, drückt er 50-Franc-Scheine in die Hand und rennt dann weiter. Im Licht des Vollmonds erkennen die uniformierten Zugbegleiter viel zu schnell, dass sie nicht von einer großen Kohorte Partisanen umzingelt sind, und eröffnen das Feuer. Blitzartig verschwinden die Retter wieder.[16]

Aus dem geknackten Waggon in der Mitte des Zuges können 17 Deportierte fliehen. »Mein Mann sprang vom fahrenden Zug. Ich war entschlossen, das Gleiche zu tun, aber es brach ein heftiges Gewehrfeuer aus, und eine Kugel verirrte sich in meinen Waggon und tötete ein junges Mädchen auf der Stelle. Von Furcht gepackt, wagte ich nicht, abzuspringen«, berichtet Hilda Tenenbaum. Sie wird nach der Ankunft in Auschwitz zunächst in den Aufnahmebau gebracht, von dort sofort nach Block 10. Ruwen Tenenbaum, ihr Mann, hatte sich nur kurz in Freiheit halten können. Obwohl er sich beim Aufprall nach dem Sprung aus dem fahrenden Zug die Rippen gequetscht hatte, war es ihm gelungen zu entkommen. »Unglücklicherweise sollte er später wiederergriffen und mit dem allerletzten Konvoi von Malines nach Auschwitz geschickt werden. Ich sah ihn in Auschwitz wieder. Er hatte keine Glückschancen, sondern wurde fast unmittelbar nach seiner Ankunft für einen der letzten Einäscherungstransporte ausgesucht. Als er das Lastauto bestieg, wusste mein Mann genau, dass ihn die Deutschen ins Krematorium schickten. Er sprang vom Wagen ab und wurde von einer Kugel niedergemacht. Er zog den Tod durch Erschießen der Vergasung vor.«[17]

Ungewöhnlich viele der Deportierten finden, dank der organisatorischen Vorarbeit von Widerständlern, Mittel und Wege, diesem Zug zu entfliehen. Sie haben Sägeblätter, Feilen, Klingen und kleine Messer, entwendet aus den Lagerwerkstätten, als Ausbruchswerkzeuge mit ihrem spärlichen Gepäck in den Zug geschmuggelt. Manche schaffen es, die Gitterstäbe der Lüftungsluke herauszubrechen, bohren und sägen Löcher an der Seitenwand, um das Schloss an der Schiebetür öffnen zu können, andere machen sich am Boden des Waggons zu schaffen.

Simon Gronowski, ein elfjähriger belgischer Junge, verdankt sein Leben der Geistesgegenwart seiner Mutter, in deren Armen er während des Überfalls geschlafen hatte. Der Zug war weitergefahren. »Plötzlich weckte mich meine Mutter auf, der Zug rollte, aber die Waggontür war offen«, berichtet er mehr als sechs Jahrzehnte später. Chana Gronowski stellt ihn auf das Trittbrett des Waggons – und er springt. »Ich war in der Provinz von Limburg, ich lief die ganze Nacht durch den Wald, und am Morgen fiel ich in die Hände eines Polizisten: Jean Aerts. Er wusste schnell, dass ich ein jüdisches Kind war und dass ich mich auf der Flucht befand. Er hat mich beschützt.« Belgische Familien hielten ihn 17 Monate lang versteckt, bis das Land befreit war.[18] Seine Mutter, die ebenfalls springen wollte, aber aus irgendwelchen Gründen daran gehindert war, wurde am Ende der Zugfahrt in Block 10 eingewiesen. Auschwitz überlebte sie nicht.

Insgesamt gelang es in dieser Nacht 232 Deportierten, noch vor der deutschen Grenze aus dem Zug zu fliehen. 26 Männer und Frauen starben im Kugelhagel oder an den tödlichen Verletzungen, die sie beim Absprung aus dem fahrenden Konvoi erlitten. 119 von ihnen konnten sich retten und einer nochmaligen Festnahme entziehen. 87 andere hatten das Glück nicht und wurden unterwegs aufgespürt. Auch der Krawattenfabrikant Abram Josek Grub gehörte dazu. Seine Frau Brandel Grub kam wie Chana Gronowski und die Frau des geflüchteten Ruwen Tenenbaum in Block 10. Ihr blieb das weitere Schicksal ihres Mannes ungewiss. Als sich Abram Josek Grub und weitere Flüchtlinge des 20. Konvois am 31. Juli 1943 wieder in einem Deportationszug nach Auschwitz befanden, fuhren Brandel Grub und Allegra Barouch und weitere 84 Juden in Gegenrichtung nach Natzweiler (Elsass), wo alle ermordet wurden, weil der Anatomieprofessor August Hirt in Straßburg eine Skelettsammlung von Juden aufbauen wollte.[19]

Im letzten Viehwaggon des 20. Konvois aus Mechelen nach Auschwitz fährt Dr. Loet Micheels, ein 25 Jahre alter niederländischer Jude aus Bloemendaal, von Beruf Arzt. Zusammen mit seinem Kollegen Dr. Baruch Maisel ist ihm, obwohl er Gefangener ist, offiziell die Funktion eines Transportarztes übertragen worden. Auf dem Stroh, das auf dem Boden des Waggons ausgebreitet ist, liegen etwa 20 kranke Frauen und einige Kinder. Micheels hat ein paar medizinische Bücher und ein Stethoskop bei sich, aber keine Medizin. Er kann somit keine ärztliche Hilfe leisten.

Ima van Esso, eine 22-jährige Arzttochter aus Amsterdam, begleitet Micheels. Sie hatte zuletzt am Konservatorium ihrer Heimatstadt Flöte studiert. Die beiden hatten sich 1939 kennengelernt und verlobt, und als in den besetzten Niederlanden die Lage für die Juden lebensbedrohlich wurde, entschlossen sie sich, mit gefälschten Papieren in die Schweiz zu fliehen. Zu Fuß überquerten sie heimlich die Grenze nach Belgien, geleitet von einem Führer, der sie nach Brüssel begleitete – aber dort der Gestapo auslieferte. Ima van Esso und Loet Micheels wurden verhaftet, zunächst ins Gefängnis in St. Gilles und nach vier Wochen ins Sammellager nach Mechelen gebracht. Dort gaben sie sich als Ehepaar aus und konnten zusammenbleiben. Auch im Zug. »Wir fühlten uns alleine, von einem namenlosen Tod umgeben«, schreibt Micheels in seinen Erinnerungen.[20] Er hatte vor der Abfahrt von einem Bekannten erfahren, dass unterwegs ein Anschlag auf den Zug geplant sei. Seine Verlobte und er konnten vor Aufregung nicht einschlafen. Als der Zug plötzlich hielt und die Schüsse fielen, versuchte er, die Gitter aufzubrechen, doch fehlte ihm dazu die Kraft.

Micheels beschreibt, wie der Zug nach zweieinhalb Tagen aufreibender Fahrt in der Morgendämmerung des 22. April 1943 in Auschwitz anhält, die Türen geöffnet und die Eingepferchten aufgefordert werden, schnellstmöglich zum Bahnsteig zu gehen. In seinem besten Deutsch habe er einen hochrangigen SS-Arzt angesprochen und sich als diensttuender Arzt und seine Frau als Krankenschwester vorgestellt. Höflich und kollegial habe sie ein SS-Mann, der sich später als Eduard Wirths entpuppte, angewiesen zu warten. Nach einer Weile sei er zu einem Lastwagen mit Männern geschickt worden, seine Verlobte zu einem anderen. Der Wagen mit den Männern fährt ins Lager Auschwitz-Monowitz; wohin die Frauen kommen, erfährt er vorerst nicht.

»Auf der Rampe in Auschwitz fand eine Selektion statt. Ich wurde mit zirka 100 belgischen Frauen und Mädchen ausgewählt und kam auf Block 10«, berichtet die 29-jährige Belgierin Hélène Nudel, eine gebürtige Warschauerin.[21] Sie war mit demselben Transport angekommen, der schließlich noch aus 1404 Personen bestand. »Das Erste, was die SS machte, als der Zug stoppte: Sie trennte mich von meiner Frau«, sagt Léon Reig, einer der 276 Männer, die als Sklavenarbeiter ausgewählt werden. 883 Männer, Frauen und Kinder dagegen werden sofort in die Gaskammer gebracht und ermordet, Jacob Blom nach einer Lebenszeit von über 90 Jahren, während Suzanne Kaminski nur 40 Tage alt werden darf.[22] 245 Frauen werden ins Aufnahmegebäude des Lagers geschickt. »Wir wurden kahl geschoren und bekamen russische Männeruniformen«, erinnert sich Ima van Esso, die wie Hélène Nudel und die 21-jährige gebürtige Wienerin Berta Reig für Block 10 ausgewählt ist. Die meisten übrigen Frauen dieses Transports haben Zwangsarbeit in verschiedenen Arbeitskommandos in Birkenau vor sich.[23]

Am späten Nachmittag erreichen die etwa 100 Frauen des belgischen Transports den Versuchsblock. »Wir kamen dort hinauf in den späteren niederländischen Saal, wo damals noch niemand war«, sagt Ima van Esso.[24] Es ist der Saal 2 gegenüber dem mit 100 bis 150 Frauen belegten Saal 1. Die Frauen finden Kleider vor, die von der Blockältesten verteilt werden. »Es fiel mir auf, dass sie meiner Freundin die schönen Schuhe, die sie anhatte, einfach abgenommen hat.« Sodann müssen sie sich aufstellen, und jemand zieht ihnen auf ihrem Rücken mit einem Pinsel und roter Ölfarbe einen senkrechten Streifen über den Stoff. Leinenstreifen, die mit der jeweils eintätowierten Nummer beschriftet sind, werden noch ausgegeben und müssen auf die Kleidung aufgenäht werden.

Über die frisch Angekommenen wird Quarantäne verhängt, gesagt wird ihnen auf Fragen nur, dass sie vorläufig nichts zu

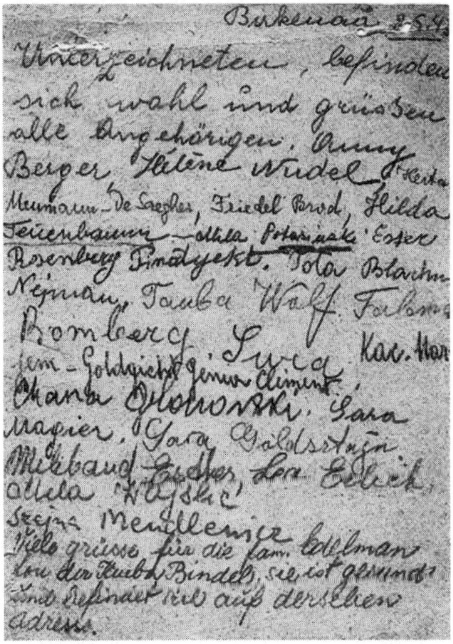

Birkenau 2.5.4
Unterzeichneten, befinden sich wohl und grüssen alle Angehörigen. Anny Berger Hélène Nudel Herta Neumann-De Saegher, Friedel Brod, Hilda Tenenbaum – Mila Potasinski Ester Rosenberg Pinatycki. Tola Blachman Nejman, Tauba Wolf Falcman Bomberg Sura Kac. Marjem – Goldstajn Genia Climent, Chana Gronowski. Sara Magier, Sara Goldstajn Miliband Esther, Laja Ehrlick. Mila Wajslic Szejna Mendlewicz
Viele grüsse für die fam. Edelman von der Kucla Bindel, sie ist gesund und befindet sich auf derselben adresse.

Postkarte mit Unterschriften von belgischen Frauen aus Block 10: Anny Berger, Kucla Bindel, Tola Blachman-Nejman, Sara Bomberg, Friedel Brod, Genia Climent, Laja Ehrlick, Tauba Falcman-Wolf, Sura Goldstajn, Chana Gronowski, Marjem Kac, Sara Magier, Esther Miliband, Herta Neumann-de Saegher, Hélène Nudel, Ester Pinatycki-Rozenberg, Mila Potasinski, Hilda Tenenbaum, Mila Wajslic.[25]

tun bräuchten. Mit den Frauen im anderen Saal dürfen sie zunächst nicht in Kontakt kommen. Von den Stimmen her glaubt Ima van Esso, dass es sich ausschließlich um Griechinnen handle, und ist überrascht, als sie dort nach einigen Tagen drei Niederländerinnen antrifft. »So lernten wir also Bep Poons und Lien Egger kennen. Sie hatten noch eine weitere Niederländerin bei sich, eine gewisse Annie, deren Familienname ich vergessen habe.« Es handelte sich um die 30-jährige Hanna Ketellapper. In Ima van Essos Saal sind außer ihr selbst noch Marie Hertzdahl, 45, und Branco van Thijn, 42, aus den Niederlanden.

Am 2. Mai 1943 werden im Saal einige wenige frankierte

Postkarten ausgegeben, die in die Heimat gesendet werden dürfen. Die Grüße müssen in klaren, lesbaren Buchstaben auf Deutsch geschrieben sein und werden von der Zensurstelle geprüft. Als Absenderort hat man »Lager Birkenau« einzutragen. Über einige allgemeine Angaben hinaus darf nichts mitgeteilt werden. Eine Gruppe von 19 Frauen sendet eine dieser Karten an den Judenrat in Brüssel mit dem Text: »Unterzeichneten, befinden sich wohl und grüßen alle Angehörigen.« Nach den Unterschriften folgt noch der Zusatz: »Viele Grüsse für die Fam. Edelman von der Kucla Bindel, sie ist gesund und befindet sich auf derselben Adresse.«

Loet Micheels, der zu strapaziösen Betonarbeiten ins Nebenlager Buna abkommandiert worden ist, hört nach einigen Tagen beim Morgenappell die Aufforderung, dass sich alle Ärzte, Apotheker und Drogisten melden sollen. Daraufhin wird er in eine Baracke des Krankenreviers verlegt und als Krankenpfleger beschäftigt. Die Lebensbedingungen sind hier für ihn erträglicher. Nach drei Wochen Arbeit erkrankt er an Diphtherie, eine Diagnose, die ihm ein jüdischer Arzt eröffnet. Er heißt, wie Micheels später erfährt, Maximilian Samuel und wird bald in Block 10 eine wichtige Rolle spielen.

Diphtherie kann eine tödliche Diagnose sein, wenn ein SS-Arzt davon erfährt. Immer ist höllische Vorsicht geboten. Micheels wird im Auto abgeholt, niemand sagt, wohin die Fahrt gehen soll. Entgegen seiner Befürchtung wird er nicht ins Gas geschickt, sondern ins Stammlager Auschwitz und dort in den Block 20 im Krankenrevier, schräg gegenüber von Block 10. Als er nach zwei Wochen genesen ist – immer und überall hat er seit seiner Ankunft in Auschwitz nach seiner Verlobten gefragt –, bringt ihm der Helfer des Blockältesten ein kleines Päckchen mit einem Sardinenbrötchen[26] und einem Zettel. Ima van Esso schreibt ihm, dass sie, nicht weit von ihm entfernt, in Block 10 als Pflegerin eingeteilt sei, ebenso auch Sonja, die Frau des Transportarztkollegen Baruch Maisel. »Wie ein Geschenk des Himmels« empfindet Micheels diese Nachricht in einer schon längst als gottlos empfundenen Welt. »Die Wahrscheinlichkeit, dass in diesem abseitigen Winkel Paare wieder zusammenfinden konnten, war sicher geringer als eins zu hunderttausend.« Und das Sardinenbrötchen? Sie hat es »organisiert«. Es gibt nichtjüdische Gefangene in Auschwitz, die von Zeit zu Zeit ein Lebensmittelpäckchen von Angehörigen empfangen dürfen, aus dem sie dann das eine oder andere tauschen können, was gerade dringend benötigt wird.

Es ergibt sich, dass der niederländische Arzt in diesem Block, in dem er genesen ist, als Pfleger gebraucht wird, ja mehr noch: Der Blockälteste, ein deutscher politischer Häftling mit Vornamen Paul, kein Jude, kann sogar, wenn auch mit hohem Risiko, ein Treffen zwischen den Verlobten arrangieren. Dieser Paul, schreibt Micheels, sei einer der »Prominenten« unter den Häftlingen gewesen und in diesem Kreis einer der wenigen, die nicht antisemitisch eingestellt gewesen seien.[27]

Ima van Esso kommt dann, noch eine Überraschung, in Begleitung einer SS-Aufseherin in Pauls Stube an. »Wir umarmten uns einige Minuten, als ich mit einem Mal realisierte, dass Paul und die SS-Frau sich in einer Ecke des Raums aufhielten und uns so etwas wie eine Privatsphäre ließen.« Ein Häftling steht in einiger Entfernung Schmiere. Micheels erfährt nun von seiner Verlobten, dass sie mit 15 weiteren Pflegerinnen, darunter Sonja Maisel, in einem separaten Raum im Erdgeschoss von Block 10 als Pflegerin untergebracht und von Experimenten verschont sei. Zwei ihrer Zimmergefährtinnen seien Frauen von Professoren, die im Lagerlabor arbeiteten. Ihrem Verlobten rät sie, sich um Aufträge zu bemühen, um irgendwelche Sachen zu ihrem Block zu bringen, so wie es auch Baruch schon einige Male habe machen können.

Etwa sechs Wochen nach dieser Begegnung wird Micheels einem Schlafraum für medizinisches Personal im Erdgeschoss von Block 20 zugewiesen. Der untere Platz einer zweistöckigen Bettstatt ist für ihn frei. Ein wortkarger Mann liegt nachts über ihm. Wer er ist, erfährt Micheels erst nach einer Weile: »Professor Samuel, der in Buna meine Diphtherie diagnostiziert hatte. Er war nach Auschwitz verlegt worden, um für Clauberg und Wirths zu arbeiten. Nie sprach er über seine Aufgaben in Block 10, nur über die Vergangenheit und zurückliegende Verrichtungen. Er war jetzt ein Geheimnisträger.«[28]

Deutschland. Ende April 1943 leben 264 weibliche Häftlinge auf Block 10.[29] Weitaus die meisten sind erst seit kurzer Zeit in Auschwitz: 128 Griechinnen aus Saloniki seit dem 17. April und seit dem 22. April noch 112 überwiegend staatenlose jüdische Frauen aus dem belgischen Abschiebelager Mechelen. Sie sind zusammen mit ungefähr zehn bis 20 zuvor schon in Birkenau selektierten Frauen in den beiden oberen Sälen untergebracht. Auf engem Raum verbringen darin die Frauen ihre Zeit, ohne Rückzugsort, nur mit einem Liegeplatz in den dreistöckigen Holzpritschen, die lediglich ihrer Bestimmung nach als Betten zu bezeichnen sind.

Ein Deportationszug mit 314 Juden aus Berlin trifft ein[30], es ist der 29. Juni 1943. »Das Ziel der Fahrt war uns bei der Abreise aus Berlin nicht bekannt gegeben worden«, sagt Erna Hoffmann.[31] Und Ruth Dattel: »Es hieß, dass wir in ein Arbeitslager kommen sollten. Andererseits fürchteten wir, dass wir unterwegs vergast würden.« Davon hatte man keine klaren Vorstellungen, aber es waren in Berlin Gerüchte von Vergasungen in Umlauf.[32]

Die Fahrt in den Deportationszügen dauerte immer ein Vielfaches der regulären Bahnverbindungen. Der Anthropologe Bruno Beger beispielsweise, der ein paar Tage vor diesem Berliner Transport nach Auschwitz gereist war und in Block 10 Frauen für die in Straßburg geplante Skelettsammlung selektierte, war in der Hauptstadt mit dem fahrplanmäßigen Nachtzug um 21:42 Uhr gestartet, am nächsten Morgen in Krakau umgestiegen und kurz danach um 8:40 Uhr in Auschwitz eingetroffen. Der 39. Osttransport aus Berlin dagegen, mit dem die jüdischen

Frauen und Männer buchstäblich verfrachtet wurden – es war nämlich ein Güterzug –, brauchte mehr als 24 Stunden, weil er viele Male auf Seitengleisen anhielt, um andere Züge passieren zu lassen. Wer für unterwegs nichts in den Waggon schmuggeln konnte, hatte weder zu essen noch zu trinken.

Nach der Ankunft wird die Wachmannschaft, die den Transport begleitet hat, abgezogen und weggeschickt. Die aus den Waggons getriebenen Personen müssen sich getrennt nach Männern, Frauen und Frauen mit Kindern aufstellen. Die Befehle überwachen drei höhere SS-Chargen, darunter Lagerarzt Dr. Eduard Wirths und Heinrich Schwarz, Leiter der Abteilung »Arbeitseinsatz«. Erna Hoffmann beobachtet, dass bei der Selektion noch ein »verwachsener SS-Mann« beteiligt ist. Ruth Dattel beschreibt ihn als einen Mann mit »einer Art Buckel«, er führt »einen dicken Knüppel« mit sich. Als Nächstes fragt Wirths alle Frauen nach Alter, Ehe und Kindern.[33] Die Gruppe, die auf diese Weise für Block 10 zusammengestellt wird, zählt 65 Frauen.

Genauer gesagt: Es sind 65 Frauen und ein Kind, denn am Rande des rohen Empfangs vollzieht sich etwas Unfassbares. »Ich hatte meinen im Jahre 1939 geborenen Sohn Peter bei mir«, berichtet Ruth Dattel, die in Berlin mit ihrem Kind untergetaucht war und, bevor sie verhaftet und eine Woche später deportiert wurde, ihre dunklen Haare noch blondiert hatte, um nach dem gängigen Muster der Nazis für eine »Arierin« gehalten zu werden. Auch der kleine Peter ist blond und hat blaue Augen. »Er sah damals sehr niedlich aus«, sagt seine Mutter. »Die Frauen mit Kindern wurden an Ort und Stelle aufgefordert, einen bereitstehenden Lastwagen zu besteigen. Obwohl ich an sich auch diesen Lastwagen hätte besteigen müssen, bin ich mit meinem Sohn zurückgeblieben. Ich war stehengeblieben, weil ein Mann aus der SS-Lagerführung zu mir gesagt hatte, dass ich raustreten und stehenbleiben sollte.« Es ist der Mann mit dem Buckel und dem Knüppel, der diesen Befehl gibt, im Zivilberuf ein Schneidermeister aus Oberschlesien. Sein Name ist nicht bekannt. Während Ruth Dattel und ihr Sohn stehen und warten, ohne Ahnung, was nun werden solle, mittlerweile auch abgeschnitten von der Frauengruppe, kommt ein weiterer SS-Mann und will sie zu den anderen Frauen mit Kindern schicken. »Der bucklige Mann ordnete aber an, dass ich dableiben sollte.« Einer der herumstehenden SS-Männer fragt verdutzt: »Und was wird aus dem Kind?« Darauf der Bucklige: »Das geht mit!«[34]

Die niederländische Ärztin Froukje de Leeuw, die einige Wochen später ankommt und ebenfalls als Häftling in Block 10 eingewiesen wird, lernt dort Ruth Dattel kennen und erfährt von ihr sinngemäß den Dialog, den Wirths mit ihr führte. Demnach hatte dem Standortarzt an der Rampe eine Jüdin mit blond gefärbten Haaren gegenübergestanden, die offenbar nicht ohne Eindruck auf ihn geblieben war. »Was sind Sie von Beruf?«, fragt er sie. – »Ich war in einem Büro.« – »Können Sie nichts weiter?« – »Ich war auch zwei Jahre Sprechstundenhilfe bei einem Arzt.« – »Dann können Sie mit dem Kind in den Block 10 gehen, dort können Sie Pflegerin werden.«[35]

Darauf werden Mutter und Kind einer Gruppe von Frauen zugeteilt, die zu Fuß ins Lager geht. »Der Weg war nicht sehr weit«, erinnert sich Ruth Dattel. »Es erregte überall Aufsehen, dass ich mit meinem kleinen Sohn zusammen dort ankam. Er war damals ganz still. Er hat weder geschrien noch geweint.«[36] Warum ausgerechnet sie ihr Kind mitnehmen darf, wird sie nie erfahren.

Wie üblich werden die Frauen in das »Sauna«-Gebäude in Block 2 gebracht, sie sollen in einen Duschraum gehen. Margot Meyer schaut ängstlich an den Wänden entlang, weil sie von einem Gerücht weiß, dass in Auschwitz Menschen beim Duschen getötet würden. Sie sieht keine Gasarmaturen und ist beruhigt, als tatsächlich Wasser aus dem Duschkopf kommt.[37] Dann werden den Frauen die Haare geschoren. Der Friseur ist ein Häftling mit Lagererfahrung. Ein »alter Lagerhase«, sagt Erna Fleig. »Er wusste zu erzählen, dass man uns für Experimente benutzen würde, während arbeitsuntaugliche Personen und Mütter mit Kindern vergast würden.«[38] Dagegen sagt ein Gehilfe des Friseurs zu Ruth Dattel, die angekommenen Frauen seien für ein Freudenhaus vorgesehen, in dem sie es »ein bis zwei Monate gut haben sollen«, und dann müssten sie ins Gas gehen. Dass sie nun tatsächlich in eine medizinische Experimentierstation einziehen, erfahren zumindest einige der deutschen Frauen am Eingang zu Block 10 von der Pförtnerin, zu dieser Zeit eine Häftlingsfrau aus Griechenland.

»Die Säle waren vor unserer Ankunft noch nicht voll belegt«, erinnert sich Erna Hoffmann. »Auch nach unserer Ankunft war noch Platz vorhanden. Ich glaube, dass damals insbesondere in dem anderen Saal nicht viele Frauen untergebracht waren.« In den Betten liegen Strohsäcke und Kopfkissen aus Stroh. »Jeder Häftling erhält zwei Wolldecken und zwei Laken«, sagt Ruth Dattel.[39]

Von Mithäftlingen erfährt sie, dass sie »als eine außergewöhnliche Ausnahme« zu betrachten sei, »weil Frauen mit Kindern sonst unmittelbar von der Bahn zur Vergasung gebracht würden«. Slowakinnen aus dem Kreis der »maßgeblichen Helferinnen im Block 10« raten ihr, im Block eine Arbeit zu übernehmen, weil sie dann besser für ihr Kind sorgen könne. So kommt es, dass Ruth Dattel etwa einen Monat nach ihrer Ankunft als Krankenpflegerin eingesetzt wird. Eingearbeitet wird sie von Hertha Saegher, einer deutschen Jüdin aus Höchst, die im April 1943 mit dem belgischen Transport nach Auschwitz gekommen ist.[40]

Frankreich. In diesen Tagen treffen viele weitere Züge ein, immer wieder stürzen Menschen aus den Waggons, überwältigt von der frischen Luft und von Befehlen, die so unfassbar sind, dass niemand klar denken kann. Fast immer beginnen Selektionen, sobald die Ankömmlinge auf der Bahnrampe stehen. Am 20. Juli 1943, als nach dreitägiger Zugfahrt 1000 Juden aus dem Durchgangslager Drancy bei Paris eintreffen, werden wieder Frauen für Block 10 benötigt. Paulette Apfelbaum, eine nach Frankreich ausgewanderte Warschauerin, wird wie alle Frauen gefragt, ob sie verheiratet sei.[41] »Gleich bei meiner Ankunft in Auschwitz wurde ich mit 75 Frauen, die sich alle bei guter Gesundheit befanden, von Dr. Wirths ausgesucht und in den Versuchsblock 10 gebracht«, sagt Yvonne Chamuilli, eine in Algier geborene Jüdin.[42] Hélène Gesundet erinnert sich, dass die Gruppe direkt nach Block 10 gebracht worden sei.[43] Auch die damals schon weithin bekannte Geigerin Alma Příhoda, unter dem Namen Alma Rosé und mit dem »Mädchenorchester von Auschwitz« posthum weltberühmt geworden, gehört zu den Frauen dieses Transports, die zum Block 10 beordert werden.[44]

Ein weiterer Deportationszug aus Drancy wird am 2. August 1943 von Eduard Wirths inspiziert. Sie sei nach dem Verlassen des Zugs »von einem Doktor« ausgewählt worden, sagt Fortunée Benguigui. Die vierfache Mutter aus Oran in Algerien war in Marseille verhaftet und nach einem kurzen Gefängnisaufenthalt nach Drancy gebracht worden. Ihre jüngste Tochter Yvette ist bei Bauern versteckt, ihre Söhne Jacques, Richard und Jean-Claude sind in ein Waisenhaus gebracht worden und werden am 6. April 1944 auf Befehl des Lyoner Gestapo-Chefs Klaus Barbie zusammen mit 41 weiteren Kindern (»Die Kinder von Maison d'Izieu«[45]) über Drancy nach Birkenau verschleppt und dort im Gas ermordet.

Nachama Muleras, eine gebürtige Litauerin, 29 Jahre alt, wird am 29. März 1943 in der Wohnung von Pariser Freunden verhaftet und mit ihnen nach Drancy gebracht. »Während meines Aufenthalts dort wollte man wissen, wo sich mein Sohn von dreieinhalb Jahren befand, den ich in Pflege gegeben hatte. Das habe ich abgelehnt. Diese Ablehnung hat mir die Verschickung in das Lager Auschwitz eingebracht.« Man kann aber sicher sein, dass sie auch nach Auschwitz deportiert worden wäre, wenn sie ihren Sohn verraten hätte, und zwar mit ihm zusammen.

Die drei Söhne von Fortunée Benguigui, alle in Oran/Algerien geboren: Jean-Claude am 25. Dezember 1938, Richard am 29. März 1937 und Jacques am 10. April 1931.

»Es wurden nur verheiratete und gesunde Frauen ausgesucht«, umschreibt auch Marianne Hauser, eine nach Paris emigrierte Wienerin, worauf es Wirths bei seiner Auslese an der Rampe ankommt.[46] 55 Frauen aus dem Durchgangslager Drancy treffen in Block 10 ein, elf von ihnen sind Mitglieder einer Widerstandsorganisation, und sie machen die Bekanntschaft mit den Französinnen, die zwei Wochen vor ihnen in denselben Aufenthaltsraum eingezogen sind und über einen kleinen Informationsvorsprung verfügen. »Wir waren sehr beunruhigt, von diesen zu hören, was mit uns geschehen sollte«, sagt Louise Plesskoff.[47]

Niederlande. Und noch drei weitere Transporte treffen ein, aus denen eine größere Anzahl von Versuchspersonen selektiert wird, am 26. August, am 16. und am 23. September 1943. Alle 2685 Jüdinnen und Juden sind unmittelbar vor ihren Deportationen mehr oder weniger lange in dem niederländischen Sammellager Westerbork eingesperrt gewesen, ein erheblicher Teil schon in dem 1943 von den deutschen Besatzern eingerichteten Konzentrationslager in Vught.

Am 26. August kommt auch die Rotterdamer Ärztin Froukje de Leeuw an. Sie ist 27 Jahre alt. Ihr wird das »ungeheure Tempo« in Erinnerung bleiben, in dem die Aufnahmeprozedur vor sich geht, und wie alles einen Sinn zu haben scheint, der sich den Betroffenen aber nicht erschließt. »Man konnte merken, dass es für die Deutschen Routine war«, kommentiert die Ärztin. »Die jungen gesunden Frauen können laufen«, hört sie nach dem Aussteigen, die alten, kranken und behinderten Frauen sowie die Mütter mit Kindern sollen mit dem Auto gefahren werden. Ein großgewachsener Deutscher – wieder einmal Standortarzt Eduard Wirths – kontrolliert mit strengem Blick den Ablauf. Mit einem unbewegten Gesicht lenkt er auf diese Weise Hunderte gleichzeitig in den Tod. Völlig willkürlich greift er mitunter ein, rettet beispielsweise der 22-jährigen Selma Frank das Leben, indem er sie zurückhält, als sie, von hohem Grippefieber geschwächt, ebenfalls einen Wagen besteigt. Warum sie nicht laufen wolle? Wie lange sie schon Fieber habe? Ob sie ansonsten gesund sei? Wirths fühlt ihren Puls und befiehlt ihr: »Du kannst laufen!« De Leeuw, die diese Szene beobachtet, erklärt sich die Intervention mit einer Schwäche für hübsche junge Frauen, die nach den unter den Nazis verbreiteten Kriterien nicht »typisch jüdisch« aussehen.[48]

Die Frauen müssen sich in Fünferreihen aufstellen und in »Frauen« und »Fräuleins« aufteilen, und von den »Frauen« werden die ersten 44 angewiesen, ins Stammlager zu marschieren, für die übrigen und die »Fräuleins« heißt das Ziel Birkenau. Die erste der beiden Kolonnen hat nicht weit zu gehen, sie ist schnell an ihrem Ziel angekommen. »Kurz vor dem Eingang ins Lager kamen uns ein paar Frauen in deutschen Uniformen entgegen«, sagt de Leeuw. Aufseherinnen, die im Dienst der SS stehen, übernehmen die Gruppe, führen sie zum eisernen Eingangsportal. Seitlich steht ein Posten, er hebt den Schlagbaum, die Frauen marschieren hinein, das Lager nimmt sie auf, und es ist nicht vorgesehen, dass sie es jemals wieder lebend verlassen werden. Auf einer Lagerstraße erkennt eine der Frauen einen Mann aus ihrer Nachbarschaft, der vor einem Jahr abgeholt worden ist, und sie fragt ihn hastig, ob man seine Freunde auch hierhergebracht habe. »Ja«, sagt er. Und auf die Frage, wo die anderen seien, antwortet er: »Ich bin hier der Einzige.« Und wo die anderen seien? Darauf zuckt er mit den Schultern und wendet sich ab. Die niederländischen Frauen werden in den »Sauna«-Block des Stammlagers geführt, wo sie auf die gleiche demütigende Weise »entwest« werden wie zahllose Gefährtinnen vor ihnen, ob in Birkenau oder hier. Wörtlich bedeutet »entwesen« in der Lagersprache nur »desinfizieren«, dabei geschieht dennoch mehr; denn die hier eintreten, sollen ihres Wesens beraubt werden. Statt des Namens eine Nummer und, als Kennzeichen für Juden, ein Dreieck, das mit der Spitze nach unten zeigt. Für die Nummer 55999 beispielsweise benötigt der Tätowierer 76 Stiche.[49] Irrt er sich, was hin und wieder vorkommt, tätowiert er einen Strich durch die falsche Nummer und setzt die richtige darüber.

Den Frauen werden die Haare auf dem Schädel, über den Augen, unter den Achseln, von der Scham rasiert, die Kleider werden ihnen genommen, Ringe, am Ende auch der Name. Es werden Blusen und Hosen und Kleider ausgeteilt, je ein Stück für jeden. Sie sind in heißem Dampf gereinigt, darum auch ohne Ungeziefer, aber voller Flecken, weil kein Waschpulver verwendet wird. Den Kapos ist es egal, ob die Hosen oder Blusen passen, meist ist das eine zu groß oder das andere zu klein. Nur die Schuhe dürfen alle behalten, wohl dem also, der ein solides Paar an den Füßen hat.[50]

Nicht zu vergessen: Jede Frau bekommt ein baumwollenes Kopftuch, das immer getragen werden muss. Sarkastisch fügt de Leeuw hinzu: »Und so wandelte diese Truppe von Vogelscheuchen zu Block 10, nach ein paar Stufen ins Innere, durch einen langen Flur, links die Treppe hoch in die erste Etage und dort in einen der beiden Säle, die voll von dreistöckigen Betten standen.« Bestimmungsort für die Niederländerinnen ist der nach hinten gelegene Saal 2. Dort ist erst ein kleiner Teil der Betten vergeben, einige Frauen laufen im Raum umher, andere sitzen auf den Bettkanten. In den Köpfen der Ankömmlinge läuft ein Film. Haben sie unterwegs nicht Männer gesehen, die Steine schleppten und andere schwere Arbeit verrichteten? Und hier hat es sie nun inmitten eines Männerlagers in einen Krankensaal verschlagen, ausschließlich von Frauen belegt, von denen auf den ersten Blick keine krank aussieht.

Von hier aus gehen immer wieder Abordnungen vom Experimentierblock zur Gaskammer nach Birkenau ab, wo die für Experimente nicht mehr verwendungsfähigen Frauen ermordet werden. »Schon nach zehn Tagen waren von den 44 niederländischen Frauen nur noch 20 in Block 10«, sagt Reina Abas.[51]

Die gebürtige Kölnerin Lotte Geisenheimer, schon seit 1932 aus geschäftlichen, noch nicht aus politischen Gründen in Amsterdam zu Hause, kommt mit ihrem Mann und zahlreichen Familienangehörigen am 16. September in Auschwitz an und wird in einer Gruppe von 100 Frauen in Block 10 eingewiesen, darunter Renée Krämer, die sie noch aus Köln kennt, da ihre beiden Eltern befreundet sind. Renée Krämer hat hier noch mehr Frauen wiedergetroffen, aus ihrem Kölner Viertel beispielsweise Irma Benjamin, die Frau des Kinderarztes Dr. Max Benjamin.[52] Krämer lebte seit 1935 bei einer Tante in Amsterdam, wo sie Nähen gelernt und in ihrer Freizeit eine Ballettschule besucht hatte. »Dort traf ich auch Ima van Esso, sie war die beste Tänzerin, sie war sehr schön, hatte schwarze Haare.« Nun begegnet ihr Ima van Esso wieder, ohne Haare, und wird mit der banalsten aller Fragen empfangen: »Was machst *du* denn hier?«[53]

Mit demselben Transport erreicht auch Augusta Nathan Auschwitz, zusammen mit ihrem Mann und ihrem 13-jährigen Sohn. Ihren Ältesten, 17 Jahre alt, musste sie in Westerbork zurücklassen, weil er an Gelbsucht erkrankt und nicht transportfähig war. Unterwegs im vergitterten Viehwagen sagte der Sohn: »Ach, Mutti, ich wünschte, ich wäre tot.« Seiner Mutter bohrt sich dieser Satz in das Gedächtnis. »Nie werde ich die Worte meines 13-jährigen Jungen vergessen, einem lustigen, lebensfrohen Bengel«, wird sie einmal aufschreiben. Standortarzt Wirths sucht 100 Frauen unter 50 Jahre aus, darunter auch Augusta Nathan: Sie werden weggeführt. »Ein letztes Winken mit meinem Mann und Jungen, und nie mehr habe ich etwas von ihnen gesehen oder gehört.« Im Lager wieder die Duschen. Augusta Nathan: »Was in uns vorging, während wir da unter der Dusche standen, noch unter dem vernichtenden Eindruck des Abschiedes von unseren Lieben, ist nicht zu beschreiben.« Die Frauen marschieren über die Lagerstraße, gelangen in die Versuchsstation, treten ein in den »Krankensaal 2«, wie das Schild an der Tür verheißt. Krankensaal? Aus den belegten Betten schauen den Ankömmlingen neugierige Gesichter entgegen. »Wir befragten die Häftlinge nach unseren Männern – die Auskünfte waren vage.«[54]

Eine Woche später werden nochmals 100 niederländische Frauen in den Block 10 eingewiesen. »Es war ein völlig verrückter Anblick, alles wirkte wie ein Alptraum«, berichtet Elisabeth Frank.[55] Die 21-jährige Rotterdamerin ist mit dem Transport vom 23. September 1943 angekommen. Gretha de Jong beschreibt die gleiche Situation: »Dann wurde uns gesagt, wir sollen uns ein freies Bett suchen.« Und sie fährt fort: »Wir wussten nicht, was hier vorging. Wir waren so niedergeschlagen, dass wir uns in voller Montur aufs Bett warfen.«[56] Dann wird gerufen: »Suppe fassen!« Doch womit? »Alle hatten eine Schüssel«, erzählt Gretha de Jong, »wir hatten nichts. Wir saßen auf dem Bett und schauten herum.« Im Bett gegenüber sitzt eine Griechin, sie hat eine Schüssel und einen Löffel und leckt gerade beides sauber, schließlich fragt sie: »Holländerin, Holländerin, willst du eine Schüssel und einen Löffel?« Gretha de Jong lehnt ab, und die Griechin erklärt, dass jeder sein Essgeschirr nur in seinem Bett aufbewahren könne. Dass sich in der Schüssel manchmal Ungeziefer sammle. Und dass die Schüssel nun sauber sei.[57]

Interne Hierarchien

Das System der Funktionshäftlinge in Block 10

Ein Betrieb, eine Schule, eine Klinik: Davon hat jeder zumindest ungefähre Vorstellungen. Aber niemand kann auch nur die geringste Ahnung haben, was ihn in einer Einrichtung erwartet, die es zuvor noch nie gegeben hat. Sie ist, nicht nur auf den ersten Blick, undurchschaubar. So wie Block 10.

Für die Frauen, die in Block 10 eingewiesen werden, ist darum die drängendste aller Fragen die, was es mit diesem Gebäude auf sich hat. Viele haben zunächst den Eindruck, in ein Krankenhaus gekommen zu sein. Aber was sollen sie in einem Krankenhaus? Sie sind doch gesund! Und wenn es kein Krankenhaus ist, sondern nur aussieht wie eines: Was ist es dann? Eva Golgevit wähnt sich, als sie eintritt, in einem »Irrenhaus«.[1] Froukje de Leeuw hat das Gefühl, als wäre sie »bei der Schauspielgruppe eines Hospizes angekommen«, so unwirklich erscheint ihr die Situation. »Der Block sah zwar aus wie ein Hospital, aber wir wussten nicht, was dort passierte«, erinnert sich Sylvia Amar. »Aber es war schnell klar, dass es sich um etwas anderes handeln musste«, sagt Eva Golgevit.

Es ist ein Betrieb, der in eine Verwaltung eingebunden ist. Funktionshäftlinge erscheinen im Block und fragen im Auftrag der Lagerleitung die neu Eingetroffenen nach Namen, Vornamen, Namen des Ehegatten, der Kinder, der Eltern, nach der Nationalität, der Sprache, der letzten Adresse, dem Beruf. Kurioserweise auch nach der Zahl der jüdischen Großeltern. Rebecca Kasman, aus Wilno stammend: »Im Block wurde eine genaue Akte angelegt.«[2]

»Die Mithäftlinge haben uns nach anfänglichem Schweigen gesagt, dass wir hierher gebracht worden seien, um medizinischen Versuchszwecken zu dienen«, erinnert sich Louise Plesskoff.[3] Manche fürchten jetzt, dass bald ihre letzte Stunde kommen werde. »Ich erinnere mich noch gut, dass ich in den ersten Tagen mit starrem Blick herumlief, so überrumpelt war ich von den Scheußlichkeiten, die ich mir nicht hätte denken können«, sagt de Leeuw.[4] Sie habe die ersten Tage »in einem Zustand von Abgestumpftheit« verbracht, berichtet Eva Golgevit. »Später habe ich mich wieder gefasst und habe mit einigen anderen beschlossen, uns nicht unterkriegen zu lassen und Widerstand zu leisten.«[5] Doch längst nicht allen gelingt es, sich zu sammeln oder gar noch Kraft zu erübrigen, um den Schwächsten unter den Kameradinnen zur Seite zu stehen.

Die Lagerhierarchie funktioniert; auf der Basis von brutaler Gewalt, versteht sich. Aber organisatorisch betrachtet herrscht in Block 10, vor allem in den ersten Wochen seines Bestehens, das pure Chaos. Die Ärzte, die nur in unregelmäßigen Abständen kommen, überlassen die Vorbereitungen der geplanten Versuche überwiegend ihren unerfahrenen Assistentinnen. Die interne Regelung des Zusammenlebens (auf Lagerdeutsch: Disziplin, Ordnung) wird großenteils Funktionshäftlingen übertragen, die mit dieser Aufgabe völlig überfordert sind. Das liegt nicht nur an den äußeren Umständen eines Arbeits- und Vernichtungslagers; denn die meisten wären auch im Zivilleben nicht fähig gewesen, eine größere Gruppe zu leiten. Die Blockältesten sind konfrontiert mit zunächst rund 250 und später bis zu 400 Frauen, die nicht nur nicht verstehen, was um sie herum vor sich geht, sondern sich auch selbst kaum verständlich machen können. Von den über 100 Griechinnen beispielsweise sprechen die meisten nur Ladino, die in Saloniki verbreitete Sprache der sephardischen Juden. Nur wenige, die höhere Schulen besucht haben, beherrschen ein wenig Französisch. Andere Blockinsassen sprechen Polnisch oder Slowakisch, Jiddisch, Ungarisch, Niederländisch und nur die wenigsten Deutsch, die Sprache der »Herrenrasse«, die auch offizielle Lagersprache ist. Wer sich aber nicht artikulieren und den Schleier des Geheimnisvollen durchdringen kann, ist schnell verloren. Nur wer Gefahren richtig einschätzt und womöglich noch mehr weiß als andere, kann sich Vorteile verschaffen. Mit Sprachkenntnissen und solidem Wissen lassen sich auch die verschiedenen medizinischen Experimente gegeneinander abwägen, und in einzelnen Fällen kann es mit Chuzpe oder durch Bestechung oder einfach nur dank eines glücklichen Zufalls gelingen, die Versuchsgruppe zu wechseln oder den Versuchen durch die Übernahme einer Funktionsstelle sogar völlig zu entgehen.

Wie in anderen Blocks setzt die SS auch in Block 10 einige Häftlinge für jene Funktionen ein, deren Bezeichnung »Selbstverwaltung« über den wahren Umfang des Einflusses und die tatsächliche Machtfülle hinwegtäuscht. Im Alltag haben die Funktionshäftlinge dennoch einen gewissen Ermessensspielraum, in dem sie die Tyrannei der SS noch verstärken oder, wenigstens hie und da, auch abmildern können. Sind Häftlingsfunktionären Werte wie Solidarität fremd und ist deren Leben schon immer durch Gewalt und Rücksichtslosigkeit geprägt gewesen, verhalten sie sich nicht anders als ihre Unterdrücker. Weil genau dies von der SS bezweckt wird, kommen vorzugsweise Häftlinge mit kriminellen Karrieren in die privilegierten Stellungen in der »Selbstverwaltung«. Darin unterscheidet sich jedoch der Block 10 grundsätzlich von vielen anderen Blocks, denn dort werden für Funktionsstellen jüdische Frauen eingesetzt, die im Block wohnen. Darunter ist niemand, der straffällig war. Von Mitte 1943 an gelingt es politischen Häftlingen im Stammlager, untergründig Verbindungen untereinander aufzubauen, die so weit an Einfluss gewinnen, dass Funktionsstellen auch von solidarisch handelnden Personen übernommen werden können.[6] Zeitweise profitiert auch Block 10 von solchen Strukturen.

Die Hierarchie ist in allen Blocks ähnlich aufgebaut. Auch in Block 10 stehen an der Spitze eine Blockälteste, oft Blockova genannt, und, ihr nachgeordnet, die Schreiberin. Gewisse Vollmachten haben auch die Stubenältesten und die Pförtnerin. Eine eigene Klasse im Zusammenleben bilden die Pflegerinnen (von denen nur die wenigsten medizinisch ausgebildet sind) und die weiblichen Häftlingsärzte. Der weit überwiegende Teil dieser Gruppe ist zusammen mit einigen »Sonderhäftlingen« in der Pflegerstube im Erdgeschoss untergebracht, einige wenige Pflegerinnen müssen sich mit einem Bett in einem der beiden Säle zufriedengeben.

Erste Blockova wird Magda Hellinger. Die 26-jährige Slowakin hat eine solche Position bereits im Lager Birkenau innegehabt. Sie kommt Anfang April mit zwölf Frauen, die sie als künftiges Personal ausgesucht hat[7], in den Block 10 und wird dort von Eduard Wirths erwartet. Weil sie blond ist und groß und schlank, will er nicht glauben, dass eine Jüdin vor ihm steht.[8] Seit sie als Kind den Segen eines bedeutenden Rabbiners erhalten hat, zu dem fromme Juden ihrer Heimat weite Wege auf sich nahmen, ist Magda Hellinger von einer besonderen Mission erfüllt. »Der Segen des Rabbi folgte mir durch das Lager«, beschwört sie mystische Kräfte, und sie ist davon überzeugt, dass sie den Segen auch auf ihre Mitgefangenen übertragen kann. Beispielsweise, weil sie die positiv verlaufene erste Begegnung mit Wirths dafür nutzen kann, dass Block 10 hygienisch besser ausgestattet wird als die anderen Blocks. »In ihrer Art« sei sie »ganz gut« gewesen, urteilt die Niederländerin Ima van Esso etwas zurückhaltender über die Lehrerstochter, die als Kindergärtnerin gearbeitet hat und seit März 1942 Gefangene in Auschwitz ist. Ihre KZ-Nummer ist 2318, eben jene Nummer, die sich – wie in der Einleitung erzählt – eine

Amerikanerin Jahrzehnte später auf ihren linken Unterarm tätowieren lässt.

Magda Hellinger, die in den Versuchsbetrieb nicht eingeweiht ist, zieht aus den wenigen Informationen, die sie im Block 10 zusammentragen kann, den Schluss, dass die Sterilisierungsspritzen Claubergs weniger gefährlich seien als die Bestrahlungen Schumanns, und sie vermutet, dass die Betroffenen weniger schädliche Folgen für die Zukunft zu erwarten hätten – falls sie denn überleben würden.[9] Darum empfiehlt sie den Frauen, sich nach Möglichkeit eher den Clauberg-Experimenten auszusetzen.[10] Ende Juli 1943 hilft Blockova Hellinger zwei Frauen, einer für alle Betroffenen tödlich ausgehenden Selektion durch Rassenanthropologen zu entkommen.[11] Die SS, die ihr deswegen Sabotage vorwirft, setzt sie Anfang August ab, bestraft sie mit Haft im Stehbunker und schickt sie ins Lager Birkenau zurück.

In der Erinnerung der meisten Überlebenden sind insbesondere jene Blockältesten präsent geblieben, die entweder besonders solidarisch auftraten oder sehr eigensinnig und rücksichtslos. Froukje de Leeuw erwähnt, dass bei ihrer Ankunft am 26. August 1943 eine Frau mit Vornamen Etta als Blockova das Kommando geführt habe. »Sie war wohl eine geschickte Frau, wurde aber bald versetzt.«[12] Weitere Erinnerungsspuren hat sie nicht hinterlassen. Deren Nachfolgerin Margit Neumann dagegen, zunächst Stubenälteste von Saal 1[13], hat sich jedem eingeprägt. »Margit erinnerte mich an Beethoven, ihre Haare waren genau wie seine«, sagt Renée Krämer.[14] Und Froukje de Leeuw: »Sie war ein robuster männlicher Typ mit einem großen Busch wilder Haare.«

Ihre Neigung zu Gewalttätigkeit findet sich in zahlreichen Schilderungen. »Sie war sehr schlimm zu uns und hat oft geschlagen«, sagt Sophia Nord.[15] Die gebürtige Hamburgerin Erna Fleig: »Margit war ein Biest. Sie hat geschrien, war ungerecht, hat getreten.«[16] Fast durchweg wird sie als niederträchtig und streng geschildert. Oft schlägt sie die Gefangenen, insbesondere dann, wenn Anordnungen nicht befolgt werden oder

Zeichnung von Renée Duering (Lagername: Renée Krämer), die die dargestellte Szene in ihren 1987 gezeichneten und unveröffentlichten Erinnerungen »Why, when, what, where happened to Renée, and how« mit den Worten erläutert: »Marta Heimanns Schwester Gerda – beide stammten aus Köln und kannten meine Mutter – erhielt 25 Peitschenhiebe von Blockova Margit Neumann, weil sie auf dem Weg zurück nach Block 10 ein paar Rübchen aufgesammelt hatte. Sie war in einer furchtbaren Verfassung und wurde unten in den Krankensaal eingeliefert.«

die Betten nach ihren Vorstellungen nicht ordentlich genug gemacht sind. Als Strafe teilt sie manchmal auch Stockhiebe aus. Immer wieder wird ihre sexuelle Orientierung angesprochen. Ihr Zimmer im Parterre, in dem nur zwei Betten stehen, teilt sie mit der Blockschreiberin. »Diese Schreiberin war Rosenka, eine dicke Polin. Sie war gutartiger als Margit und war nicht die Schlechteste«, sagt de Leeuw. »Als Margit Blockova war, nahm sie zeitweise in der Mittagsruhe ihre Freundin [Margot] mit aufs Zimmer, und die Schreiberin musste sich irgendwohin verdrücken.« Renée Krämer erinnert sich noch an einen bestimmten Winterabend: Die beiden Frauen sind im Schlafsaal der Holländerinnen, liegen in einem Bett nächst dem Ofen, schauen auf die Glut und halten sich eng umschlungen. »Das war schön anzusehen«, sagt Krämer. »Jeder sprach darüber, aber ich habe erst später erfahren, dass die beiden lesbisch sind.«[17]

Im Winter 1943/44 werden Margit und Margot allerdings aus dem Separée im Erdgeschoss verbannt. Aufgrund von Beschwerden insbesondere der seit Mitte August 1943 als Häftlingsärztin und seit Oktober 1943 als leitende Blockärztin tätigen Dr. Alina Brewda löst Standortarzt Eduard Wirths im Januar oder Februar 1944 Margit Neumann ab.[18] »Auch die grobsten Stubenältesten wurden abgesetzt«, sagt de Leeuw. Wirths ernennt keine neue Blockälteste, ihre Aufgaben werden fortan von der Chefärztin übernommen. In ihr sehen die Bewohnerinnen von Block 10 die neue Blockova. Dies zumal, weil Margit Neumann ihr privilegiertes Zimmer im Erdgeschoss räumen muss und jetzt Alina Brewda den Raum mit der bisherigen Schreiberin teilt. Gretha de Jong meint sogar, Brewda sei fortan nicht mehr als Ärztin tätig gewesen, denn sie habe bekannt gegeben: »Ich bin jetzt nicht mehr Ärztin, sondern Blockälteste.«[19] Für alle ist dieser Einschnitt auch darin spürbar, dass Wirths den allmorgendlichen Zählappell abschafft.[20]

Ausgenommen der kleine Hofstaat, der sich um Margit Neumann gebildet hat, empfinden die Frauen in Block 10 diesen internen Machtwechsel als enorme Erleichterung. »Sie war eine gute Frau«, attestiert beispielsweise Selma Spyer der polnischen Ärztin.[21] Schewa Friedmann sagt: »Sie war geachtet und beliebt.«[22] Ihre niederländische Kollegin de Leeuw schildert sie als eine »resolute, intelligente Frau aus Warschau«. Unter den niederländischen Frauen habe man von ihr nur als »de Poolse« gesprochen. Ima van Esso beschreibt sie deutlich reservierter: Sie sei klug und flink gewesen, aber auch kühl, und sie habe sich an den unteren Chargen nicht sehr interessiert gezeigt.[23]

Die neue Leitung durch Alina Brewda währt allerdings nicht lange, nach nur einem halben Jahr muss sich die polnische Ärztin Verstöße gegen die Lagerordnung vorhalten lassen. Sie hat sich intern Feinde geschaffen, indem sie – im Vertrauen auf den Rückhalt von Wirths – ihre Position offensiv ausnutzt, auch gegen Margit Neumann und gegen die beiden SS-Aufseherinnen. Sie selbst ist davon überzeugt, dass Intrigen an höherer Stelle der Lagerleitung dazu geführt haben, dass sie Ende Juli 1944 von der Lager-Gestapo festgenommen und im Untergeschoss von Block 11 in eine Zelle gesperrt wird, an den beiden ersten Tagen ohne Wasser und Brot.[24] Sie erfährt von dem jüdischen Häftling Jakob Kozelczuk, der als Zellenaufseher eingesetzt ist (»Bunker-Jakob« genannt), dass ihr der Tod am Galgen bevorstehe. Unterdessen nimmt Margit Neumann triumphierend wieder ihren alten Platz ein. »Wie ein Pfau ist sie dann herumstolziert«, berichtet de Leeuw. Nach 17 Tagen wird Alina Brewda überraschend aus ihrer Zelle in Block 11 entlassen. Die komplette Belegschaft aus Block 10 ist in der Zwischenzeit in einen neuen Block außerhalb des Stammlagers verlegt worden: Block 1. Die polnische Ärztin wird ebenfalls dorthin eingewiesen, allerdings ohne eine Funktion und nur noch für eine Übergangszeit von einer Woche. Danach wird sie dem Lager Birkenau überstellt.

Sterilisierung durch Spritzen

Menschenversuche des Carl Clauberg

Jeder der Versuchsärzte gruppiert einen Stab von Helferinnen um sich, dessen Zusammensetzung sich nach den ersten Wochen als relativ stabil erweist. Sylvia Friedmann ist inzwischen Claubergs Chefassistentin geworden. Die große blonde Frau, die schon in Block 30 für den Gynäkologie-Professor arbeitete, wird bis zur Evakuierung des Lagers im Januar 1945 in seinen Diensten stehen. Froukje de Leeuw schildert sie als »sehr entschieden im Auftreten und sehr hart, ein Typ, der, wenn er muss, über Leichen geht«. Sylvia Friedmann ist im Umgang mit den Versuchspersonen, wie Louise Plesskoff beobachtet, »immer sehr reserviert«.[1] De Leeuw hält es nicht nur für ihre eigene Überzeugung, »dass Sylvia leicht auch Blockova hätte werden können, dass sie es aber nicht wollte, weil sie faktisch auch so das meiste zu sagen hatte und dabei keine Verantwortung als Blockova tragen musste«. Wegen ihrer Umgangsformen sei sie »von vielen Frauen gehasst« worden, denn: »Sie sah die Frauen nicht als beklagenswerte Menschen an, sondern als Vieh.«[2]

Zweite Assistentin von Clauberg, auch in der Rangfolge, ist Eugenia Lewin. Auch sie war in dieser Funktion schon in Block 30 eingesetzt. Genia, wie sie von den Häftlingen genannt wird, kommt aus Grodno und ist bei der Errichtung der Versuchsstation 24 Jahre alt. Zwei weitere Frauen dieser Gruppe sind die 29-jährige Emilia Potasinski – Mila gerufen und Schauspielerin aus Warschau – sowie eine Slowakin mit Vornamen Magda. Vier jüdische Frauen aus Osteuropa also, keine mit beruflichen Vorerfahrungen.

Als die Lagerverwaltung die Versuchsstation fertig eingerichtet hat und die ersten Frauen für ihn ausgewählt sind, trifft sich Clauberg mit Rudolf Höß zu einer abschließenden Unterredung. Er versichert dem Lagerleiter, dass »alles im großen und ganzen« seinen Wünschen entsprechend eingerichtet sei. »Ich brachte zum Ausdruck, dass ich lediglich zu bemerken hätte, dass der Wunsch, nur Frauen zu bekommen, die schon Kinder hätten, aber keine mehr wollten, nicht restlos erfüllt worden sei.« Allerdings geht Clauberg darauf nicht mehr weiter ein, fügt aber noch etwas anderes hinzu: »Ich verlangte von Höß erneut, dass diese Frauen mir ewig erhalten bleiben sollten und dass nichts mit ihnen geschehe, was ich nicht selbst erlaube.« Vermutlich stimmt Claubergs Behauptung, dass er mit Sterilisierungen erst in Block 10 begann und sich zuvor in Block 30 auf Röntgenaufnahmen und Uterosalpingographien beschränkt hatte.[3]

»Die für Versuchszwecke zur Verfügung stehenden Frauen … waren listenmäßig erfasst, und zwar in der Weise, dass in den Listen aufgeführt war, welche Frauen für die genannten Ärzte vorgesehen waren«, sagt Ilse Nußbaum, eine im westfälischen Lünen gebürtige Metzgerstochter.[4] Weil keine so recht weiß, was auf sie zukommt, ist die Nervosität groß, als nacheinander, nie gemeinsam, die Ärzte im Block auftauchen: Eduard Wirths und Bruno Weber in SS-Uniform, Horst Schumann in Luftwaffen-Uniform, Carl Clauberg in Zivil. Später erscheint noch Hans Münch, wie Wirths und Weber in SS-Uniform.

Clauberg lässt seine Ankunft aus Königshütte stets telefonisch ankündigen, damit man sich in Block 10 darauf vorbereiten kann. Das nächste Telefon befindet sich gegenüber auf Block 21, der ebenfalls zum Krankenrevier des Stammlagers gehört. Dort muss Sylvia Friedmann an Claubergs Königshütter Sekretärin auch eventuelle Probleme durchgeben. Wenige Monate später kann diese sich an Ort und Stelle selbst ein Bild von den Verhältnissen machen. Sie begleitet ihren Chef und Geliebten auf dessen Wunsch, »damit sie das Milieu dort kennenlerne«. Der Staatsanwaltschaft will er später sogar weismachen: »Sie sollte mal sehen, wie die Frauen in Block 10 an mir hängen.«[5]

In einer seiner Vernehmungen gibt Carl Clauberg an, dass seine Assistentin Sylvia Friedmann von Anfang an eine fortlaufende Liste für ihn angelegt habe. »Diese Liste enthielt Vor- und Zunamen, verheiratet oder nicht, Anzahl der Kinder, Alter, Nationalität.«[6] Alle Daten, außer den Namen, habe er selbst eingetragen. »Über Wochen und Monate« habe er genauestens Buch geführt: »Vordurchleuchtung, Menstruationsaufzeichnungen, Sterilisierung und nach wieder Wochen oder Monaten Nachdurchleuchtung und nach Monaten wieder Nachdurchleuchtung.«[7] Er habe für seine Zwecke Frauen ausgewählt, deren Unterleibsorgane gesund waren, was er zum Beispiel von Frauen, die schon Kinder geboren hatten, »ohne weiteres angenommen« habe. »Bei mir handelte es sich nicht darum, an vermutlich chronisch Unterleibskranken eine Untersuchung auf das Spezielle des Kranken durch Durchleuchtung des Kranken festzustellen, sondern bei mir handelte es sich um das Umgekehrte, nämlich bei von vornherein … unterleibsorgan-gesunden Frauen den Tubenverschluss herzustellen.«[8]

Gegenüber den Frauen hüllt sich der sonst so beredte Professor weitgehend in Schweigen. »Erklärt wurde nichts, es wurde einfach gemacht. Wir hatten nichts mehr zu sagen, gar nichts mehr«, erinnert sich Ilse Nußbaum.[9] Viele Überlebende berichten, dass sie nicht gefragt wurden, ob sie zu Experimenten bereit seien, andere erwähnen dagegen, dass sie schriftlich ihre Zustimmung geben sollten. Möglicherweise stimmen beide Antworten, weil unterschiedlich nachgefragt oder im Laufe der Zeit mit den Betroffenen unterschiedlich umgegangen wurde. Und falls tatsächlich jemand das Einverständnis zu den Versuchen voraussetzte, war es ohne tiefere Bedeutung. Denn eine echte Wahl hatten die Frauen nicht, allenfalls die Möglichkeit, sich zwischen verschiedenen Übeln zu entscheiden, von denen sie obendrein nur schemenhafte Vorstellungen haben konnten: Experimente oder Birkenau. Immer wiesen Claubergs Assistentinnen oder die schon länger in den beiden Sälen anwesenden Gefährtinnen darauf hin, dass jede, die sich nicht an Versuchen beteilige, zwangsläufig nach Birkenau geschickt werde – und damit früher oder später in den Tod. »Wir wussten von den Mithäftlingen, dass wir bei einer Weigerung damit rechnen mussten, nach Birkenau abgeschoben zu werden«, sagt Erna Fleig.[10] Die Niederländerin Hilda van West zum Beispiel will sich von Clauberg nicht spritzen lassen und wird sofort nach Birkenau geschickt, schildert Ima van Esso einen der Fälle, die viele abschrecken.[11] Renée Krämer erinnert sich, dass sich von den Frauen, die mit ihr in den Block 10 kamen, nur eine weigerte, die Erklärung zu unterschreiben, nämlich Gerda Müller. »Sie wurde nach Birkenau geschickt und überlebte wie durch ein Wunder.«[12]

Sylvia Amar aus Saloniki und ihre Schwester grübeln lange und einigen sich schließlich: »Lasst es uns riskieren.« Sie begreifen es als ihre einzige Chance. Und noch Jahrzehnte später bleibt Sylvia Amar dabei: »Die Sterilisation war der Preis, um überleben zu können. Ich wäre nicht mehr am Leben, wenn ich bei einem Arbeitskommando gewesen wäre. Dazu wäre ich nicht kräftig genug gewesen. Das hätte mich direkt ins Gas gebracht.«

Nach einigen wenigen Versuchen sind die Abläufe Routine. »Wir wurden aufgerufen, und dann kam er [Clauberg], so ein kleiner, verwachsener Kerl«, sagt Ilse Nußbaum.[13] Seine Vorgehensweise schildert dieser »Kerl« dem Staatsanwalt nach dem Krieg angeblich am Beispiel der ersten von ihm vorgenommenen Sterilisierung. Methodisch und im technischen Ablauf unterscheidet sie sich nicht von den übrigen Eingriffen.

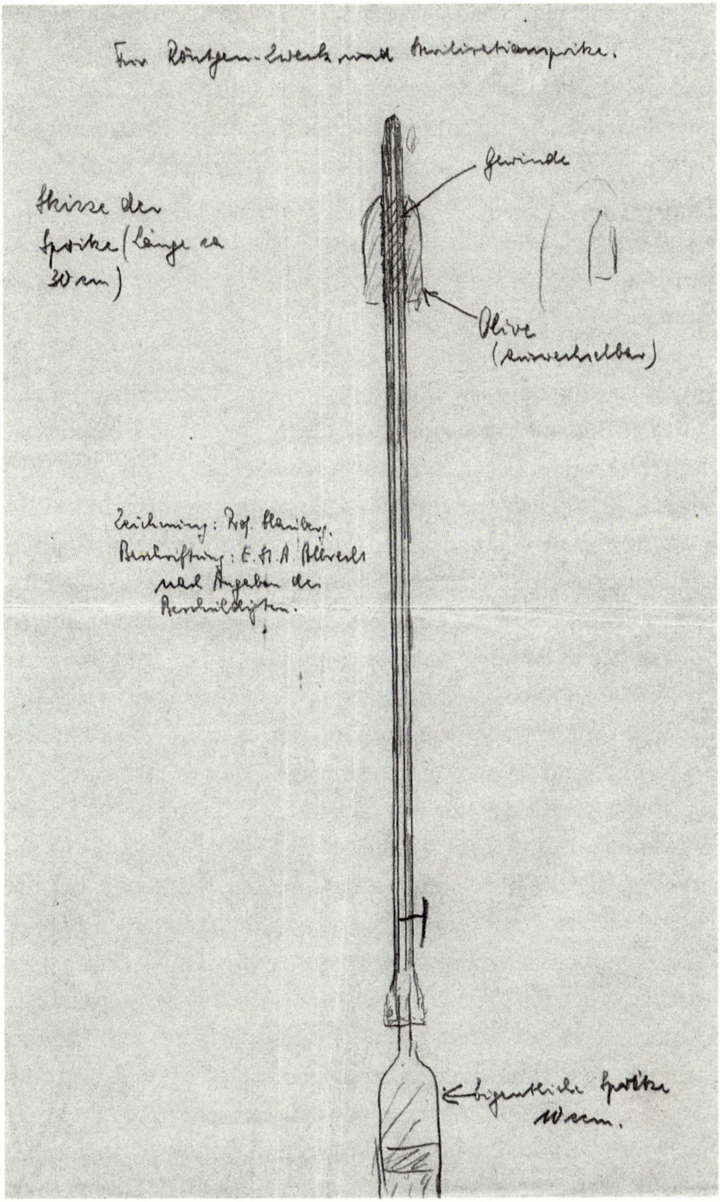

Clauberg-Spritze. Von Carl Clauberg während seiner Vernehmung am 19. Dezember 1955 gezeichnet. Beschriftung durch den vernehmenden Ersten Staatsanwalt Albrecht. *Bild: Landesarchiv Schleswig-Holstein*[15]

»Mir wurde eine Frau vorgeführt, die bereits Kinder gehabt hatte und die etwa 30 Jahre alt war, genau kann ich es nicht sagen.« Erna Hoffmann weiß es besser. Die erste Einspritzung habe Clauberg bestimmt bei Zala Kalmanowski vorgenommen, einer verheirateten Polin, die damals etwa 18 oder 19 Jahre alt gewesen sei. »Sie war nach ihren Erzählungen vorher in Birkenau gewesen. Dort war sie ausgesucht worden zur Verlegung in den Block 10. Sie gehörte zu den ersten Frauen, die in Block 10 kamen.«[14]

Folgt man Claubergs Schilderung, die im Großen und Ganzen von den Betroffenen bestätigt wird, tastete er bei den vorgeladenen Versuchspersonen zunächst die Sexualorgane ab. Dann wies er sie an, sich auf einen Tisch zu legen, während zwei Assistentinnen bereitstanden, um sie auf dem Tisch festzuhalten. Clauberg packte mit einer Portio-Fasszange die vordere Muttermundslippe und griff nach einer etwa 30 Zentimeter langen Spritze, die in einer großen Emailleschüssel[16] lag und mit einer kalkfarbenen Flüssigkeit gefüllt war. Dabei handelte es sich um das übliche Kontrastmittel Jodipin, das er für die bevorstehende Röntgendurchleuchtung durch eine dünne Glaskanüle in die Gebärmutter der vor ihm liegenden Frau injizierte. Dieses zähflüssige Mittel, das zunächst die Gebärmutter auffüllte, drang in die Eileiter und machte für den Betrachter bei der Durchleuchtung sichtbar, ob sie durchgängig waren. Clauberg: »Die Hauptmasse aus der Gebärmutter fließt sofort nach Herausziehen der Spritze wieder aus der Gebärmutter heraus. Die Flüssigkeit in den Eileitern soll in den nächsten zwölf bis 24 Stunden durch die Eileiter durchtreten und sie wieder völlig verlassen haben und in der Bauchhöhle in den nächsten zwölf bis 18 Stunden völlig gleichmäßig verteilt sein in Form von Nebelschwaden, wohlgemerkt, bei der normalen Durchleuchtung.« Vor dem Staatsanwalt setzt Clauberg sein Kolleg mit der Erklärung fort: Ein »normaler Befund« liege dann vor, wenn die Eileiter nach diesem Prozedere völlig leer seien. Der Befund wurde meist am nächsten Tag bei einer weiteren Durchleuchtung überprüft und mit einer Röntgenaufnahme dokumentiert.

Der nächste Schritt erfolgte einige Zeit später, oft mit einem Abstand von mehreren Wochen. Er habe keineswegs angekündigt, dass nun die Sterilisation vorgenommen werde, sagt Clauberg. Was nun bevorstand, kündigte sich auch nicht durch die Umstände seines Vorgehens an, denn die Methode war die gleiche wie bei der Jodipin-Einspritzung, auch dieselbe Spritze wurde verwendet. Nur die Flüssigkeit war eine andere. Sie bestand, so Clauberg, »in der Hauptsache aus in Neorönthium aufgelöstem Formalin (5–10 %ig)«. Diese Substanz sei identisch gewesen mit der, die er bei den Tierversuchen verwendet habe. Er habe sie allerdings nicht bei der Schering AG direkt bezogen, sondern über den dort angestellten Johannes Paul Goebel, einen promovierten Chemiker. Schmerzen seien bei den Versuchsopfern so gut wie keine aufgetreten, behauptet der Experimentator. Die ersten zwölf seien von Pflegerinnen auf einer Intensivstation genau beobachtet worden, bei den nächsten habe er diese Aufmerksamkeit nicht mehr für erforderlich gehalten.

Dem Routinevorgang aus Sicht eines gefühllosen Arztes stehen die Erfahrungen der Frauen gegenüber. Als Clauberg mit seinen Versuchen in Serie geht, lässt er vorher die jeweiligen Kandidatinnen durch die Block- oder Stubenältesten ausrufen. Bei jedem seiner Aufenthalte in Auschwitz verlangt er zehn bis 15 Frauen. »Keine wollte freiwillig gehen, aber es gab kein Entrinnen.«[17] Damit bezeichnet Celina Prijs zugleich die Standardsituation. Einige versuchen, innerhalb des Hauses auf Tauchstation zu gehen. »Ich habe mich vor den Experimenten des Dr. Clauberg oft versteckt«, sagt Marianna Santcroos[18], von Inge Heimann ist diese Erinnerung wortgleich protokolliert[19], und sie beide sind nicht die Einzigen, die zu entkommen versuchen. Aber es gibt in dem Gebäude keine Verstecke, die unentdeckt bleiben. Inge Heimann: »Es gelang mir einige Male, mich im

Laboratorium bei Frau Dr. Slavka zu verbergen.« Also in dem kleinen Raum zwischen den beiden Sälen in der ersten Etage. »Schließlich erwischte mich doch die Sylvia, und ich musste in den Röntgenraum.«[20] Und so werden früher oder später die Verzweifelten doch noch aufgespürt.

Um den Überraschungsmoment zu nutzen, wechselt Clauberg das Prozedere, und es »wurden die Nummern nicht in richtiger Folge aufgerufen, sondern willkürlich durcheinander«.[21] Doch auch das gewährleistet keine reibungslose Abwicklung. Marianna Santcroos: »Später hieß es dann, dass 100 Frauen auf einmal für die Einspritzungen benannt werden müssten. Es wurde gesagt, dass wenn diese Liste nicht aufgestellt werden könnte, der ganze Block nach Birkenau gehen müsste.«[22]

Die Aufgerufenen werden angewiesen, sich im Erdgeschoss vor der Tür mit dem Schild »Röntgenaufnahme«[23] aufzustellen und »wie in einem Postamt«[24] zu warten, bis sie drankommen. »Sind die Säue auch sauber?«, hört Herta Würzburg, als sie an der Reihe ist, durch die Tür – eine für sie unvergesslich gebliebene Frage Claubergs an seine Assistentinnen.[25] In geradezu martialischer Aufmachung tritt er ihnen dann entgegen. Erna Fleig: »Er trug über seinen Schaftstiefeln und blaugrauen Uniformhosen einen weißen Arztkittel und darüber eine braune Lederschürze.«[26]

Als Personen nimmt Clauberg die Frauen nicht zur Kenntnis, allenfalls als Störfall, wenn das Experiment nicht nach Plan verläuft. »In dem Behandlungszimmer waren ein Tisch und eine Röntgeneinrichtung«, sagt Celina Prijs und schildert als Anfangsritual: »Sylvia forderte mich auf, ich sollte mich hinlegen.«[27] Clauberg spricht mit seinen Versuchspersonen nicht, oder falls doch, dann nur in knappen Anweisungen. Wie die Erfahrungen der aus Deutschland stammenden Jüdinnen belegen, sind nicht Verständigungsschwierigkeiten dafür ausschlaggebend. »Mit mir hat Clauberg in dem Zimmer kein Wort gesprochen«, erinnert sich Erna Hoffmann. Ilse Nußbaum: »Prof.

Dr. Clauberg hat mit uns überhaupt nicht verhandelt bzw. ein persönliches Wort an uns gerichtet.«[28] Margot Krisch: »Aus allen meinen Beobachtungen ergab sich, dass Clauberg an uns ein menschliches Interesse nicht hatte. Wir waren für ihn nur als Versuchskaninchen interessant.«[29]

»Ohne jede Erklärung« habe ihr Clauberg die Spritze verpasst, sagt Ilse Nußbaum. Judith de Leeuw, damals 41 Jahre alt: »Während des Spritzens wurde mir eine Platte auf den Unterleib gelegt und ein danebenstehender Apparat durch Ein- und Ausschalten bedient.« Ihr kommt es vor, als werde »eine Art heißer Kalk« in sie eingeführt, »denn ich bekam nach den Einspritzungen das Gefühl, als wenn im Leib etwas gelöscht würde«.[30] Anna Vrachtdoender erinnert sich, dass »bei der Injektion die Flüssigkeit, die gebraucht wurde, weiß und bei der zweiten oder dritten rosa« war.[31]

Margaretha Speelman kann, ehe sie an die Reihe kommt, das Experiment bei ihrer Vorgängerin aus nächster Nähe am Röntgenschirm beobachten und hört, wie jemand, wahrscheinlich Clauberg, sagt: »Das fließt ja wunderbar.« Sie kann auch zutreffend das Bild zu diesem Satz beschreiben: »Ich sah selbst, wie in den Eileitern die eingespritzte dunkelfarbene Flüssigkeit aufsteigt.« Die Ärztin Froukje de Leeuw, mit der sie befreundet ist, hilft ihr, die Funktionsweise zu verstehen. »Folglich wusste ich, dass die Spritze ein Zusammenkleben der Wände der Eierstöcke provoziert, damit die Eier nicht in die Gebärmutter gleiten.«[32]

Entgegen allen Behauptungen Claubergs waren seine Experimente für die Betroffenen eine Tortur. »Dass die Schmerzen dieser Sterilisationsversuche ungeheuerlich sein mussten«, so Alina Brewda, »erkannte man schon an den lauten Schreien der Frauen, die auf dem Röntgentisch lagen. Die Aufseherinnen der SS sind manchmal zu mir gekommen und haben mich gefragt, was Dr. Clauberg denn mit den Frauen mache, weil sie so schrieen.«[33] Louise Plesskoff spürt »vom Augenblick der Einspritzung an … einen schrecklichen Schmerz«, um den sich Clauberg aber nicht kümmert. »Er gab uns nur den Befehl, den Platz für die Nächstfolgende freizumachen.«[34] Von ähnlichen Empfindungen spricht Schewa Friedmann: »Martha und Genia hielten mich fest … Ich hatte fürchterliche brennende Schmerzen und das Gefühl, als ob mein Unterleib auseinandergepresst, ja, dass er platzen würde. Ich habe dabei laut geschrien. Ich konnte nicht allein vom Tisch aufstehen, die Martha und Genia haben mir dabei geholfen, und draußen wurde ich von zwei anderen Frauen in den Schlafsaal nach oben gebracht.«[35] Als »besonders schlimm« empfindet Celina Prijs den Schmerz in dem Moment, als sie nach der Spritze vom Tisch aufsteht. »Man hatte einen schweren Druck auf dem Bauch und das Gefühl eines Dranges«, sagt Cornelia Spitz, die sich sofort auf die Toilette begibt[36], ähnlich wie Celina Prijs, die später berichtet: »Nach dem Verlassen des Röntgenzimmers hat mich eine andere Häftlingsfrau zur Toilette begleitet. Dort habe ich versucht, die eingespritzte Flüssigkeit aus meinem Körper herauszupressen.«[37]

Über die Nachwirkungen nach der Einspritzung sagt Inge Heimann: »Ich hatte hohes Fieber und erhielt einen Eisbeutel auf den Unterleib.«[38] Fieber und Schmerzen klingen bei den meisten Frauen spätestens nach drei Tagen ab. Das entspricht der Zeit der Bettruhe, die allen Betroffenen verordnet wird. »Solange man im Bett bleiben musste, kriegte man einen wässerigen Griesmehlbrei einmal am Tag anstatt Suppe, und die normale Brotration«, berichtet Rosaline de Leon.[39] Wie es den Versuchspersonen als Patientinnen ergeht, interessiert Clauberg nicht. In den Schlafsälen, wo sich die Frauen von den Einspritzungen auskurieren, lässt er sich nicht sehen.

»Wenn alles gut verlief, blieben die Patientinnen drei bis sechs Tage liegen mit heftigen Schmerzen und Fieber von 38 bis 39 Grad«, berichtet Ima van Esso. »Wenn die Injektionen nicht geglückt waren, hatten sie eine Eierstocksentzündung und lagen sechs bis zwölf Wochen mit einem kalten Wassersack als einzigem Heilmittel.«[40] Teil des Versuchsablaufs ist, wie schon erwähnt, eine Röntgen-Kontrollaufnahme, die meist am folgenden Tag, in wenigen Fällen ein paar Tage später angeordnet wird. »Trotz des Fiebers wurde ich aber am nächsten Tage nochmals in das Zimmer des Prof. Clauberg geführt, und dort wurde ich von ihm untersucht und unter den erwähnten Apparat gelegt«, sagt Ilse Nußbaum.[41]

Wenn sich bei der Kontrolle der Röntgenaufnahmen herausstellt, dass die Substanz der Sterilisierungsspritze die Eileiter nicht vollständig ausfüllt, wird ein weiterer Versuch angesetzt. Manche Frauen erhalten auf diese Weise bis zu sechs Spritzen, ohne je zu erfahren, wieso gerade sie so häufig gepeinigt werden. Es gibt aber auch noch andere Gründe für weitere Einspritzungen. Beispielsweise soll durch eine oder mehrere Hysterosalpingographien die Nachhaltigkeit der Sterilisierung überprüft werden. Dann wird als Substanz wieder ein Kontrastmittel eingespritzt. Gelegentlich erhaschen die Frauen, während sie auf dem Untersuchungstisch liegen, einzelne Bemerkungen Claubergs, verlässliche Schlussfolgerungen können sie, die ja in den meisten Fällen medizinische Laien sind, daraus nicht ziehen. »Man fühlte sich hundeelend nach einer solchen Behandlung und den wahnsinnigen Schmerzen«, schreibt Augusta Nathan. Im Hinblick auf die seelischen Reaktionen nach solchen Experimenten fügt sie ergänzend hinzu: »Alle Gefühle wurden aufgelöst in den wahnsinnigen Schmerzen, man dachte nur eines: durchhalten, nicht daran kaputtgehen. Man hatte auch hinterher kaum Kraft zu anderen Gedanken, man war auch schon so an Erniedrigung und Misshandlung gewöhnt, dass einem alles schon egal war, die nackte Existenzfrage verschluckte alles andere.«[42]

Der in Auschwitz experimentierende Gynäkologe scheint seinerseits mit den Resultaten seiner kriminellen Energie sehr zufrieden zu sein, wie man aus einem Brief schließen kann, den ihm der befreundete SS-Brigadeführer Max Schneller am 9. Mai 1943 schickt: »Dass es auch in Auschwitz gut vorwärts geht, ist sehr schön.«[43]

Claubergs erste Versuchsreihe ist vermutlich in der ersten Juniwoche 1943 abgeschlossen. Er schreibt am 7. Juni 1943 einen Brief an Himmler, in dem er mitteilt, dass er seit dem Februar des Jahres den für seine »Spezial-Untersuchungen einzig und allein vollwertigen Röntgen-Apparat« besitze. Als vorläufiges Ergebnis seiner Experimente gibt er bekannt: »Die von mir erdachte Methode, ohne Operation eine Sterilisierung des weiblichen Organismus zu erzielen, ist so gut wie fertig ausgearbeitet. Sie erfolgt durch eine einzige Einspritzung vom Eingang der Gebärmutter her und kann bei den üblichen jedem Arzt bekannten gynäkologischen Untersuchungen vorgenommen werden.« Es seien lediglich noch einige »Verfeinerungen« erforderlich, die er allerdings nicht näher spezifiziert.[44] Umso detaillierter sind die praktischen Anwendungen, die er vorschlägt. Seine Methode, schreibt er, könnte die seit dem »Erbgesundheitsgesetz« von 1933 gebräuchlichen, eugenisch indizierten, operativen Zwangssterilisationen ersetzen. Nun beantwortet er auch die ihm von Himmler ein Jahr zuvor gestellte Frage, wie viel Zeit es erfordere, um 1000 Frauen operationslos sterilisieren zu können: »Wenn die von mir durchgeführten Untersuchungen weiter ausgehen wie bisher – und es besteht kein Grund anzunehmen, dass sie es nicht tun – so ist der Augenblick nicht mehr fern, wo ich sagen kann: von einem entsprechend eingeübten Arzt an einer entsprechend eingerichteten Stelle mit vielleicht 10 Mann Hilfspersonal (die Zahl des Hilfspersonals der gewünschten Beschleunigung entsprechend) höchstwahrscheinlich mehrere hundert – wenn nicht gar 1000 – an einem Tage.«[45]

Da die häufigen Fahrten nach Auschwitz für den zweifachen Klinikchef zeitlich sehr aufwendig sind, sucht er im Herbst 1943 nach Entlastung bei den Sterilisationen, die seiner Ansicht nach reine Routinearbeiten sind. Nur die Kontrolluntersuchungen möchte Clauberg niemand anderem überlassen. Entgegen seiner ursprünglichen Hoffnung lehnt der polnische Häftlingsarzt Dr. Wladysław Dering ab, die Sterilisationen für ihn zu übernehmen. Dering, ein ausgebildeter Gynäkologe, ist in dieser Zeit in Block 21 als Chirurg eingesetzt. Unter anderem sterilisiert und kastriert er im Auftrag von Horst Schumann jüdische Frauen und Männer durch operative Eingriffe.[46] Zu dem Katholiken Dering, dem er im Sommer 1944 zur Entlassung aus Auschwitz verhelfen wird, hat er größeres Vertrauen als zu den jüdischen Häftlingsärzten Dr. Valentin und Dr. Eduard de Wind, die sich, wahrscheinlich vermittelt durch den Standortarzt, bei ihm melden. Clauberg lehnt ab, weil er sich »nicht in die Karten sehen lassen« will. Stattdessen akzeptiert er den von Wirths als »besonders geschickt« gepriesenen SS-Sanitätsfeldwebel Bühning. Ihn lässt er zunächst bei seiner Arbeit zuschauen. »Ich habe ihm meine Behandlungsmethode erklärt und ihn eingearbeitet, wie man eine Durchleuchtung mit Einspritzung macht. Auch die Sterilisationsspritze habe ich ihm erklärt, weil dies faktisch dasselbe ist.«[47] Sophia Nord ist eine der Frauen, an denen Bühning in Gegenwart von Clauberg übt. »Ich hatte das Gefühl, dass mein Unterleib auseinandergetrieben würde. Ich musste aus dem Behandlungsraum in den oberen Schlafsaal getragen werden«, berichtet sie über das Ergebnis.[48] Bis zum Frühjahr 1944 wird Bühning auch ohne ärztliche Supervision agieren – und weitere Frauen von Block 10 werden von einem Friseur sterilisiert, denn diesen Beruf übt der Sanitätsfeldwebel in seinem Zivilleben aus.

Der Friseur kommt in SS-Uniform in den Behandlungsraum und stellt sich alles andere als »geschickt« an. Er geht so unbeholfen vor, wenn er die Spritze führt, dass er, wie etliche Frauen berichten, besonders heftige Schmerzen auslöst, die durch seine rohen Umgangsformen noch verstärkt werden. Ein weiteres seiner Opfer ist Margit Fried, eine zuletzt in den Niederlanden lebende gebürtige Ungarin. Als Bühning ihr die Spritze setzt und sie ihn aufgrund von Gerüchten ängstlich fragt, ob es sich um eine künstliche Befruchtung handle, gibt er ihr »neben anderen vulgären Witzen« zur Antwort: »Das wird bestimmt ein Junge!«[49]

Bühning und später auch Johannes Goebel müssen bei den Einspritzungen anfangs Alina Brewda hinzuziehen, weil sie den Gebärmuttereingang nicht finden können. »Bühning hat mich gebeten, ich solle ihm zeigen, wie er es am besten mache«, berichtet die polnische Ärztin.[50] Unter »normalen Bedingungen«, sagt Clauberg in seiner Vernehmung, hätte er diese Tätigkeit einem Sanitäter nicht übertragen. Aber er habe sich in einer »Notlage« befunden. Sie bestand nach seinen eigenen Worten darin, »dass ich das Interesse hatte, keinen anderen Arzt … in meine fertige Methode hineinsehen zu lassen, bevor sie nicht veröffentlicht war«.[51]

Auch seine Assistentin lernt Clauberg an, damit sie ihn gelegentlich vertrete. »Ich bin dreimal gespritzt worden«, erinnert sich die Niederländerin Anna Vrachtdoender, die seit dem 23. September 1943 in Auschwitz inhaftiert ist. »Das erste Mal bin ich in Gegenwart von Prof. Clauberg durch dessen Assistentin, eine Tschechin[52], die mit Vornamen Sylvia hieß, gespritzt worden.« Von Sylvia Friedmann bekommt auch Schewa Friedmann Injektionen. Sie stammt aus der polnischen Stadt Krosno, lebte vor dem Krieg in Amsterdam und kam mit dem Transport vom 16. September 1943 aus Westerbork nach Auschwitz und dort in den Block 10. Im Oktober 1943 wird sie in den Röntgenraum gerufen. »Ich musste mich auf Weisung der Sylvia auf den Röntgentisch legen, und diese nahm eine lange, mit einer milchigen Flüssigkeit gefüllte Spritze und machte die Einspritzung selbst.«[53] Im Abstand von vier bis sechs Wochen gibt ihr Claubergs Assistentin unter den gleichen Umständen noch eine zweite und eine dritte Spritze. »Aus Erzählungen von Mithäftlingen« erfährt Alina Brewda, dass Sylvia Friedmann »bei Frauen, die sich instinktiv wehrten oder laut schrieen, mit Schlägen eingegriffen hat«. Es sei für sie »unfassbar« gewesen, »dass man nicht mehr Rücksicht auf die Psyche dieser jungen Menschen genommen« habe. Sie macht Claubergs Assistentin Vorhaltungen und fordert sie auf, nicht mehr zu schlagen. »Sie antwortete mir, ich möchte den Frauen sagen, sie sollten nicht schreien und sich nicht sträuben, dann bräuchte sie auch nicht zu schlagen.«[54]

Vom Frühjahr 1944 an intensiviert Clauberg seine Zusammenarbeit mit Johannes Paul Goebel von den Schering-Werken. Der Chemiker liefert schon seit Jahren aus dem Hauptlabor des Chemiekonzerns die verschiedenen Reizmittel zur Verödung der Eileiter beim Tier und beim Menschen, außerdem forscht er für den Gynäkologen seit längerem an Röntgenkontrastmitteln. Die bildgebende Wirkung des zunächst benutzten Mittels kommt durch einen hohen Anteil von Jod zustande, das im Laufe des Krieges knapper wird. Darum sucht Goebel für Clauberg nach einem Ersatzstoff für Jod. Gerade hat er einen Herzinfarkt überstanden und soll von seinem Arbeitgeber für längere Zeit beurlaubt werden. Clauberg gibt an, er sei auf Schering zugegangen und habe ihn, angebliches Ergebnis von Verhandlungen, als »Geschenk ausgeliehen«. Obendrein überlässt er ihm sein Haus in Auschwitz, das eigentlich für ihn selbst dort erbaut, aber nur selten genutzt worden ist.[55]

Goebel wird von dem Gynäkologen nicht nur angelernt, wie man mit der Spritze umgeht, sondern auch noch eingeweiht, was es mit den Substanzen auf sich hat. Dieses Vertrauen spornt den Schering-Mitarbeiter derart an, dass er einen Kollegen darum bittet, man möge »einige der im Hauptlaboratorium hergestellten Reizmittel für Sterilisationszwecke übersenden«, und zwar unmittelbar an eine Adresse in Auschwitz, wo diese »klinischen Versuche« vorgenommen würden. »Mit einer gewissen Wichtigtuerei« verbreitet Goebel außerdem, »dass er selber Eingriffe bei den Frauen in Auschwitz vorgenommen« habe. Dieser Kollege, Dr. Hans von Behring, ist sich nach Goebels Berichten »völlig darüber im Klaren, dass hier verbrecherische Experimente an in Haft befindlichen Frauen« durchgeführt werden, informiert einige Vorstandsmitglieder über seine Bedenken und empfiehlt, mit Rücksicht auf die politischen Verhältnisse mit einer Ausrede unterlegt, die weitere

Versorgung Claubergs mit Versuchspräparaten »aufgrund kriegsbedingter technischer Schwierigkeiten« einzustellen.

Ob diese Konsequenz tatsächlich gezogen wird, ist nicht überliefert. Sehr wohl aber, dass die Versuche in großem Umfang fortgesetzt werden. Goebels Ankunft im Mai 1944 fällt mit den Vorbereitungen für einen Umzug der meisten Block-10-Bewohnerinnen in einen neuen Block zusammen. 120 Frauen aus Birkenau sind bei dieser Gelegenheit neu in Claubergs Stamm von Versuchspersonen aufgenommen worden. Dem Chemiker Goebel gibt der Professor angeblich den Auftrag, von den Frauen »gelegentlich immer mal wieder eine zu sterilisieren, so dass es so aussah, als ob ich nicht fertig sei und keiner kommen könne und den Abbau verlange«. Clauberg will auf jeden Fall verhindern, dass ihm seine Probanden abhandenkommen. Sein Interesse gründet insbesondere auf der Möglichkeit einer »Kontrolle, ob der eingetretene Verschluss nach Jahr und Tag noch bestehen blieb«.[56]

Es kann keine Rede davon sein, dass mit Goebels Eintritt in die Versuchsstation nur »gelegentlich immer mal wieder« die Clauberg-Spritze ausgepackt wird. Nun werden auch manche der Frauen herangezogen, die durch die Teilnahme an Blutexperimenten[57] geschützt waren. »Als ich einigermaßen von den ersten Experimenten wiederhergestellt war«, sagt die Amsterdamerin Margit Klinger nach dem Krieg, »erschien eines Tages ein kleiner dicker Mann, ich glaube, er hieß Clauberg, der mit seinem Assistenten, einem Chemiker namens Goebel, eine neue Versuchsreihe begann«.[58] Renée Krämer berichtet, wie es ihr erging, als sie eines Tages zur Röntgenstation kommen musste. Sie sei hineingerufen worden, und nicht Clauberg habe da gestanden, sondern jemand anders, ohne Uniform, ohne weißen Kittel. »Er sah aus wie ein ganz normaler Mann.« Clauberg war bei ihr überhaupt nicht zugegen, nur Goebel. »Er hatte etwas in der Hand, das aussah wie ein Liter Milch. Ich musste mich auf einen Tisch legen, und es sah aus, als ob das Zeug in meinen Körper gespritzt werden sollte. Er sagte, ich solle stillhalten, denn während wir das tun, röntgen wir gleichzeitig. Es war eine große Spritze, und er presste sie wie eine Pumpe in meinen Körper. Es fing sofort an zu brennen.« Drei Tage verbrachte sie danach im Bett, so lange hielten die Schmerzen an, zu deren Linderung sie nichts anderes bekam als eine Wasserflasche zur Kühlung. »Ich wurde noch mehrfach geröntgt, damit er sehen konnte, wie sich die eingespritzte Flüssigkeit verteilte.«[59]

Über die beschriebenen schmerzhaften und von Fieber begleiteten Nebenwirkungen hinaus kommt es in etlichen Fällen zu schweren Komplikationen, etwa wenn die gepeinigten Frauen von Infekten geschwächt sind, die Spritzen unsachgemäß gegeben werden, die Geräte nicht steril sind. Einige Frauen liegen wochen- und monatelang in der Krankenstation von Block 10.

Röntgenbombe und Skalpell

Menschenversuche des Horst Schumann

»In Block 10 befanden sich nicht nur Häftlinge, die für Versuche des Dr. Clauberg verwendet wurden«, berichtet die bei ihrer Ankunft in Auschwitz 17-jährige Masal Cohen, »sondern auch Häftlinge für Versuche des Dr. Schumann.«[1] Die gleichaltrige Fofo Cohen, die zwei Wochen nach ihr, am 17. April 1943, aus Saloniki eingetroffen ist: »Da Professor Clauberg verheiratete Frauen wählte, wurde auch ich als solche ausgesucht. Nachdem man einige Tage später festgestellt hatte, dass ich Jungfrau war, weil ich nur in letzter Minute eine Scheinehe geschlossen hatte, wurde ich regelrecht an einen anderen Verbrecher, den Dr. Schumann, verkauft.«[2]

Das Verhältnis zwischen Clauberg, Schumann und Wirths war nicht reibungslos, bezeugt die französische Ärztin Adélaïde Hautval, die zwar als Häftling diesem Block zugeteilt, aber mit medizinischen Aufgaben betraut war. »Diese Herren konkurrieren untereinander und können sich manchmal nicht einigen. Mehrere wollen dieselben Häftlinge.« Darum heißt es für die Betroffenen: abwarten, was weiter geschieht. »Die Atmosphäre ist von unsäglicher Angst und Furcht erfüllt. Es gibt Tage voller Panik, wo einfache Voruntersuchungen, wie Blutentnahme für eine Reaktion nach Bordet-Wassermann oder kleine Ritze ins Ohrläppchen zur Bestimmung der Blutgruppe, Nervenkrisen und allgemeines Jammern hervorrufen. Der Schrecken ist umso größer, weil sie nicht wissen, worum es sich handelt, und weil sie die Bedeutung der Prozeduren nicht verstehen, die sie mit ansehen.«[3]

Im Frühjahr 1943 werden etwa 30 bis 40 Häftlinge, überwiegend Griechinnen, aus dem Lager Birkenau nach Block 10 gebracht. Sie sollen dort nur kurze Zeit Unterkunft finden. Ohne sie in Einzelheiten einzuweihen, will Schumann sie von dort in Kleingruppen nacheinander zur Röntgensterilisierung nach Birkenau in den Block 30 führen und danach nochmals vorübergehend in den Block 10 zurückbringen. Sie sind dort gemeinsam mit den Frauen untergebracht, die für andere Versuche ausgesucht sind. Wegen des anfänglichen organisatorischen Chaos und Kompetenzwirrwarrs, auch wegen der sprachlichen Probleme, kommt es zu einem Durcheinander, in dem Schumann offenbar nicht mehr die Frauen herauszufinden vermag, die er für seine Zwecke bestimmt hat. So lässt er vermutlich Ende April 1943[4] in Block 10 unverheiratete Frauen antreten. Die damals 20-jährige Nina Knesits berichtet, sie habe bei dieser Gelegenheit einfach nur nach unten geschaut – sie will nicht auffallen.[5] Schumann zeigt dann mit einem Stock auf diejenigen, die er gleich wegbringen lässt. Er erscheint mehrfach, erinnert sich Stella Naar. »Immer wenn Dr. Schumann kam, war dies sofort im gesamten Block bekannt, und jeder versuchte, sich irgendwie zu verstecken.«[6] Hanna Ajasch: »Er wählte auch mich, obwohl ich eine Patientin von Dr. Clauberg war.« Die 23-Jährige ist Mutter eines Babys, das man ihr bei der Ankunft an der Rampe abgenommen hat, um es im Gas zu töten. Sie wagt es nicht, Schumann zu widersprechen, und gelangt mit einer Gruppe in Block 30. Wie Aliza Sarfati später berichtet, wird die Gruppe zunächst in einen Raum eingeschlossen, bis Schumann eintritt, die Jalousien öffnet und die Wartenden auffordert, der Reihe nach in den Nebenraum zu kommen. »Als wir uns wehrten, ergriff er eine – Garmaine Beracha – und nahm sie mit.« Da »keine Schreie kamen«, seien die Nächsten willig gefolgt.[7]

Schumanns neuer Helfer in diesem Block, der polnische Häftling Stanisław Slezak, stellt auch Hanna Ajasch zwischen zwei Platten der Röntgenbombe. Das Gerät wird eingeschaltet, die Frau spürt eine leichte Wärme im Bauch und im Rücken. Genau in diesem Augenblick huscht eine Maus an ihren Füßen vorbei. »Ich bin erschrocken und zurückgesprungen. Dabei wurde eine der Röhren beschädigt. Dr. Schumann, der durch das Guckfenster dies bemerkte, kam aus der Kabine heraus und versetzte mir Schläge ins Gesicht und schlug mich mit einem Stock, an dem Riemen am Ende angebracht waren.« Sie ist damit zugleich von seinen Experimenten befreit, aber nicht von den Versuchen Claubergs.

Flora Binyamin ist im selben Transport wie Hanna Ajasch am 17. April 1943 nach Auschwitz gekommen. Die 22-jährige Griechin ist verheiratet, hat vier Kinder[8], ist darum ebenfalls Clauberg zugeteilt gewesen. Trotzdem kann auch sie sich Schumanns Zugriff nicht entziehen und wird zum Birkenauer Block 30 mitgenommen. Sie steht bereits zwischen den Platten, da endlich traut sie sich, zu fragen, weshalb sie denn herangezogen werde, sie gehöre doch eigentlich zur Gruppe Claubergs. »Daraufhin hat man an mir den Versuch nicht mehr vorgenommen.«

Auf dem Rückweg in den Block 10 wird allen bestrahlten Frauen übel, sie müssen erbrechen, haben Durchfall. Mehrere Tage lang leiden die jungen Frauen an Appetitlosigkeit. Die Haut färbt sich an den Stellen, an denen die Platten angebracht waren, erst rot, dann teilweise schwarz. Die Verbrennungswunden beginnen zum Teil heftig zu eitern.[9] Adélaïde Hautval berichtet, dass Schumann manchmal nicht nur die Geschlechtsorgane bestrahlte, sondern auch deren Umgebung traf. »Ich fragte mich damals ernsthaft, ob er überhaupt Arzt war«, sagt die französische Medizinerin.

Horst Schumann verfügt trotz seiner zahlreichen Röntgenversuche im zurückliegenden Winter noch über keinerlei Nachweise, inwieweit die Bestrahlungen überhaupt die gewünschte Wirkung hervorrufen. Er hat völlig ahnungslos – »vor allem hinsichtlich der Strahlenstärke und der Dauer«[10] – mit seinen Experimenten begonnen und ist dann auch noch für einige Wochen wegen seiner Typhuserkrankung ausgefallen. Die bis dahin bestrahlten Personen sind in der Zwischenzeit – wie er dem Siemens-Ingenieur Ludwig Gehr anvertraut[11] – entweder an den Folgen einer Strahlenüberdosis oder an Typhus gestorben. Deshalb sieht er sich veranlasst, seine Versuchsreihe erneut zu starten. Block 10 bestimmt er als den Ort, wo an ausgewählten Frauen die Ergebnisse der Bestrahlungen kontrolliert werden sollen. Zu diesem Zweck wird er einige Versuchspersonen von Häftlingsärzten operieren lassen.

Frauen sind übrigens nicht seine einzigen Opfer. Zwischen dem 6. Mai und dem 10. November 1943 beordert Schumann 139 männliche Häftlinge, deren Geschlechtsteile er ebenfalls in Block 30 im Lager Birkenau bestrahlt hat, in den Block 21 des Stammlagers. In dem erhalten gebliebenen Operationstagebuch werden diese Fälle als »casus explorativi« eingetragen.[12] Den weiteren Notizen zufolge entfernen Chirurgen mindestens 33 Männern nacheinander, nicht gleichzeitig, beide Hoden, was einer Kastration gleichkommt. Bei den übrigen schneiden sie einen Hoden heraus, in der Regel den linken. Schumann ist bei den Operationen an den Männern anwesend, lässt sie aber stets von polnischen Häftlingsärzten ausführen.[13] Einer von ihnen ist Dr. Wladysław Dering.

Von den Frauen, die nach der Bestrahlung aus Block 30 zurückkommen, wird ein Teil nach einer kurzen Genesungszeit zurück in die Arbeitskommandos geschickt. Andere bleiben in Block 10 zurück. Von ihnen will Schumann nach einer Weile wissen, ob sie in der Zwischenzeit menstruiert hätten. Vier Frauen bejahen und werden zu einer zweiten Bestrahlung nach Birkenau gebracht: die 15-jährige Aliza Sarfati, die 17-jährige Fofo Cohen, die 18-jährige Bella Nifussi und eine weitere junge

Frau, alle aus Saloniki. Da Schumann die Menstruation als ein sicheres Indiz dafür wertet, dass die Sterilisation misslungen ist, erhöht er dieses Mal die Strahlendosis. Erwartungsgemäß sind die Wirkungen intensiver. »Eine ganze Woche lang … musste ich erbrechen«, sagt Aliza Sarfati, »und ich befürchtete – ich war ein junges Mädchen und völlig unerfahren und unaufgeklärt –, ich sei durch die Experimente irgendwie schwanger gemacht worden.« [14]

Vier Tage nach der Bestrahlung kommt Schumann wieder, diesmal in Begleitung der französischen Häftlingsärztin Adélaïde Hautval, und befiehlt, drei der vier Frauen, die ein zweites Mal bestrahlt wurden, für eine Operation vorzubereiten. Die vierte Frau bleibt verschont, weil sie angeblich immer noch ihre Regel hat. Als Aliza Sarfati von der bevorstehenden Operation hört, bekommt sie einen hysterischen Anfall und wehrt sich, ins Parterre von Block 10 zu kommen. »Sie riefen meine Nummer auf, aber ich antwortete nicht. Sie riefen wieder, aber ich ging nicht. Ich wurde zum Tier. Ich versteckte mich hinter den Betten und schrie. Nun kam Dr. Schumann mit einer Ärztin, zog seine Pistole und schrie: ›Entweder du gehst hinunter, oder ich schieße!‹« Sie hat keine andere Wahl, als hervorzukriechen. »Den hysterischen Anfall bei mir hat die Tatsache ausgelöst, dass zwei Tage vorher bereits vier junge Frauen durch Dr. Schumann beziehungsweise auf dessen Veranlassung operiert worden waren und bei uns im Block lagen.«[15]

Maximilian Samuel, ein jüdischer Häftlingsarzt, wird von Schumann zu diesen chirurgischen Eingriffen verpflichtet. Wie viele er selbst ausführt, lässt sich nicht genau sagen. Wahrscheinlich waren es sechs Operationen, wie mehrere Zeuginnen berichten.[16] Der 62-jährige deutsche Gynäkologe, der mit seiner Familie im Februar 1938 nach Belgien geflüchtet[17], nach Frankreich weitergezogen und von dort im August 1942 nach Auschwitz deportiert worden ist, hat seit Mai 1943 mit anderen medizinisch ausgebildeten Häftlingen einen Schlafplatz in Block 21.

Von dort kommt er untertags in den gegenüberliegenden kleinen Operationssaal in Block 10.

Samuel muss jeder der ihm vorgeführten Frauen, die nicht wissen, was und wie ihnen geschieht, einen Eierstock entfernen. Mit diesen rabiaten Schnitten soll die Wirkung der Bestrahlung kontrolliert werden. Die Eierstöcke werden konserviert und gesammelt zur histologischen Untersuchung ans Gerichtsmedizinische Institut der Universität Breslau geschickt.[18] »Was bei mir wegoperiert worden ist, wusste ich damals nicht, ich verstand auch nicht den Sinn«, sagt Aliza Sarfati. Sie weiß es erst seit einer gynäkologischen Untersuchung im Jahr 1962. Samuel habe ihr nach der Operation erzählt, dass Schumann den Eingriff begonnen habe, dann aber ans Telefon gerufen worden sei. Sinngemäß habe ihr Samuel noch gesagt: »Gut, dass dich Dr. Schumann während der Operation mir überließ, ich möchte, du sollst leben, und ein Andenken von mir haben. Wenn du am Leben bleibst, wirst du Mutter werden können.«[19]

Einige Überlebende berichten von dem Trost, den ihnen Samuel spendete, indem er ihnen erzählte, dass sie trotz dieser Operation Kinder gebären könnten. Weil im Block 10 niemand genau weiß, was vor sich geht, haben manche sogar den Eindruck, dass sich Samuel heimlich über eine anderslautende Anweisung Schumanns hinwegsetzt und statt zwei Eierstöcken nur einen entfernt. Möglicherweise hat Samuel aber diesem Anschein nur nicht widersprochen, oder er hat ihn verstärkt, weil er mit den entsprechenden Andeutungen die Frauen beruhigen will. Tatsächlich wird jedoch in allen Operationen, auch jenen, die im November 1943 durch einen anderen Chirurgen in Block 21 folgen werden, stets *ein* Eierstock pro Eingriff entfernt.[20] Auch die späteren ärztlichen Befunde bestätigen diese Ergebnisse der keineswegs »harmlosen Schnitte«[21]. Hätte Samuel den Befehl gehabt, zwei Eierstöcke auf einmal zu entfernen, und nur einen herausgenommen, wäre das Schumann aufgefallen und sofort unterbunden worden. Samuel wagt es auch gar nicht, gegen Anordnungen der deutschen Lagerärzte zu verstoßen, da er hofft, durch sein Verhalten seine zusammen mit ihm und seiner Frau nach Auschwitz deportierte Tochter, die 20-jährige Liese Lotte Samuel, retten zu können, von der er weiß, dass sie noch im Lager Birkenau lebt.[22] Wahrscheinlich hat auch er davon gehört, dass es Sylvia Friedmann gelungen ist, ihrer Mutter, die ebenfalls in Birkenau eingewiesen war, in Block 10 die privilegierte Position einer Pflegerin zu verschaffen, und unterfüttert damit seine Spekulation.

Wenn er also aus mehrerlei Gründen nicht den Mut aufbringen kann, sich dem Versuchsbetrieb zu entziehen, findet Maximilian Samuel dennoch vielerlei Gelegenheiten zu Gesten des Mitleids, die den Frauen, mit denen er zwangsweise zu tun hat, Lebensmut geben. Garmaine Beracha beispielsweise glaubt fest daran, dass er ihr die Gebärmutter komplett entfernen sollte. Tatsächlich, sagt sie nach der Befreiung, habe er nur einen Eierstock entfernt, aber einen Schnitt auf der Bauchdecke gesetzt, der eine Totaloperation vorgetäuscht habe. Und er gibt der 16-jährigen Griechin mit auf den Lebensweg: »Wenn du einmal Kinder haben wirst, dann denke an mich.«[23] Und sie wird noch ein gesegnetes Leben lang an ihn denken, denn nach dem Krieg bringt sie nicht nur ein Kind zur Welt, sondern vier. Vier Söhne. Der erste Junge wird offiziell nach dem Großvater väterlicherseits, Solomon, genannt. Sol Pitchon sagt selbst: »Meine Mutter hätte mir gerne Samuel als zweiten Vornamen gegeben, doch das ging offiziell nicht. Aber sie ruft mich manchmal Samuel.« Die ihm als Nächste folgenden Brüder sind Zwillinge. Einer von ihnen heißt Max.[24]

Aus einer anderen Gruppe bestrahlter Frauen werden Dora Kohen und Gilda Termin von Maximilian Samuel zur Operation geholt.[25] »Ich wurde auf den Tisch gelegt und erhielt eine Vollnarkose«, berichtet Gilda Termin. »Ich kam wieder zu mir, nachdem bereits die Operation vorüber war, und befand mich in einem Raum des Reviers.« Es handelt sich um eine Art Intensivstation. »Neben mir lag Bella Mallach. In diesem Raum lag ich drei Monate mit offener Bauchwunde.«[26] Dora Kohen, die in dieser Zeit oben in Saal 1 untergebracht ist, schleicht sich mit anderen Griechinnen ab und zu in diesen Krankenraum, um ihre beiden Landsleute zu besuchen. Gilda Termin habe stark gelitten. »Ihre Wunde heilte nicht, sie magerte ab, und auch ihre Rückenseite wurde vom Liegen wund.«[27] Anfang November werden acht Frauen, die bereits den Röntgenstrahlen ausgesetzt waren, ebenfalls für eine Operation vorbereitet. »Kurz darauf erschien Dr. Schumann«, so Gilda Termin. »Er untersuchte uns oberflächlich und erklärte Bella und mir, dass die Operation des Dr. Samuel nichts tauge und dass wir zusammen mit den anderen erneut operiert werden müssen. Wir wurden dann am 10. November 1943 nach Block 10 gebracht.«[28] Zu diesem Zeitpunkt lebt Maximilian Samuel bereits nicht mehr.

Alina Brewda, die Mitte September 1943 aus dem KZ Majdanek nach Auschwitz verlegt worden war, damit sie Maximilian Samuel ablöse, erinnert sich an eine Begegnung mit Horst Schumann. Er fragt sie, ob sie Eierstöcke herausoperieren könne, und als sie sagt, sie sei keine Chirurgin, sondern eine Geburtshelferin, widerspricht er. Wie lange sie ungefähr benötige, um einen Eierstock zu entfernen, will er wissen. Darauf entgegnet sie, absichtlich übertreibend: eineinviertel bis eineinhalb Stunden. Schumann erwidert, er kenne einen Gynäkologen, der nur acht bis zehn Minuten dafür benötige.[29]

Wladysław Dering heißt dieser Turboarzt, ein polnischer Häftling, Antisemit, charmant und stets auf seinen eigenen Vorteil bedacht.[30] An jenem Novembertag, an dem zehn griechische Frauen nach Block 21 gebracht werden, wo sie operiert werden sollen, kommt Schumann zu der polnischen Gynäkologin in Block 10 und fordert sie brüsk auf, mitzukommen. Alina Brewda folgt ihm auf die andere Seite der Lagerstraße hinüber in den Block 21, hört schon beim Betreten eine der jungen Frauen schreien und auf Griechisch nach ihrer Mutter rufen. Im Vorraum des Operationssaals halten zwei Häftlingspfleger in weißen Kutten die verzweifelte Dora Varsano auf einem hohen

Stuhl fest. Die polnische Ärztin soll sie beruhigen. Sie sieht, wie einer der Pfleger den Kopf der 18-Jährigen nach vorn drückt, tief hinunter, und dann zwischen seine Beine klemmt, derweil der andere ihr eine Spritze in die Wirbelsäule stößt. »Dies war sehr schmerzhaft«, sagt Dora Varsano Jahre später. »Sehr bald fühlte ich, wie mein Unterkörper taub wurde. Ich wollte mich auf die Beine stellen, fiel aber um.«[31] Alina Brewda sieht im Raum auch Dr. Wladysław Dering, den sie vom Medizinstudium in Warschau her kennt. Sie fragt ihn, was er hier mache. »Ovariektomien«, lautet die knappe Antwort. Mit anderen Worten: Er entfernt operativ Eierstöcke. Dering überspielt seine Verunsicherung gegenüber der ehemaligen Kommilitonin durch barsche Auskünfte, wiegelt Nachfragen durch grollende Bemerkungen ab, dass sie das nichts angehe.

Die erste der zehn Frauen, Eleonora Matali, liegt bereits in Lithotomieposition auf dem um 30 Grad geneigten Operationstisch. Die Gynäkologin setzt sich neben die junge Frau und hält ihre Hand über deren Augen, während Dering die Bauchwand öffnet, mit einer medizinischen Zange die Gebärmutter lüpft, einen Eierstock abtrennt und ihn in einen speziellen Glasbehälter legt. Als Assistent wirkt der 35-jährige polnische Häftlingsarzt Dr. Jan Grabczyński mit. »Die Operation dauerte zehn Minuten«, erinnert sich Alina Brewda, noch nie habe sie dergleichen in einem solchen Tempo gesehen.[32] Kaum haben zwei Pfleger Eleonora Matali auf eine Trage gehievt, um sie hinauszubringen, wird Dora Varsano auf den Operationstisch gelegt, während sich Rivka Agi entkleiden muss und die Betäubungsspritze erhält. Sie weiß noch genau, »dass während der Operation Dr. Schumann im Zimmer anwesend war, er pendelte hin und her und ging auch einige Male in den Vorraum«.[33] Und im Ohr hat sie noch die besänftigenden Worte einer mütterlichen Ärztin: »Encore un peu, mon enfant.« Dabei erinnert sie sich auch wieder an deren warme Hand. »Ich werde das nie vergessen.«[34] Lea Beracha, die vierte der Frauen, denen Dering den Unterleib aufschneidet, verfolgt die unbegreifliche Verstümmelung ihres eigenen Körpers am spiegelnden Schirm der Operationslampe. Aber: »Was man mir wegoperiert hat, wusste ich damals noch nicht.«[35]

So geht es weiter in diesem Takt, und die Dramatik spitzt sich noch einmal zu, als die beiden letzten Griechinnen nacheinander an die Reihe kommen, denen wenige Wochen zuvor bereits ein Eierstock herausoperiert wurde, Bella Mallach und Gilda Termin. »Bella hat furchtbar geweint und geschrieen, sie wolle nicht noch einmal operiert werden, sie sei zu schwach«, berichtet Lea Matali über ihre Gefährtin und deren vergeblichen Versuch, Schumann umzustimmen.

Die Operation selbst verlief wie alle übrigen. Alina Brewda hätte sich mit Sicherheit daran erinnert, wenn überraschend zutage gekommen wäre, dass doch noch beide Eierstöcke vorhanden waren. Genauso hätte sie auch berichtet, wenn Dering zwei Eierstöcke zugleich entfernt hätte. Wenn also Schumann tatsächlich verbreitete, Samuel habe die Anordnungen nicht befolgt, hätte er gelogen. Warum aber bei Lea Matali und nach ihr bei Gilda Termin, den beiden letzten Opfern dieser zehn Operationen, jeweils der zweite Eierstock entfernt wurde, bleibt ein Rätsel – es sei denn, sie wurden zuvor ein zweites Mal bestrahlt und die Operation diente ebenfalls der Kontrolle. Nur Matali überlebte, aber sie hat dazu keine Hinweise gegeben.

Wegen Verzögerungen vor ihrer Operation[36] beginnt bei Gilda Termin, als sie vor Dering liegt, das Betäubungsmittel seine Wirkung zu verlieren. »Ich schrie vor Schmerzen auf und bäumte mich auf. Dr. Dering schlug mir vor die Brust und schrie: ›Verfluchte Jüdin, lass mich meine Arbeit fertig machen.‹«[37] Auch sie beobachtet im Lampenschirm die Schnitte. »Es war alles rot.« Die polnische Ärztin aber habe ihr durchs Haar gestrichen, habe ihr Mut zugesprochen, sie solle keine Angst haben, gleich sei es vorbei.[38]

»Ich weiß heute noch, dass Dr. Alina Brewda ganz erschüttert nach den Operationen von Block 21 auf unseren Block zurückgekommen ist«, berichtet Felicja Pleszowska, damals Pflegerin in Block 10, ein Vierteljahrhundert später. »Entsetzt hat sie erzählt, dass Dering wie ein Metzger gearbeitet habe, ohne die Operationsinstrumente zu wechseln.«[39] Die frisch operierten Frauen haben eine schlimme Nacht vor sich. »Wir alle lagen im selben Zimmer und schrieen vor Schmerzen. Daraufhin wurden uns Injektionen verabreicht«, sagt Dora Kohen. Bella Mallachs Zustand wird schnell kritisch, sie wird schwächer. Froukje de Leeuw: »Sie fühlte selbst, dass es schlecht ging, und lag die ganze Zeit leise wimmernd, dass sie sterben müsse, aber wir waren machtlos.«[40] Ihr Todeskampf setzt ein, und sie wird nach nebenan gebracht und dort abgelegt, wo sie von Maximilian Samuel das erste Mal operiert wurde. In diesem Raum werden auch Medikamente gelagert. Hier stirbt Bella Mallach noch in derselben Nacht. »Ich habe sie in aller Frühe im Revier, als ich aufgeräumt habe, tot liegen sehen«, sagt Sara Vahena.[41]

Wie ein Lauffeuer gehen die Nachrichten über diese Vorkommnisse durch den Block, alle Frauen sind zutiefst aufgewühlt, begleiten erschüttert das Leid dieser jungen Griechinnen. Niemand, der nicht noch nach vielen Jahren fassungslos berichtet, dass nicht einmal richtiges Verbandsmaterial vorhanden war und die Wunden mit Toilettenpapier verbunden werden mussten. Es war von Transporten irgendwoher mitgebracht worden und über nicht bekannte Umwege in den Medikamentenschrank von Block 10 gelangt.[42] »Bei den meisten schloss sich die Operationswunde nicht in der normalen Zeit und begann zu eitern«, erinnert sich Dr. Froukje de Leeuw. Die Krankenpflegerin Ima van Esso: »Die Wunden heilten zuerst nicht, der Eiter strömte heraus, sie wurden ständig größer und tiefer, das Fleisch war vollkommen verzehrt, und der Bauch lag gänzlich offen.« Gilda Termin: »Der ganze Block stank von den eitrigen Wunden.« Viele sahen bei irgendeiner Gelegenheit die furchteinflößenden Schnittwunden. »Griechische Mädchen zeigten mir große Löcher und Operationsnarben auf dem Bauch«, erinnert sich Marianna Santcroos aus Antwerpen. Und

Anna Baer, eine gebürtige Dortmunderin, sagt: »Was mit diesen griechischen Kindern geschehen ist, ist meiner Ansicht nach das Schrecklichste, was überhaupt möglich war.«[43]

Die 23-jährige Erna Leitner, gebürtig in Oświęcim: »Ich arbeitete zusammen mit Frau Dr. de Leeuw[44] auf der Krankenstube im Erdgeschoss. Wir betreuten die Opfer des Dr. Schumann nach den Operationen … Dr. Schumann und Dr. Dering haben des öfteren in der Krankenstube nach den operierten jungen griechischen Mädchen gesehen. Soweit den Mädchen nur ein Eierstock entfernt worden war, stand dieser in einer Lösung in Gläsern neben dem Bette des Opfers. Dr. Schumann besichtigte jedes Mal, wenn er kam, diese Eierstöcke. Wenn den Opfern in einer zweiten Operation der andere Eierstock entfernt wurde, wurde das Glas mit dem ersten entfernten Eierstock weggebracht.« Die Opfer selbst hätten ihn nicht interessiert. Nur ihrer Jugend hätten sie es zu verdanken, dass sie die Operationen überlebten.[45]

»Am schlimmsten litt Buena«, sagt Gilda Termin.[46] Die 16- oder 17-jährige Buena Bitran ist die zweite der zehn Frauen, die an den Folgen der Operation stirbt, nach der Erinnerung von Erna Leitner[47] nicht in Block 10, sondern in Birkenau. Schumann sei nach einigen Wochen nochmals in der Intensivstation von Block 10 erschienen: »Er betrachtete sich unsere Wunden und befahl, obwohl wir uns noch nicht aufrichten konnten, uns zur Arbeit nach Birkenau zurückzuschicken.«[48] Die 19-jährige Dora Kohen berichtet: »In Birkenau hatte ich wie auch andere Mädchen noch offene Wunden.«[49] Rachel Mordo nennt als Todesursache für Buena Bitran: »Sie wurde mit offener Wunde zu schwerer Arbeit geschickt.«[50] Ima van Esso überliefert, dass insgesamt vier der jungen Frauen nach der operativen Entfernung eines Eierstocks gestorben seien, demnach also auch zwei, die von dem vorigen Chirurgen operiert worden waren, von Maximilian Samuel. Eine von ihnen hieß Solika Stroumsa.

Früherkennung von Gebärmutterkrebs

Menschenversuche des Eduard Wirths

Als SS-Standortarzt hatte Eduard Wirths zentrale Aufgaben im Tötungsapparat von Auschwitz. Der Unternehmersohn, am 4. September 1909 im unterfränkischen Geroldshausen geboren, hatte in Würzburg 1935 sein Medizinstudium abgeschlossen, aus seiner Ehe mit einer Kommilitonin wurden vier Kinder geboren. Am 1. Mai 1933 trat er in die NSDAP ein, am 1. August 1934 in die SS. Sein Medizinalpraktikum absolvierte er in der Würzburger Universitäts-Poliklinik, im Thüringer Landesamt für Rassewesen und in der chirurgisch-gynäkologischen Abteilung des Thüringischen Landeskrankenhauses in Greiz. Nach einer ersten Anstellung im Gesundheitsamt in Sonneberg, wo er mit der »Erb- und Rassenpflege« befasst war, arbeitete er vom Frühjahr 1937 an für eineinhalb Jahre als Assistenzarzt an der Universitätsfrauenklinik in Jena.

Nach einem anschließenden Jahr als Landarzt wechselt er – mittlerweile hat der Krieg begonnen – als Mediziner in die Waffen-SS. Wegen gesundheitlicher Probleme wird er vom Fronteinsatz befreit, und er beginnt am 24. April 1942 seinen Dienst als Mediziner in Konzentrationslagern, zunächst als Lagerarzt im KZ Dachau, am 15. Juli 1942 als Erster Lagerarzt im KZ Neuengamme und vom 6. September 1942 an bis zur

Evakuierung am 17. Januar 1945 als Standortarzt im KZ Auschwitz. Er ist in dieser Funktion Vorgesetzter des gesamten medizinischen Personals des Standortes Auschwitz, und er ist der verantwortliche Organisator der Selektionen der aus fast ganz Europa in das Arbeits- und Vernichtungslager deportierten Juden. Wen er nicht als Zwangsarbeiter auswählen lässt, ist zum Gastod bestimmt.[1]

In medizinischen Angelegenheiten, und das betrifft die meisten seiner Aufgaben in Auschwitz, ist Wirths nicht dem Lagerleiter verantwortlich, sondern dem leitenden Arzt der Konzentrationslager beim SS-Wirtschafts- und Verwaltungshauptamt, Dr. Enno Lolling.[2] Formal gebietet Standortarzt Wirths auch über die Versuchsstation in Block 10. Die meisten der Frauen, die für die Versuche benötigt werden, wählt er während seiner Selektionen an der Rampe persönlich aus. Am Experimentierbetrieb beteiligt er sich auch selbst mit eigenen Forschungen. Weil ihm dafür die Zeit, vor allem aber auch praktische Erfahrung fehlt, überträgt er die meiste Arbeit auf Häftlingsärzte.

Eduard Wirths interessiert sich für die Früherkennung von Gebärmutterkrebs. Seine vorherigen beruflichen Stationen und seine aktuellen Beschäftigungen lassen jedoch nicht darauf schließen, dass er einem genuin eigenen Interesse folgt und ohne fremden Einfluss mit kolposkopischen Versuchen beginnt. Eduard Wirths' Bruder Helmut hat zwar diese Behauptung verbreitet[3], doch legt er damit eher eine Spur, die zum eigentlichen Ideengeber führt. Denn auch Helmut Wirths war Mediziner und im Gegensatz zu seinem Bruder auf Gynäkologie spezialisiert. Er arbeitete an der Frauenklinik in Hamburg-Altona als Assistent von Prof. Dr. med. Hans Hinselmann, einem weithin bekannten Spezialisten für die Früherkennung des Gebärmutterkrebses, der zu diesem Zweck die Kolposkopie als diagnostisches Verfahren entwickelt hatte. Er benutzte dafür ein binokulares Präpariermikroskop und eine starke Lichtquelle, um die Schleimhaut am Gebärmutterhals genauer studieren zu können. Ihm war aufgefallen, dass dort beim

Übergang zum Krebs typische Veränderungen des Plattenepithels auftreten.[4]

Dr. Horst Fischer, Eduard Wirths' Stellvertreter als Standortarzt, betont, dass Helmut Wirths bei einem Besuch in Auschwitz »etwa im Frühjahr 1943« ein Kolposkop mitgebracht habe. »Im Zusammenhang mit diesem Besuch hat dann Dr. Wirths Reihenuntersuchungen an Frauen des Frauenlagers Auschwitz selbst vorgenommen und ausführen lassen.«[5] Die 21-jährige Wienerin Sonja Fischmann musste, solange sie in Block 10 war, »beim Lagerarzt Dr. Eduard Wirths, der sich mit Krebsversuchen befasste, bei den Operationen schreiben«.[6] Allem Anschein nach beschäftigte er sich selbst nur anfangs damit, und es ist aufgrund von weiteren Zeugenschilderungen fraglich, ob mit Wirths' Tätigkeiten auch Operationen im Sinne von chirurgischen Eingriffen gemeint sind, die er selbst ausführt oder die er verantwortet. »Ich habe bei Wirths assistiert«, sagt Sonja Fischmann in einem Interview, und auf die Frage, worin ihre Tätigkeit bestanden habe: »Die Instrumente gereicht.« Und was hat Wirths genau gemacht? »Er hat Gebärmutterkolpospierungen gemacht.« Die 39-jährige Ruchla Fuks aus Brüssel bezeugt, dass Wirths bei den im April aus Mechelen eingetroffenen Häftlingen »die frauenärztlichen Untersuchungen vorgenommen« habe.[7] Ima van Esso, seit 22. April 1943 in Block 10 und dort als Pflegerin eingeteilt, berichtet, die französische Häftlingsärztin Adélaïde Hautval habe »im Auftrage von Dr. Wirths etwa viermal den Gebärmuttermund herausoperiert«. Wirths sei zugegen gewesen, und Hautval habe nach seinen Anweisungen gehandelt. Diese »Versuchsoperationen«, so van Esso, seien »seit Anfang Mai 1943« durchgeführt worden, anfangs von Dr. Hautval, der die Pflegerinnen Felicia Pleszowska, 30, Hélène Frank, 21, und Sarina Nisim, 37, assistiert hätten. [8]

Adélaïde Hautval, eine 1906 im elsässischen Dörfchen Hochwald geborene Ärztin, war im April 1942 verhaftet worden, als sie heimlich die Demarkationslinie zwischen dem besetzten und dem unbesetzten Frankreich überqueren wollte. Im Gefängnis von Bourges hatte die Ärztin erlebt, dass auch Juden eingewiesen wurden, die bei Razzien festgenommen worden waren. Sie, die Tochter eines Pastors, hatte sich demonstrativ solidarisiert, indem sie einen aus gelbem Papier selbst angefertigten Judenstern an ihre Bluse heftete. Da sie sich nicht davon distanzierte, hatte man ihr eröffnet, dass sie durchaus auch das Schicksal der Juden teilen könne. Nach verschiedenen weiteren Gefängnissen wurde sie am 24. Januar 1943 von Romainville nach Auschwitz deportiert und kam dort am 27. Januar 1943 frühmorgens an, exakt zwei Jahre vor der Befreiung des Lagers durch die Rote Armee. Ihr Konvoi bestand aus 230 Französinnen, überwiegend politische Häftlinge. Sie wurden alle ins Lager eingewiesen und wagten, erschreckt von den ersten Eindrücken, eine Provokation, die sich rasch herumsprach. Hautval ist nicht die Einzige, die diese Episode überlieferte: »Verzweiflung droht sich unserer zu bemächtigen, und wie zur Herausforderung singen wir alle die Marseillaise, bevor wir eintreten.«[9]

Die Lagerleitung benötigt die französische Ärztin zunächst bei der Krankenversorgung in Birkenau, im Frühjahr 1943 wird sie gefragt, ob sie »Gynäkologie machen wolle«.[10] Die Anfrage kommt von Dr. Eduard Wirths. Er sei ein »widersprüchlicher Typ« gewesen, charakterisiert sie ihn einmal, »manchmal sensibel für alles Menschliche, fähig zu verstehen«, und andere Male habe er sich als »fanatischer Nazi« gebärdet, »der kaltblütig offensichtliche Verbrechen ausführt«.[11] Wirths stellt sein Anliegen als »sehr eilig« dar, lässt ihr im Grunde keine andere Wahl. Unverzüglich wird sie von Birkenau zu Block 10 gefahren, einige Frauen sind mit im Auto, die dazu bestimmt sind, als Versuchspersonen zu dienen.

Häftlingsärzte müssen Befehle der Lagerleitung und der SS-Ärzte befolgen. Was auch immer sie tun, hat für ihre Patienten existenzielle Folgen. Da sie, vom Status her ebenfalls Häftlinge, in der gleichen Lage sind wie ihre Patienten, durchleben sie oft schwer lösbare Rollenkonflikte. Einige wenige identifizieren sich in dieser Lage eher mit ihren Peinigern, suchen deren Anerkennung. Den meisten Häftlingsärzten attestieren die Überlebenden, dass sie sich trotz schwierigster Bedingungen an ethische Grundregeln hielten und den Ermessensspielraum, der ihnen blieb, zugunsten der Schutzlosen nutzten. »Man konnte die Zusammenarbeit ablehnen, man konnte für die Mithäftlinge schädliche Anweisungen – ohne dies kategorisch zu erklären – nicht ausführen, man konnte sie ausführen, und man konnte sie schließlich außerordentlich eifrig ausführen. Alle diese Verhaltensformen lassen sich am Beispiel von Ärzten in Block 10 beobachten.«[12]

In Block 10 angekommen, wird Hautval mitgeteilt, sie solle Assistentin von Eduard Wirths sein und an einer Serie neuer Humanversuche mitwirken. Deren Zweck sei es, wie sie erfährt, »durch eine kolposkopische Untersuchung (das Mikroskop wurde vor die Scham platziert) den Zustand des Gebärmutterhalses, speziell des Muttermundes, vor einem Krebsbefall herauszufinden«. Dazu habe man zunächst dessen natürlichen Zustand angeschaut und danach spezielle Reagenzien auf den Gebärmutterhals getupft, zum Beispiel Essigsäure[13] oder eine Jodverbindung[14]. Hautval: »Im Fall einer Veränderung seines Gewebes reagierte er auf das erste Mittel und nahm ein weißliches Aussehen an (Gerinnung). Bei dem zweiten Mittel dagegen gab es keine Veränderung.«[15] Wahrscheinlich ist die Eile, die französische Ärztin hinzuzuziehen, dem Umstand geschuldet, dass sich gerade Dr. Helmut Wirths zu Besuch in Auschwitz aufhält, der »Initiator der Versuche«, wie Hautval sagt. Dafür spricht, dass nach ihrer Darstellung beim Beginn der Versuchsreihe beide Brüder Wirths anwesend sind.

Adélaïde Hautval wird mit ihren Helferinnen Hélène Frank und Sarina Nisim angewiesen, dass der Muttermund nicht nur bei den untersuchten Frauen entfernt werden muss, wenn das Gewebe auf die Essigsäure reagiert, sondern auch dann, wenn die Reaktionen nicht eindeutig sind. Sie muss anstelle des weggeschnittenen Muttermundes eine neue Öffnung herstellen und die entfernten Teile in ein Labor schicken. »Die mikroskopische Untersuchung soll sozusagen beweisen, dass ein Stadium vor Krebsbefall in Wirklichkeit schon krebsartige Veränderungen zeigt.«

Adélaïde Hautval ist über diese Vorgehensweise empört, denn sie geht eindeutig zu Lasten der untersuchten Frauen. In der Praxis bedeutet es, dass chirurgische Eingriffe auch dann erfolgen sollen, wenn die betroffenen Personen absolut gesund sind. Die Bilanz ihrer kolposkopischen Untersuchungen fällt aus einigen weiteren Gründen negativ aus: »Selbst aufeinanderfolgende Untersuchungen führen nicht zu gleichen Ergebnissen.« Auch darf den Betroffenen das Ergebnis des Eingriffs nicht mitgeteilt werden, geschweige denn, dass daraus gegebenenfalls therapeutische Konsequenzen gezogen würden. Alles in allem, so Hautval, seien diese Versuche »zwar subtiler als andere«, aber sie stünden »an Willkür und totaler Missachtung des Respekts vor dem Menschen an nichts nach«.[16]

Dr. Slavka Kleinová, 29, eine aus Frankreich nach Auschwitz deportierte polnische Medizinerin, ist von Anfang August 1943 an in Block 10. Sie trifft dort Adélaïde Hautval noch an, ehe diese nach Birkenau zurückkommandiert wird. »Sie gerade war es, die mich gleich in den ersten Tagen nach meiner Ankunft über die Tätigkeit der SS-Ärzte in Block 10 aufklärte.« Sie schärft ihr auch ein, dass sie als Medizinerinnen unmittelbare Zeuginnen der von den SS-Ärzten begangenen Verbrechen seien und mit absoluter Gewissheit damit rechnen müssten, deswegen eines Tages getötet zu werden. »Aus diesem Verständnis zog Dr. Hautval den logischen Schluss, dass ein jeder sich in der kurzen Zeit, die uns noch im Lager zu leben beschieden sei, zu seinen Mithäftlingen als Mensch zu verhalten habe.« Mit dieser unerschrockenen Haltung sei sie zu einem »Inbegriff des pflichtbewussten Arztes« geworden.[17]

Man kann dies am weiteren Verhalten der französischen Ärztin nachvollziehen. Sie unterrichtet Wirths in einem geeigneten Moment von ihren Bedenken an seinen Versuchen. Wirths hält ihr entgegen: »Sie solle das ja nur bei Jüdinnen tun, worauf sie sagte, das mache für sie keinen Unterschied.«[18] Mit dem ihr als Vorwand dienenden Hinweis auf unverheilte Geschwüre an ihren Beinen bittet sie ihn schließlich, sie von den Versuchen zu entbinden. Der Standortarzt willigt ein und hält sich fortan ausschließlich an den Häftlingsarzt Maximilian Samuel, der mit Hautval eigentlich zusammenarbeiten sollte.[19] Zuvor hatte Wirths schon hingenommen, dass sie es ablehnte, Clauberg zu unterstützen, der dringend jemanden suchte, der ihn bei den Sterilisierungen ab und zu vertreten könnte. »Ich bin absolut dagegen«, sagt sie auf die Frage Wirths', was sie davon halte. Die Diskussion mit dem Standortarzt habe sich ausgeweitet, erinnert sich Hautval in ihren Nachkriegsaufzeichnungen, man habe auch über Juden gesprochen. »Ich kann mich nicht daran hindern, ihm zu sagen, dass niemand das Recht hat, auf diese Weise über das Leben zu verfügen.« Die einzige unmittelbare Konsequenz aus diesem Gespräch: »Man spricht nicht mehr davon, dass ich dem ›Professor‹ [Clauberg] helfen soll.«

Die französische Ärztin weist auch Samuels Bitte zurück, ihm bei den Operationen, die er für Schumann an den verstrahlten Griechinnen vornimmt, als Narkoseärztin beizustehen. »Aus Angst lasse ich mich überreden, eine oder zwei Narkosen zu geben, aber dann weigere ich mich, weiterzumachen.« Diesmal drückt niemand mehr ein Auge zu. »Adelheid [Hautval] sagte ihm [Samuel], dass sie es nicht länger tun wollte«, so Augenzeugin Ima van Esso, »und er warnte sie, dass dies die Kugel kosten könnte. Aber sie blieb fest. Er hat dann darüber mit Wirths gesprochen.«

Kurze Zeit später wird die französische Ärztin nach Birkenau zurückgeschickt. Häftlingsschreiber Hermann Langbein, dem Standortarzt Eduard Wirths Funktionen eines persönlichen Sekretärs übertragen hat[20], glaubt zu wissen, dass der Häftlingsarzt Dr. Maximilian Samuel sie wegen ihrer verweigerten Zusammenarbeit bei der Lager-Gestapo denunziert habe. Und Samuels spätere Nachfolgerin Dr. Alina Brewda vermutet, die SS habe ihn mit Blick auf seine im Lager Birkenau eingesperrte Tochter erpresst. Dafür könnte sprechen, was Tadeusz Holuj, Schreiber in Samuels Block, Langbein erzählte: Samuel habe an Himmler geschrieben, auf seinen Fronteinsatz im Ersten Weltkrieg und sein Engagement gegen die Rheinlandbesetzung in den zwanziger Jahren hingewiesen und um die Entlassung seiner Tochter Liese Lotte aus dem KZ gebeten.[21]

Es gibt noch einige weitere Anhaltspunkte, die darauf hindeuten, dass die SS eingeschaltet war. Die Lagerälteste des Krankenbaus in Birkenau, Orli Reichert, erhält von einer Häftlingsschreiberin bei der SS-Lagerleitung einen Wink: Hautval solle sofort wieder in Block 10 zurückverlegt und im benachbarten Innenhof exekutiert werden. Reichert gibt Hautval ein Schlafmittel. Das solle sie unverzüglich einnehmen, sagt sie, und alles Übrige ihrer Sorge überlassen. Die Französin folgt ihr. »Und es passierte nichts«, schreibt sie später.[22] Zumindest hat man ihr nicht erzählt, was wirklich passierte. Einen quälenden Verdacht wird Hautval nie mehr los: »Und wenn jemand anderes an meiner Stelle in Block 10 gebracht und hingerichtet worden ist? Ich stellte ihr [Orli Reichert] keine Frage.« Eva Lingens, als Medizinstudentin nach Auschwitz deportiert, weil sie in Wien Juden versteckt hatte, ist im Häftlingskrankenbau im Birkenauer Frauenlager als Ärztin eingesetzt. Sie weiß von einem gegen Hautval verhängten Todesurteil »aus Berlin« und fügt hinzu: »Ich besuchte Hautval nach dem Krieg in Paris, und sie sagte mir, sie hätte keine Ahnung, wieso es nie zur Vollstreckung kam. Sie wurde kurz darauf in ein Außenkommando von Ravensbrück versetzt und überlebte. Ich nehme an, dass Orli Reichert, unsere Lagerälteste, sie dadurch gerettet hat, dass sie sie als verstorben gemeldet hat und Hautval, mit der Nummer einer tatsächlich Verstorbenen versehen, diesem Fabrikkommando zugeteilt hat. Ob Wirths das bemerkte und duldete oder es ihm entging, kann ich nicht beurteilen, halte aber ersteres für nicht unmöglich.«[23]

Diese Annahme klingt plausibel, dennoch trifft sie nicht zu. Es ist Anfang August 1943, als Hautval aus Block 10 nach Birkenau geschickt wird. In den folgenden Tagen gelingt es ihr, dort kurz unterzutauchen. Sie schreibt selbst: »Bald darauf nahm ich meine Funktion im Krankenbau von Birkenau wieder auf.«[24] Eben dort, erwähnt sie in ihren Erinnerungen, erkrankt sie im November 1943 an Typhus, genest und wird im August 1944 nach Ravensbrück verlegt. Dass sie noch ein Jahr nach dem Vorfall in Auschwitz bleibt und medizinische Aufgaben übernimmt, am Ende auch noch offiziell überstellt wird, spricht dafür, dass der Konflikt – wie auch immer – beigelegt wurde. Möglicherweise nach einem »Revierkampf« im doppelten Sinne: einem Revierkampf rivalisierender Instanzen um Zuständigkeiten und einem Kampf speziell ums Hospital, im Lagerjargon »Revier« genannt. Da der Standortarzt von der Lagerführung unabhängig war, konnte es, so Eugen Kogon, »unter Umständen« zu »Interventionen und Beeinflussungen von ungeheurer Tragweite« kommen. Gelegentlich sei auch »ein Zusammenspiel der Häftlinge des SS-Reviers und des Häftlingskrankenbaus« möglich gewesen.[25] Häftlingsschreiber Hermann Langbein schildert mehrfach Konflikte, die Wirths mit der Gestapo austrug. Mit deren Leiter, SS-Untersturmführer Maximilian Grabner, habe er »in permanenter Fehde« gelegen.[26] Möglicherweise hat auch der »Fall« Adélaïde Hautval dazu beigetragen.

Maximilian Samuel führt nun mit dem ihm oft zugeschriebenen Eifer die Versuchsreihe zur Früherkennung von Gebärmutterkarzinomen fort. »Einmal deutete ich ihm gegenüber vorsichtig an, dass ein Häftling bei Menschenversuchen der SS nicht mehr machen sollte, als er unbedingt muss«, schreibt Langbein. »Samuel lehnte diesen Hinweis mit der Bemerkung brüsk ab, er wisse, was er zu tun habe.«[27] Zu Beginn der Versuchsreihe bereitet es offenbar Probleme, die unterschiedlichen Zustände des Muttermundes zu dokumentieren. Wie man sich

Wilhelm Brasse (Häftlingsnummer in Auschwitz: 3444) beim Interview am 12. Juni 2009 in der Jugendbegegnungsstätte in Oświęcim.

Monika Zatka, Häftlingsnummer 24208, fotografiert von Wilhelm Brasse. Sie war eines der ersten Versuchsopfer von Carl Clauberg.

zunächst zu behelfen sucht, berichtet Wirths' Stellvertreter Horst Fischer: »Ich erinnere mich deutlich an Zeichnungen, die von besonders markanten oder typischen Veränderungen des durch das Kolposkop vergrößerten Muttermundes angefertigt wurden und von denen mir einige von Dr. Wirths selbst gezeigt wurden. Diese Zeichnungen waren farbig und wurden von Häftlingen des Frauenlagers angefertigt. Ich glaube zu wissen, dass das Ergebnis dieser Untersuchungen später dem Bruder von Dr. Wirths oder dessen Chefarzt … übergeben wurde.«[28] Möglicherweise dienen für diese Zeichnungen Fotos als Vorlagen, die der Häftling Wilhelm Brasse anfertigen musste. Brasse war vor seiner Gefangenschaft Fotograf in Katowice (Kattowitz) und wird, nach mehreren Monaten Zwangsarbeit in verschiedenen Kommandos, von der Lager-Gestapo als Fotograf beim Erkennungsdienst eingesetzt. Er fotografierte mehrere zehntausend Männer und Frauen, die als Häftlinge ins Lager eingewiesen wurden, für die Lagerkartei.

Im Frühsommer 1943 habe ihn sein Vorgesetzter, SS-Hauptscharführer Walter Bernhard, zu sich gerufen, sagt Brasse im Interview mit dem Verfasser.[29] Eduard Wirths habe dort gewartet und ihm befohlen, von Frauen, die er vorbeischicken werde, »eine besondere Art Aufnahmen« zu machen. Einzelheiten seien nicht genannt worden, die habe er erst erfahren, als Maximilian Samuel mit der ersten Gruppe von Frauen vor seinem Block stand. »Das waren vier junge Mädchen, ungefähr 18 Jahre alt, zwei Pflegerinnen, die Blockälteste und die Aufseherin.« Sie bringen einen zerlegten gynäkologischen Stuhl herbei, den sie in Brasses Aufnahmeraum aufbauen. »Dr. Salomon [damit ist Maximilian Samuel gemeint – d. Verf.], der Häftling, hat mir erklärt, er wird der Häftlingin jetzt eine Spritze geben, und sie wird etwa nach 30 bis 40 Sekunden ohnmächtig sein, und sie wird gar nichts fühlen.« Brasse beobachtet, wie Samuel der ersten Frau eine Spritze gibt, wie die Frau ihr Bewusstsein verliert, wie sie von den beiden Pflegerinnen auf den gynäkologischen Stuhl gelegt wird und ihr jemand das Kleid hochschiebt. »Der Dr. Salomon hat dann eine ziemlich lange Zange, wie mit Löffelchen am Ende, in die Scheide gesteckt und die Gebiermutter[30] ganz vorsichtig herausgezogen. Und als die Gebiermutter herausen war, hat er sofort gesagt: Hier, guck mal, diese

Blutflecken, das interessiert den Doktor Clauberg und den Dr. Wirths, und dieser weiße Streifen hier, das ist besonders interessant. Also musst du das scharf beleuchten, und die Aufnahmen sollen besonders scharf sein.«

Nach dieser ersten Gruppe sei »vielleicht nach einer Woche« die nächste Gruppe gekommen, wieder vier Frauen, »und es wiederholte sich alles«. Insgesamt habe er 16 bis 18 Gebärmuttern fotografiert, »alle in Schwarzweiß«. Auf Farbaufnahmen, die sich Wirths ebenfalls wünschte, sei man nicht vorbereitet gewesen, dazu musste Brasses Vorgesetzter Filme in Kattowitz oder in Breslau besorgen lassen. In vier Fällen, erinnert sich Brasse, habe er dann auch Farbfotos gemacht, die zum Entwickeln in ein auswärtiges Labor gegeben werden mussten.[31] Brasse sagt, es seien ausschließlich griechische Mädchen zu ihm gebracht worden, und er glaube, sie hätten von den Aufnahmen nichts mitbekommen.

Es ist nirgendwo belegt, dass – wie Brasses Beschreibung nahelegen könnte – Clauberg an diesen Versuchen Interesse hatte. Bemerkenswert präzise sind dagegen die Erinnerungen des Fotografen an die Besonderheiten, auf die er für seine Aufnahmen achten sollte, wie etwa die weißen Streifen am Gebärmutterhals. Abzüge von diesen Fotos sind bis jetzt nicht gefunden worden.

Ein knappes halbes Jahr lang werden offenbar alle in Block 10 eintreffenden Frauen, noch bevor sie den verschiedenen Versuchsgruppen zugeteilt werden, der von Eduard Wirths angeordneten Reihenuntersuchung unterworfen. Das wird zwar nicht in allen Fällen von den Zeuginnen eigens erwähnt, trifft aber in diesem Umfang insbesondere auf die aus dem Lager Westerbork kommenden Frauen zu, wie eine der Helferinnen Samuels, Dr. Froukje de Leeuw, aufgeschrieben hat: »Die holländischen Frauen waren kaum ein paar Tage angekommen, als sie alle zu Prof. Samuel aufgerufen wurden. Eine Pflegerin von ihm kam nach oben in den Saal und rief die Nummern und Namen von denen auf, die morgens untersucht werden sollten.

Diese Frauen, etwa zehn, wurden täglich in den Operationssaal gelassen, wo sie ängstlich hintereinander standen. Prof. Samuel saß ein Stück vom Untersuchungsstuhl entfernt. Eine nach der anderen musste dort Platz nehmen, der Professor brachte ein Instrument in die Geschlechtsorgane, um diese aufgespreizt zu halten (ein sog. Speculum), und schaute dann durch eine Art Rohr (das Kolposkop) den Ausgang der Gebärmutter (Portio uteri). Manchmal war alles normal, aber oft waren kleine Veränderungen zu sehen, beispielsweise weiße Fleckchen (beginnende Leukoplakie, etc). Diese Fleckchen wurden dann betupft mit Watte, die mit einer Jodtinktur getränkt war, und der Professor beobachtete dann, wie die Fleckchen darauf reagierten. Dann begann er einer Pflegerin den Befund zu diktieren (sie hatte zuvor Name und Nummer der Frau notiert), und danach konnte die Frau von dem Stuhl aufstehen, und die nächste kam an die Reihe.« Ima van Esso bestätigt diese Jodprobe: »Bei den Frauen wurde [zunächst] die Gebärmutter mikroskopisch untersucht, und der Gebärmuttermund wurde mit einem Tampon mit Jod getupft.« Diesen von dem Wiener jüdischen Gynäkopathologen Walter Schiller[32] entwickelte Jodtest zum Nachweis glykogenarmer Zellen im Epithel des Muttermundes hatte der Hamburger Gynäkologe Hans Hinselmann zusätzlich zur Kolposkopie empfohlen.[33]

Reina Abas, 35, die Ende August aus Westerbork nach Auschwitz deportiert wurde, berichtet: »Am nächsten Tag [nach der Einweisung in Block 10 – d. Verf.] wurden wir von dem jüdischen Häftling Dr. med. Samuel untersucht. Dann wurde mit den Experimenten begonnen.«[34] Rosa Katoen, 36: »Am Anfang der folgenden Woche [nach der Ankunft] wurde ich zu Dr. Samuel, einem jüdischen Häftling, gerufen und eingehend untersucht.«[35] Auch Marianne Halberstadt, 29, sagt, dass sie »von dem jüdischen Häftlingsarzt Dr. med. Samuel gründlich untersucht« worden sei. Wie die zuvor genannten beiden Frauen wird sie anschließend der Clauberg-Gruppe zugewiesen.[36] Edith Goldstern, 47, erzählt: »Nach vorgenommener Lokalanästhesie nahm Dr. Samuel einen Eingriff an meinen Unterleibsorganen vor. Was mit diesen Versuchen bezweckt werden sollte, weiß ich nicht, da ich erst besinnungslos vor Angst war.« Hinterher hat sie heftige Schmerzen und erhält so lange Bettruhe verordnet, bis ihre Blutungen aufhören.[37]

Die damals 33-jährige Ryvka Grynberg aus Paris erinnert sich, dass Samuel ihr ein Speculum einführte. »Ich wurde innerlich von einem Produkt betupft, wonach regelmäßig ein Schwindelzustand und große Blutungen auftraten ebenso wie ein gelber Ausfluss. Dr. Samuel wartete diese Reaktion ab, um dann etwas vorzunehmen, worüber ich nichts aussagen kann, denn es entstanden keine Schmerzen, aber es wurden im Verlauf dieser Prozedur Röntgenaufnahmen gemacht. Das ganze dauerte beinahe den ganzen Vormittag.«[38]

Es ist unwahrscheinlich, dass Samuel Röntgenaufnahmen anfertigte. Weder stand in dem Operationsraum ein Röntgengerät, noch ist bekannt, dass Clauberg einem Häftlingsarzt je erlaubte, sein Röntgengerät zu benutzen, das gegenüber dem Operationsraum stand. Die Aufnahmen, von denen Ryvka Grynberg spricht, lassen sich mit den Angaben von Dr. Froukje de Leeuw erklären: »Nach einiger Zeit bekam Samuel noch einen Fotoapparat auf sein Kolposkop, sodass davon auch Bilder gemacht werden mussten. Sie mussten dafür lange stillliegen in einer unbequemen Haltung.«[39] Fortan muss nicht mehr eigens ein Fotograf herangezogen werden. Wie Otto Wolken mitteilt, hat Max Ippe, ein jüdischer Elektromechaniker aus Prag, eigens einen »Apparat für intravaginale Aufnahmen« konstruiert. »Diese Aufnahmen waren sehr qualvoll, da sie eine Stunde dauerten und mehrmals wiederholt werden mussten.«[40] Die Niederländerin Reintje Fransman, 25, musste »zwei Wochen lang jeden Tag bei ihm [Samuel] erscheinen«, und er habe von ihren »inneren Geschlechtsorganen jedesmal Fotos gemacht«.[41] Sara Katan, 39, muss »fast täglich in den Operationssaal kommen, wo man mir Specula einsetzte und dann mit sehr starker Beleuchtung Fotos machte«. Sie glaubt, dass »ungefähr 50 Fotos dieser Art« von ihr aufgenommen worden seien.[42] Clara Wegloop, 46, wird bisweilen viermal in der Woche zu Samuel in den Operationssaal beordert, wo er von ihren inneren Geschlechtsorganen Fotos macht. »Dies geschah besonders dann, wenn höhere SS-Offiziere kamen.«[43]

»Die Untersuchung verursachte zwar Schmerzen, aber die Angst war größer als die Pein«, urteilt de Leeuw. Das Schlimme steht ihr zufolge sowieso erst noch bevor: »Nach seiner Untersuchung mit dem Kolposkop folgte rasch die Operation. Das war natürlich schrecklich. Man war vollkommen gesund, musste sich aber operieren lassen.« Inge Heimann, 28: »Diese Operationen sind zwar unter Narkose durchgeführt worden, waren aber sehr schmerzhaft.«[44] Es kommt dabei nicht selten zu schweren Nebenwirkungen. »Jeden Tag erschien der deutsche jüdische Häftling Dr. med. Samuel, der auf Befehl mir unbekannter SS-Ärzte wahllos Frauen aussuchte und mit in den Operationssaal nahm«, berichtet die zu diesem Zeitpunkt 27-jährige Marianne de Hond aus Amsterdam. »Nach einigen Tagen kam auch ich an die Reihe … Wie ich später hörte, soll ein Stück meiner Gebärmutter entfernt worden sein.«[45] Um Einverständnis bittet niemand. Nach der Untersuchung sagt Samuel der Brüsselerin Chana Kutnowski, 29, dass sie einen Polyp an der Gebärmutter habe, der wegoperiert werden müsse. Sie wendet ein, dass sie »nie etwas an ihren Genitalorganen gehabt habe und immer gesund gewesen sei«. Doch ihr Einspruch bleibt vergeblich.[46] Auch der vor den Nazis in die Niederlande geflüchteten Darmstädterin Friedel Heumann, 35, wird »ein Stück von der Gebärmutter« entfernt. Dazu injiziert Dr. Samuel ihr ein Narkosemittel in den Arm. Nach der Operation muss sie sechs Wochen im Bett liegen.[47] Violette Lehmann aus Paris: »Nach drei Wochen Aufenthalt und mehreren ärztlichen Untersuchungen wurde ich vom internierten Chirurgen Dr. Samuel auf Befehl des Dr. Wirths operiert. Ein Teil der Gebärmutterschleimhaut und des Muttermundes wurde mir abgenommen.« Sie muss anschließend zwei Wochen mit starken

Blutverlusten im Bett verbringen.[48] Die Pariserin Renée Sclover erwähnt als den ersten chirurgischen Eingriff an ihr: »Entfernung eines Teiles des Muttermundes durch einen internierten Chirurgen auf Befehl des Dr. Wirths.«[49]

Ima van Esso berichtet aus eigener Beobachtung: »Die Amputation erfolgte schnell und flüchtig (im Anfang 20, später fünf Minuten), wodurch während der Operationen heftige Blutungen entstanden.«[50] Die Betäubung besteht darin, den Patienten Evipan in den Oberarm zu spritzen, ein Narkosemittel, das die Betreffenden komplikationslos in einen längeren Schlaf versetzt. Gelegentlich wird das Lokalanästhetikum Novocain gegeben oder auch Eunarcon.[51]

Als seine Assistentinnen erwählt Maximilian Samuel die beiden Pflegerinnen Felicja Pleszowska aus Warschau und deren von ihr selbst empfohlene Freundin Jadwiga Koczinska, genannt Jadja.[52] Nach Angaben von Felicja Pleszowska, von den Frauen in Block 10 Fella genannt, teilt Samuel seine Versuchspersonen, je nach den Ergebnissen der Kolposkopie, in zwei Gruppen auf. Die eine bilden diejenigen, die nicht weiter interessieren, wie Rosa Katoen: »Ich wurde zu Dr. Samuel, einem jüdischen Häftling, gerufen und eingehend untersucht. Irgendwelche operative Eingriffe hat Dr. Samuel bei mir nicht vorgenommen.«[53] Die anderen, es ist die Mehrzahl, werden in den Operationssaal bestellt und unter Narkose operiert. Felicja Pleszowska: »Während der Operation wurden ihnen an den vorher durch das Kolposkop bestimmten Stellen des Gebärmutterhalses (Muttermund) kleine Stücke entnommen. Diese Stücke wurden anschließend zur weiteren Untersuchung nach Hamburg geschickt.« Die herausgeschnittenen und sogleich in Formalin fixierten Gewebeteile seien nicht im Lager untersucht worden, obwohl es dort ein histologisches Labor gab, unterstreicht die Häftlingsärztin Dr. Slavka Kleinová die speziellen Interessen, die hinter dieser Untersuchungsreihe standen.[54]

Zunächst habe sich Wirths noch persönlich um die Versuche gekümmert. Doch dann sei Samuel auf die Station gebracht worden, »in seinem Beruf eine Koryphäe«. Die Folge, wie Pleszowska sie sieht: »Wirths schob die ganze Arbeit auf Dr. Samuel, er selbst befasste sich nur damit, Samuel zu überwachen und seine Arbeit zu überprüfen.«[55]

Slavka Kleinová berichtet, dass diese Eingriffe »unter Narkose mit Evipan vorgenommen« wurden und »sehr oft eine heftige Blutung zur Folge« hatten. Schuld daran sei eine »mangelhafte Technik« gewesen.[56] Die Narkose wird abwechselnd von Ima van Esso und von Froukje de Leeuw gegeben. Ima van Essos Qualifikation besteht einzig darin, dass ihr Vater und ihr Freund Ärzte sind und sie in Amsterdam eine Zeit lang als Zahnarzthelferin gearbeitet hatte. Eine medizinische Ausbildung hat sie nicht, aber medizinisches Interesse und eine gute Auffassungsgabe. Froukje de Leeuw: »War die Narkose eingetreten, dann entfernte Prof. Samuel den Abschnitt von der Schleimhaut vom Gebärmuttermund, wo er bei der kolposkopischen Untersuchung den Defekt festgestellt hatte … Danach nähte er alles sorgfältig, auf dass so wenig Schaden wie möglich zurückbleiben sollte. Ihm zufolge nahm er auch nur die Schleimhaut weg und nichts von der Muskelschicht. Die Instrumente waren ordnungsgemäß sterilisiert.«[57] Ihren Informationsstand schildern die Betroffenen unterschiedlich. Schewa Friedmann fragt, als sie auf dem Operationstisch liegt, die Pflegerinnen auf Polnisch, was mit ihr gemacht werde. »Sie sagten, du kannst dir ja denken, du weißt ja, wo er dich untersucht hat. Ich protestierte und sagte, man könne mir doch nicht bei vollem Bewusstsein Körperteile entfernen. Die beiden Polinnen antworteten, ich sei nun mal in einem Experimentierblock und nicht in Holland.«[58] Ilse Korn dagegen berichtet, Maximilian Samuel habe ihr nach der Operation gesagt, dass er »im Auftrage des Standortarztes Dr. Wirths die Operation an mir ausgeführt hätte, und zwar hätte er mir ein Stück von der Gebärmutter abgeknipst, zwecks Krebsforschung«.[59] Auch die Darmstädterin Friedel Heumann ist genauer informiert: »Dr. Samuel beruhigte mich, indem er sinngemäß sagte, die Operation würde mir nicht schaden, sie diene der Krebsforschung.« Dennoch war eine doppelseitige Eierstockentzündung die Folge.

Es lässt sich im Nachhinein nicht mehr sagen, unter welchen Umständen und bei wem Samuel mehr und bei wem er weniger von der Gebärmutter entfernte und wie es dazu kam, dass er in einigen Fällen den Muttermund völlig verschloss. Der Grund war offenbar, dass seine Einschnitte gelegentlich ziemlich tief waren und er mehr als nur kleine Gewebeteile entnahm.

Das zeigt sich beispielsweise bei Cornelia Spitz. Als sie von Clauberg die Spritze mit dem Kontrastmittel bekommen soll, hört sie ihn sagen: »Mein Gott, die Frau ist ja ganz zugenäht.« Nach kurzer Unterhaltung der in dem Raum stehenden Männer, die sie nicht kennt, wird sie wieder weggeschickt. »Ich hatte nun inzwischen erfahren, dass diejenigen Frauen, die versuchsuntauglich waren, auf jeden Fall nach Birkenau geschickt wurden.« Aus Angst geht Cornelia Spitz zu ihrer Kameradin Branco van Thijn. Da diese im Block 10 die Medikamente verwaltet, die sich in Samuels Behandlungsraum befinden, bittet Spitz, dass sie ihn auf ihr Problem anspreche. »Er hat mich daraufhin sofort untersucht. Dr. Samuel sagte nach dieser Untersuchung, dass er mir helfen wolle. Er bestellte mich für den nächsten Morgen ganz früh zu sich.« Samuel erscheint kurz nach Öffnung des Blocks, Cornelia Spitz begibt sich heimlich in den Operationssaal. »Dr. Samuel hat damals bei mir an den Geschlechtsorganen etwas vorgenommen, was ich nicht näher beschreiben kann, weil es sich meiner Kenntnis entzieht. Es hat jedenfalls sehr weh getan und geblutet.« Einige Zeit später wird sie wieder zu Clauberg gerufen, diesmal nimmt er den Eingriff vor, mit der Folge, dass sie an einer Eierstockentzündung erkrankt.[60]

Cornelia Spitz ist nicht die Einzige, die mit solchen Problemen konfrontiert wird. Die beängstigenden Vorgänge sind deshalb unter den Frauen ein ständiges Gesprächsthema. Die Amsterdamerin Marianne de Hond, auch eine Betroffene, vermutet, die von Samuel vorgenommene Operation sei die Ursache dafür, dass der Eingang in ihre Gebärmutter zu eng geworden und dadurch für die Spritze schlecht zugänglich ist.[61]

Bei Augusta Nathan ist das Betäubungsmittel, sie spricht von Evipan, wirkungslos geblieben, deshalb bekommt sie während Samuels Eingriff eine Vollnarkose. Sie hat hinterher keinerlei Ahnung, was an ihr operiert wurde und warum. Samuel habe ihr hinterher nur gesagt, dass er an ihr »eine ungewöhnliche Methode angewandt habe, eine Gebärmutteruntersuchung zu machen«. Wegen starker vaginaler Blutung und heftiger Schmerzen in Leib und Rücken sei sie neun Tage lang in eine Krankenstube gekommen. Auch bei Chana Kutnowski, einer sportlich trainierten Frau, versagt das Betäubungsmittel – und ihr Verständnis ist überfordert, als sie hört, dass sie »nach einem angeblich neuen Verfahren, das keinerlei Schnittwunden von außen erkennen ließ«, operiert werden solle. »Die Vorbereitungen für die Operation waren an sich schon eigenartig. Man versuchte mit allen möglichen Spritzen und Dingen mich bewusstlos zu machen, bis dann mit Hilfe einer Maske dieses erreicht wurde. Die Operation wurde von einem Dr. Samuel und einem anderen Assistenzarzt vorgenommen … Nach den Experimenten in Block 10 wurde ich nach Birkenau geschickt. Ich sollte vergast werden.« Nach einer waghalsigen Flucht innerhalb des Lagers kann sie sich einem Arbeitskommando in Birkenau anschließen.[62]

Zu Samuels Assistentinnenteam stößt Esther Miliband, eine gebürtige Polin, die vor ihrer Deportation in Belgien lebte. Samuel, der vor den Nazis von Köln nach Brüssel geflüchtet war, hat sie ausgewählt. »Er machte jeden Morgen zwei bis drei Operationen, die aus der Abnahme eines Teils des Gebärmutterhalses bestanden«, berichtet sie. »Es gab zahlreiche Blutungen.«[63] Pflegerinnen bringen die frisch Operierten stets für einige Tage, manchmal auch länger, in den Krankensaal hinter dem Operationssaal und versorgen sie mit dem Nötigsten. Genauer gesagt: mit dem Nötigsten aus dem wenigen, das vorhanden ist. Nicht für alle Komplikationen ist die Intensivstation gerüstet. »Wie ich später hörte, soll ein Stück meiner Gebärmutter entfernt worden sein«, sagt Reina Abas. »Ich hatte große Schmerzen und blieb so lange im Krankenraum von Block 10, bis die starken Blutungen aufhörten.« Bei Sophia Nord, 27, sind es sechs Tage, die sie im Krankensaal verbringen muss, nachdem man ihr die »Gebärmutter verkürzte«.[64] Adelaide de Jong, 24, aus Antwerpen muss etwa zwei Wochen im Krankensaal verbringen, weil sie »viel Blut verloren« habe.[65] Jette Zuiden, 44: »Die Blutung sei so stark gewesen, dass sogar Dr. Samuel an ihr Bett gerufen wurde, was er normalerweise nicht tun durfte.«[66] Über die »genaue Bedeutung« des Eingriffs durch Maximilian Samuel ist Renée Sclover nicht unterrichtet. Sie wird in Vollnarkose versetzt. »Die Operation wurde durch die Scheide, ohne Eröffnung der Bauchhöhle vorgenommen«, erinnert sie sich. Eine schwere Komplikation ist die Folge: »Drei Tage später machte ich eine außerordentlich starke und lebensgefährliche Blutung durch, die durch einen zweiten Eingriff des Dr. Samuel behoben werden konnte.«[67] Auch sie leidet schwer an dem Eingriff, bei der ihr »ein Stück der Gebärmutter herausoperiert« wird. Sie habe danach drei Monate im Bett gelegen.[68]

»Die Frauen, die für ihn bestimmt waren, hatten die Nummer unter der Häftlings-Nummer 62500. Ich hatte also Glück. Die letzte Frau, die Dr. Samuel operiert hat, hatte die Nummer 62499.« Es war die 23-jährige Alina Kesner aus Amsterdam.[69] Drei Tage vor ihrer Deportation hatte sie im Lager Westerbork den ein Jahr jüngeren Abraham Kesner geheiratet. Beide haben Auschwitz nicht überlebt.[70]

Um das Ende der Tätigkeit Maximilian Samuels in Block 10 ranken sich zahlreiche Gerüchte. Wahrscheinlich ist, dass die Gewebeentnahmen nicht ad infinitum fortgeführt werden sollten und mit der Nummer 62499 tatsächlich ihr geplantes Ende fanden. Aber schwebte über ihm bereits seit längerem ein Todesurteil, und war es mit dem Versuchsende besiegelt? Viele Überlebende berichten, Samuel habe lange vor Auschwitz über die Früherkennung von Gebärmutterkrebs geforscht, sodass also mit der aktuellen Arbeit ein altes Interesse aktiviert worden sei, und er habe deshalb die Versuchsreihe mit besonderem Engagement vorangetrieben. Mehrere Überlebende behaupten, Samuel sei beauftragt worden, die Ergebnisse der Versuchsreihe in einem Forschungsbericht zusammenzufassen, einige nennen ihn Professor.

»Prof. Samuel, ein deutscher Jude, war Hochschullehrer in der Gynäkologie in Köln«, sagt Froukje de Leeuw, und sie ist nicht die Einzige, die ihn der Kölner Universität zuordnet. Ilse Korn beispielsweise spricht von »Häftlingsprofessor Dr. Max Samuel aus Köln«[71], ebenso Häftlingsschreiber Hermann Langbein von einem »angesehenen Professor der Gynäkologie aus Köln.«[72] Samuel war jedoch kein Professor und lehrte auch nie an der Universität Köln[73], er praktizierte vielmehr als Gynäkologe in der Kölner Innenstadt. Geboren wurde er in der westlich von Köln gelegenen Stadt Frechen.

Der Kölner Jüdin Renée Krämer kommt der Name sofort vertraut vor, als sie nach ihrer Ankunft von ihm hört und erfährt, dass dieser Arzt Experimente an den Häftlingsfrauen vornimmt. Sie spricht ihn an, gibt sich als Kölnerin aus seiner früheren Nachbarschaft zu erkennen und erwähnt, er habe doch früher einen Bart getragen. Nach kurzem Überlegen fragt er, ob sie Esther Duering sei. Damit benennt er allerdings Renée Krämers Mutter, seine langjährige Patientin. Bei einer dramatischen Geburt am 7. Januar 1921 hatte er ihr Leben retten können.[74] Unmittelbar zuvor, als sich die Komplikation abzeichnete, war Lenhard Duering von dem Gynäkologen gefragt worden, ob er sich im Ernstfall für das Leben seiner Frau oder für das seiner Tochter entscheiden würde, und er hatte der Ehefrau den Vorrang gegeben. Und nun, in Auschwitz, nimmt Renée Krämer all ihren Mut zusammen und fragt den zweifachen Lebensretter: »Werden Sie mich nun als Versuchskaninchen benutzen, Dr. Samuel?« Ihm sei die Situation sichtlich unangenehm gewesen, berichtet die Kölnerin, und er habe ihr angedeutet, dass er sie auch dann, wenn er sie gebrauchen könnte, nicht heranziehen werde. Aber er könne es ihr nicht ersparen, untersucht zu werden.[75]

»Dr. Samuel sprach jeden Tag darüber, dass er ein Buch für Dr. Wirths schreibe«, sagt Ima van Esso. »Nachdem er es fertiggestellt hatte, wurde er trotzdem ermordet.«[76] Und Erna Leitner: »Eines Tages übergab Dr. Samuel seine Forschungsergebnisse an Dr. Schumann, zwei Tage danach kam Dr. Samuel weg.«[77] Ilse Nußbaum: »Es war damals eine allgemeine Lagererzählung, dass er in Auschwitz umgebracht worden sei, weil er zu viel wusste.«[78] Augusta Nathan: »Zwei Tage nach meiner Operation kam der Mann fort, und bald darauf wurde er erschossen.«[79] Ruth Friedhof, die sich öfter mit Samuel unterhalten hatte: »Als Dr. Samuel mit der Aufzeichnung der Ergebnisse seiner wissenschaftlichen Forschung zu Ende gekommen war, war er plötzlich verschwunden. Von den Häftlingen erfuhren wir, dass Dr. Samuel auf Anordnung des Lagerarztes Dr. Wirths erschossen worden ist. Man sagte, dass Dr. Wirths seinen Namen unter die Aufzeichnungen des Dr. Samuel gesetzt habe.«[80] Tauba Bindel, 34, aus Łodz erwähnt, dass Samuel hinter Block 10 erschossen worden sei.[81] Und Friedel Heumann weiß es noch genauer. Sie kommt am 16. September 1943 in Auschwitz an, wird, so erinnert sie sich, vier bis fünf Tage danach von Samuel am Gebärmutterhals operiert und tags darauf noch einmal von ihm besucht. »Dann habe ich ihn nicht mehr gesehen. Als ich noch im Krankenhaus lag, hörte ich, wie Soldaten draußen marschierten, ich hörte Befehle und Schüsse, und es wurde mir gesagt, dass neun Menschen erschossen worden seien, darunter Dr. Samuel.«[82] Die Exekution fand wenige Tage nach dem 15. September statt, seinem 63. Geburtstag.

Bei vielen seiner Versuchspersonen ist Maximilian Samuel in guter Erinnerung geblieben, zumal sie ihn nicht persönlich für seine Experimente verantwortlich machten. »Dr. Samuel ist sehr menschlich aufgetreten«, urteilt die gebürtige Hamburgerin Erna Fleig.[83] Ähnlich charakterisieren ihn Jahrzehnte später ehemalige Patientinnen, die ihn aus seiner Kölner Zeit kannten.[84] Einige Pflegerinnen hingegen wie Ima van Esso oder die Häftlingsärztinnen Adélaïde Hautval und Slavka Kleinová sprechen nicht gut über Samuel, weil sie der Meinung sind, er sei zu willfährig gegenüber den Unterdrückern gewesen. Hermann Langbein schildert ihn als intrigant und gibt als Grund dafür an, dass er Hautval bei der SS angeschwärzt habe, weil sie ihm bei seinen Operationen für Schumann nicht assistieren wollte. Als Wirths einmal Langbein nach dessen Meinung über Samuel fragt, antwortet der Häftlingsschreiber reserviert, und Wirths erwidert, er habe »auch nicht die beste Meinung über Samuel«. Wenig später ist Samuel tot, und Wirths' Privatsekretär bekommt Gewissensbisse, ob er »ungewollte Mitschuld an dem Tod dieses Mannes trage«.[85] Nach ihrer Befreiung unterhält sich Langbein mit Hautval über den Häftlingsarzt aus Köln. »Sie bedauerte den alten Mann.«[86]

Blut von Juden für die Truppe

Menschenversuche des SS-»Hygiene-Instituts« (I)

Es wird immer wieder behauptet, dass die Versuchsgruppen in Block 10 klar getrennt gewesen seien. Dieser Eindruck ist nicht ganz falsch, weil die Trennung im Prinzip beabsichtigt war. In der Praxis war sie jedoch nicht verbindlich. Jedenfalls nicht immer. Verbindlich war in Auschwitz nichts außer dem Tod.

Als klar umrissen erscheint die Gruppe von Frauen, an denen Clauberg interessiert war. Er will die meisten der von ihm ausgewählten Personen auch nach deren Sterilisierung auf noch unbestimmte Zeit im Block belassen. Nur so kann er beobachten, ob die Wirkung seiner Eingriffe auch anhält. Wer von ihm erfasst ist, kann sich darum vor einer Verlegung in ein Arbeitskommando relativ sicher fühlen. Will jemand den Clauberg-Versuchen unbedingt entkommen, ist dies dennoch nicht generell ausgeschlossen. Wer tatsächlich ausscheren kann, muss jedoch die Unwägbarkeiten bedenken, die mit einer Verlegung nach Birkenau verbunden sind. Dort stehen nicht nur die Blocks des riesengroßen Frauenlagers, sondern auch die Krematorien. Ilse Nußbaum umreißt den Ermessensspielraum: »Sylvia hatte uns auch gesagt, dass das Erdulden der Versuche die einzige Möglichkeit sei, der Vernichtung zu entgehen. Aufgrund der Erzählungen der Sylvia haben wir uns gedacht, dass das Erdulden der Versuche noch das Bessere sei, weil wir leben sollten.«[1] Zwangsläufig treten unter diesen Voraussetzungen Bedenken wegen der physischen und psychischen Risiken einer Sterilisation zurück. Im Block 10 hat sich das Gerücht verbreitet, Clauberg wolle dafür sorgen, »dass wir nicht ins Gas kämen und bis Kriegsende bei ihm blieben. Wenn der Block 10 einmal nicht mehr bestehen würde, sollten wir zu ihm nach Königshütte kommen.« Das haben zumindest einige der Frauen vernommen.[2]

Schumann dagegen will die Frauen, die er für seine Zwecke selektiert hat, so bald wie möglich in ihre Arbeitskommandos nach Birkenau zurückschicken. Diejenigen, die nach den Bestrahlungen nicht an längeren Komplikationen leiden, bleiben nur kurze Zeit in Block 10. Auch die Operierten müssen die Versuchsstation verlassen, bevor ihre Wunden vollständig ausgeheilt sind. Wirths wiederum lässt für seine Zwecke zunächst nur Frauen heranziehen, die auf Claubergs Listen verzeichnet sind. Somit bleibt noch die Frage nach den Frauen übrig, mit denen das »Hygiene-Institut der Waffen-SS« im August 1943 zu experimentieren beginnt. Stehen sie unter Kuratel eines der genannten Versuchsärzte? Oder sind sie eigens für die neuen Versuche selektiert worden?

Obwohl Clauberg am 7. Juni 1943 an Himmler geschrieben hatte, dass seine Versuche so gut wie abgeschlossen seien, nur einige wenige »Verfeinerungen« stünden noch bevor, werden im Juni und Juli 1943 deutlich über 200 Frauen in Block 10 eingewiesen und im August und September 1943 mindestens 300 weitere. Wird nur deswegen so verfahren, weil es im Block genügend Platz gibt und man ein Reservoir für künftige Versuche schaffen will? Gar nur vorsorglich für den Fall, dass irgendwelche Versuche irgendwann von irgendwem geplant werden sollten?

Eine Antwort lässt sich vermuten, jedoch anhand der überlieferten Quellen nicht eindeutig belegen. Sie drängt sich aber geradezu auf, wenn man sich die Situation an der Rampe vergegenwärtigt, wo beinahe täglich riesige Mengen von deportierten Juden eintreffen, die von den Ärzten immer auch nach Lagerbedürfnissen selektiert werden. Beispielsweise im August 1943: 6000 Personen mit drei Transporten aus dem Ghetto in Bendsburg und 4000 mit zwei Transporten aus dem Ghetto in Sosnowitz am 1. August; 2000 aus dem Ghetto in Bendsburg, 1553 aus dem belgischen Mechelen und 1000 aus dem französischen Drancy am 2. August; 9000 mit drei Transporten aus dem Ghetto in Sosnowitz, 200 aus Berlin am 3. August; 54 aus Brünn, 100 aus Berlin, 4000 mit zwei Transporten aus Sosnowitz, 125 aus Dresden am 5. August; 133 aus Warschau, 53 aus Kattowitz, 3000 aus dem Ghetto in Soisnowitz, 130 aus Posen, 250 aus Stettin am 6. August; 83 mit einem Sammeltransport am 7. August; 80 aus Kattowitz am 9. August: 3000 aus dem Ghetto in Sosnowitz am 10. August; 55 aus Kattowitz am 11. August; 1000 aus dem Ghetto in Sosnowitz am 12. August; 224 aus dem polnischen Myslowitz und 79 aus Posen am 13. August; 113 aus Łódź und 146 aus Kattowitz am 14. August; 1800 aus Saloniki am 18. August; 121 aus einem Sammeltransport am 20. August; 89 mit einem Sammeltransport und 500 aus Pommern am 21. August; 984 aus Radom, 2000 aus Loło am 23. August; 88 aus Kattowitz, 100 aus Breslau am 24. August; 68 aus Berlin, 1016 aus Warschau, 60 mit einem Sammeltransport und 500 aus Neuengamme am 25. August; 1001 aus Westerbork und 1500 aus dem Ghetto Zawierć am 26. August; 1500 aus dem Ghetto Zawierć, 205 aus Eberswald, 1026 aus Wolsztyn, 102 mit einem Sammeltransport am 27. August; 69 aus Majdanek, 50 mit einem Sammeltransport, 800 aus Kostrzyń am 28. August; 2000 aus Ravicz, 1600 aus dem Ghetto Koluszki am 29. August; 500 aus Warschau, 3000 aus Bochnia am 30. August.[3] Insgesamt 57 057 Personen.

Kann man angesichts dieser Dimensionen annehmen, dass die selektierenden Ärzte ein paar hundert Frauen nur für die Möglichkeit einweisen, dass sie jederzeit auf Versuchspersonen zurückgreifen können? Das Gebäude lässt sich in kürzester

Zeit mit jeder gewünschten Anzahl von Häftlingen belegen. Es spricht also viel dafür, dass die Nachbelegung nicht unabhängig vom laufenden Betrieb in der Versuchsstation erfolgt und nicht eventuelle, sondern geplante Experimente zu der Nachbelegung führen. Wahrscheinlich sind die von Clauberg gegenüber Himmler angekündigten »Verfeinerungen« ein Grund für die Einweisungen im Juni und Juli 1943. Und die Vermutung liegt nahe, dass Wirths bei seinen Selektionen in den beiden nachfolgenden Monaten vor allem an seine eigene Versuchsreihe denkt, wahrscheinlich aber auch noch an Anforderungen aus dem SS-Hygiene-Institut, dessen neue Zentrale in Rajsko fertiggestellt worden ist. Ehemalige Mitarbeiter wie Dr. Hans Münch dagegen behaupten später, ihre angeblich harmlosen Versuche hätten lediglich dazu gedient, die im Block 10 untergebrachten Frauen vor einer Verlegung nach Birkenau und somit vor dem nahezu sicheren Tod zu bewahren.

Mit Blut von Häftlingen aus Block 10 laborieren Mitarbeiter des SS-»Hygiene-Instituts« frühestens im August 1943. Erst von diesem Zeitpunkt an liegen darüber Berichte von Überlebenden vor. Sie beginnen mit Hinweisen auf obligatorische Blutgruppenbestimmungen. Ryvka Grynberg beispielsweise erwähnt, dass die Experimente acht Tage nach ihrer Ankunft – sie traf am 2. August 1943 aus Drancy ein – begonnen hätten. »Man stellte meine Blutgruppe fest.«[4] Roosje Glasbeck kam am 16. September 1943 mit einem Transport aus Mechelen. Sie erinnert sich, dass bei den Neuankömmlingen in der ersten Woche nur ihre Personalien aufgenommen und ihre Blutgruppen ermittelt worden seien.[5]

Dr. Slavka Kleinová, seit dem 2. August 1943 in Auschwitz, berichtet: »Jede Neuaufnahme wurde einem Bluttest unterzogen.«[6] Sie selbst leitet ein kleines Labor, das zwischen den beiden Schlafsälen in der ersten Etage logiert und seine Aufträge aus Rajsko erhält. Ursprünglich ist Pola Plotnicka für diese Arbeit vorgesehen gewesen, eine galizische Jüdin aus Tycyn, die aber kein Blut sehen kann und deshalb ins serologische Labor im Erdgeschoss versetzt wird.[7] Kleinová hat noch zwei französische Mitarbeiterinnen, die mit ihrem Transport angekommen sind. »Sie war sehr anständig, man merkte nicht viel von ihr, weil sie den ganzen Tag in ihrem eigenen Raum mit zwei Pflegerinnen saß. Da wurden auch die Experimente gemacht, die sie für die Moffen[8] ausführen musste«, sagt Froukje de Leeuw über ihre Kollegin.[9] Die Assistentinnen sind Marta »Perelka« Gutermann, 33, und Hadassa Lerner, 31, beide, wie auch Kleinová, überzeugte Kommunistinnen.

Das kleine Labor ist zum einen in einen Forschungsauftrag eingebunden, Blutgruppentestsera zu entwickeln. Sie werden »in großen Mengen gebraucht, um die Blutgruppenbestimmungen bei der Truppe zur Blutgruppentätowierung durchzuführen«. Auftraggeber ist, so Hans Münchs spätere Aussage, der oberste Chef des »Hygiene-Instituts« der Waffen-SS in Berlin, Prof. Joachim Mrugowski. Herauszufinden ist, ob durch bestimmte Methoden der Blutgruppentiter gesteigert werden kann. Münch: »Man erhoffte, durch Gaben gegensätzlicher Blutgruppen den normal angelegten Titer zu steigern, so wie dies bei allen aktiven Immunisierungen bei Infektionskrankheiten möglich ist.« Für diese Zwecke wird Häftlingen Blut in »kleinen und mittleren Mengen (20 bis 150 Kubikzentimeter)« entnommen. »Große Entnahmen« bei den Frauen in Mengen von »etwa 300 Kubikzentimeter[n] und mehr« werden für einen anderen Zweck benötigt, nämlich »zur Auffüllung der Reserven zur Herstellung der bei der Truppe benötigten Sera«.[10]

Es sei sogleich nach ihrer Einweisung in Block 10 mit Blutentnahmen begonnen worden, berichtet Nana Sanders. Man habe ihr 250 Kubikzentimeter abgenommen, daraufhin sei sie ohnmächtig geworden. Man habe sie der »Injektionsgruppe« zugeteilt.[11] »Von Beginn an wurde ich zum Blutabzapfen in beträchtlichen Mengen gebraucht«, sagt auch Margaretha Speelman.[12] »Die Bevorzugtesten von uns wurden in das Laboratorium ›Blutuntersuchung‹ geschickt«, erzählt die Pariserin Mira Honel. »Man sagte uns, dass unser Blut in das Laboratorium nach Rajsko käme und dann als Blutkonserve für verwundete Soldaten dienen sollte«, überliefert Inge Heimann, die solches Gebaren verwundert mit der offiziellen Propaganda in Verbindung bringt. »Wir fanden das sehr unlogisch.«[13] Man habe ihr »oft Blut für Soldaten genommen«, berichtet Masal Arnaldes, damals 17 Jahre alt, aus Saloniki. Augusta Nathan, die von diesen Eingriffen nicht betroffen ist, berichtet: »Eine andere Gruppe musste Blut geben für verwundete Frontsoldaten. Judenblut!!«[14]

Rosa Katoen wird ebenfalls als Spenderin verpflichtet: »Man zog mich zum Blutspenden heran und entzog mir häufig – dreimal in der Woche – größere Mengen Blut, bis ich körperlich nicht mehr zu weiteren Abgaben imstande war.« Sie sei »die größte Blutspenderin des Blockes gewesen«, sagt sie. Sechs Wochen lang wird ihr Blut entnommen, dann folgt eine Pause von ebenfalls sechs Wochen, und dann beginnt der Zyklus von neuem.[15] Auch Gerda Mueller gehörte zu den Großspenderinnen. Man habe ihr alle zwei Wochen 250 Kubikzentimeter abgenommen, einmal sogar so viel, dass sie »beinahe dabei draufgegangen« sei.[16] Und Margit Fried berichtet: »Ich wurde zunächst als Blutspenderin verwandt und musste in unregelmäßigen Abständen so lange Blut abgeben, bis ich eines Tages bewusstlos zusammenbrach und ins Revier gebracht wurde.«[17] Tauba Friszman erduldet mehrfach »Blutentnahme bis zur vollständigen Erschöpfung«[18], bei Aleida van Gelderen sind es alle ein bis zwei Wochen »größere Mengen Blut«[19], Greta Wittenburg, zu dieser Zeit 24, erwähnt »meist große« Blutabnahmen, geschätzt acht bis zehn Mal.

Alle Blutspender werden mit Extrarationen belohnt. Mal gibt es einen zusätzlichen Teller Suppe, oft auch ein Stück Wurst und ein Stück Brot.

Blutgruppenverträglichkeit wird auf verschiedene Weise getestet. Ryvka Grynberg erfährt, dass sie die Blutgruppe 0 hat. Man nimmt ihr ungefähr acht Mal Blut ab und spritzt es Mitgefangenen ein, die eine andere Blutgruppe haben. Ihr wiederum wird nacheinander Blut von Häftlingen injiziert, das nicht ihrer eigenen Blutgruppe entspricht. Grynberg: »Ich weiß nicht, zu welchem Zweck diese Mischung vorgenommen wurde, anscheinend um die Wirkung der Vermischung der Blutgruppen zu Behandlungszwecken zu ermitteln, denn mir wurden danach mehrmals große Mengen Blut abgenommen. Während dieser Zeit wurden keine anderen Experimente an mir vorgenommen.«[20] Auch Jeanette Kahn erinnert sich an Einspritzungen anderer Blutgruppen. Sie habe sich anschließend ins Bett legen müssen, weil es hieß, »dass sie sich danach schlecht fühlen würde«.[21] Hélène Gesundet, seit dem 20. Juli 1943 in Auschwitz, soll ursprünglich sofort von Clauberg eine Spritze erhalten. Aber weil sie gerade menstruiert, wird sie wieder in den Saal zurückgeschickt. Möglicherweise benötigt Clauberg sie danach nicht mehr, denn nun teilt man sie jener Gruppe zu, deren Mitgliedern fremdes Blut in eine Armvene injiziert wird. Mit der Folge: »Ich litt jedesmal unter starken allgemeinen Reaktionen mit Schüttelfrost, Zittern und Nervenzuständen, die etwa eine halbe Stunde dauerten und eine tagelang anhaltende Schwäche hinterließen. Wir wussten, dass es sich um Übertragung von nicht passenden Blutgruppen handelte.«[22] Lotte Geisenheimer berichtet, die Injektion von Blut einer fremden Blutgruppe habe bei ihr hohes Fieber ausgelöst, das erst dann gesunken sei, als ihr ein Arzt, der stündlich nach ihr sah, am nächsten Morgen eine Tablette gab.[23] Betsy Goudsmit sagt, ihre eigene Blutgruppe A habe nach Einspritzung von Blut der Gruppe 0 keine Reaktion gezeigt.[24] Slavka Kleinová gibt an: »Allen Patienten, deren Zugehörigkeit zu den Gruppen A II und B III bekannt war, wurde eine kleine Blutmenge (4 cm^3 und 16 cm^3 Natriumzitrat) einer entgegengesetzten Blutgruppe injiziert, um einen höheren Agglutinationstiter zu erzielen.«[25]

Es sei richtig, gibt SS-Arzt Hans Münch zu, dass »nach derartigen intravenösen Bluteinspritzungen starkes Fieber und auch sonst schwere Allgemeinreaktionen aufgetreten« seien. »Das ist die übliche Reaktion des Körpers.«[26]

Blutentnahmen erfolgten auch in kleineren Mengen, die betroffenen Frauen geben dafür meist das Volumen eines Reagenzglases an. Mit diesem Blut wird, wie mehrere Zeugen übereinstimmend berichten, ein Trockenserum für den Blutgruppentest hergestellt.[27] Netty Kahn sagt, man habe ihr über längere Zeit »fast täglich ein Reagenzglas voll Blut abgenommen«, zwei oder drei Mal auch größere Mengen. Sie hat die Blutgruppe A[28], ebenso wie Marianne Halberstadt, die bis zu drei Mal in der Woche »kleine Röhrchen« mit ihrem Blut füllen muss.[29]

Hilda Tenenbaum berichtet, dass ihr »ein Dr. Weber« mehrere Male »ziemlich große Mengen Blut entnommen« habe.[30] Ähnlich Marja Redlich, der Weber so lange jeweils 100 Kubikzentimeter Blut abnimmt, bis sie im Mai 1944 an Gelbsucht erkrankt. Auch Reintje de Groot nennt einen »gewissen Dr. Weber«, der ihr »Injektionen verabfolgte«. Reintje Fransman sagt, dass sie von Weber eine Spritze in den rechten Arm bekommen habe. Der sei daraufhin angeschwollen, und sie habe Fieber bekommen. Am nächsten Morgen habe ihr Weber eine Spritze in den anderen Arm gegeben, daraufhin seien Fieber und Entzündung zurückgegangen.

Die Blutentnahmen bei den Frauen in Block 10 haben weder Juristen noch Historiker systematisch aufgearbeitet, Berichte von Überlebenden sind nur beiläufig gesammelt worden. Das mag allein schon damit zu tun haben, dass die Schwere des körperlichen Eingriffs gegenüber den Zwangssterilisationen deutlich zurücktritt, obwohl gerade auch die Entnahme großer Blutmengen aus den geschwächten Körpern beträchtliche gesundheitliche Schäden verursachte. Dass niemand freiwillig sein Blut abgab, muss nicht eigens betont werden, auch wenn umgangssprachlich in diesem Zusammenhang oft von »Blutspenden« geredet wird. Aus den genannten Gründen ist nicht überliefert, ob die körperlichen Reaktionen der »Blutspender« medizinisch ausgewertet wurden. Weil den Versuchspersonen die unterschiedlichen Zwecke der Blutentnahmen gewöhnlich nicht bekannt waren, konnten sie die Verantwortlichen nicht immer eindeutig zuordnen.

Das kleine, zwischen den beiden oberen Sälen in Block 10 gelegene Labor erweckte unter denen, die in die Details nicht eingeweiht waren, den Eindruck, es handle eigenverantwortlich. Dies war jedoch nicht der Fall. Wahrscheinlich deswegen, weil sie nicht danach gefragt wurden, erwähnen Überlebende in den Verfahren gegen Clauberg oder Schumann selten Personen wie beispielsweise den verantwortlichen Leiter des SS-Hygiene-Instituts, SS-Obersturmführer Dr. Bruno Weber. Dieser habe, so Mieczysław Kieta, der Blutgruppenforschung »größte Aufmerksamkeit« gewidmet, ebenso der Entwicklung einer vereinfachten Methode für die Blutgruppenbestimmung. »Dies war ein Erfolg des Häftlings Dr. Lewin und seiner Leidensgefährten in der Haft, ein Erfolg, den Weber sich selbst zuschrieb, wie später gerüchteweise zu hören war.«[31] Es verhielt sich jedenfalls nicht so, wie Weber 1946 zu Protokoll gab: »Ich fühle mich in keiner Weise schuldig, im Gegenteil, ich war immer um das Wohl der Häftlinge besorgt.«[32] Das hätten, wenn dem so gewesen wäre, die betreffenden Frauen mit Sicherheit gespürt. Irene Kasman zum Beispiel hatte andere Gefühle: »Wir hatten vor diesen weiteren Versuchen Angst.«[33] Es hatte einmal geheißen, dass Claubergs Versuchspersonen dessen »Protektionskinder« seien und unter dessen Schutz stünden. Dennoch wurde selektiert, und vor weiteren Experimenten anderer Ärzte war man eben auch nicht sicher.

Spuckkommando und Rheumaspritzen

Menschenversuche des SS-»Hygiene-Instituts« (II)

Als eine aus jeder Perspektive schillernde Gestalt erscheint Dr. Hans Münch, der im August 1943 seine Arbeit im SS-Hygiene-Institut beginnt. Der 1911 in Freiburg geborene Sohn eines Forstwissenschaftlers hatte Medizin in Tübingen und München studiert, war zeitweise Politischer Leiter der Reichsstudentenführung, trat 1937 der NSDAP und 1943 der SS bei. Nach seiner Promotion 1939 vertrat er in Bayern zum Militärdienst eingezogene Ärzte in deren Praxen, ehe er nach Auschwitz wechselte. Während seines langen Lebens[1] ist es niemandem gelungen, seine wahren Motive für die Beteiligung an den dortigen Menschenversuchen zu erkennen, vielleicht auch, weil er sich selbst seiner Rolle nie ganz sicher war. Seine Kollegen in Auschwitz erwarteten von ihm als Arzt, zumal in seiner herausgehobenen Funktion, dass er sich an den Selektionen an der Rampe beteiligte, was er offenbar erfolgreich abwenden konnte. Das wurde ihm zeitlebens zugutegehalten.[2] Zudem attestierten ihm Überlebende vielfach, er habe sich im persönlichen Umgang meist korrekt verhalten. Eine Beteiligung an Exzessen – den Experimentierbetrieb als solchen einmal ausgenommen – wurde ihm nicht nachgesagt. »Tatsächlich war er so zuvorkommend«, schreibt der amerikanische Psychiater Robert Jay Lifton, der

Münch[3] in den siebziger Jahren mehrfach interviewte, »dass es mir ein wenig unbehaglich wurde und ich mich im stillen daran erinnerte, dass er, was immer seine Vorzüge sein mochten, einer von *denen* gewesen war: ein Nazi-Arzt in Auschwitz.«[4]

Münch gelangte nicht per Zufall in die SS, sondern er trat ihr bewusst bei. Einem Mediziner hätten, auch als SS-Mitglied, andere berufliche Betätigungen offengestanden, als ausgerechnet in einem Konzentrationslager Dienst zu verrichten – und dort auch noch eineinhalb Jahre zu bleiben, obwohl er unmittelbar nach seiner Ankunft aus eigener Anschauung erkannte, dass es sich um ein Vernichtungslager handelte. Sein Chef Bruno Weber unterbreitete ihm sogleich die »Wahrheit über Auschwitz« und erklärte, was man sich unter »Endlösung der Judenfrage« vorzustellen habe: »Wenn du sehen willst, wie das geht, dann schau zum Fenster hinaus, da siehst du zwei große Schornsteine … die normale Leistung dieser Apparate [ist] tausend Mann in vierundzwanzig Stunden.«[5]

Seine bakteriologischen Kenntnisse qualifizierten Münch für das »Hygiene-Institut«, das keineswegs ein »ganz normales« medizinisches Labor war, wie er es gern darstellte. Und es war obendrein ein Unterschied, ob man wie Dr. Ludwig Fleck, Dr. Jacques Lewin oder Dr. Bernhard Umschweif als Häftling dort einen Überlebensort fand oder als SS-Offizier in der Position eines stellvertretenden Leiters Verantwortung übernahm. Münch initiierte als junger Arzt in Block 10 eigene Experimente, aus denen er nach dem Krieg eine Legende konstruierte, die sich mit den Jahren zum Mythos formte: dem Mythos vom »guten Menschen von Auschwitz«. Darin stellen sich seine Experimente wie eine gezielte List dar: Sie hätten zwar wie »ernsthafte Versuche« wirken, eindrucksvolle Entzündungen hervorrufen und dadurch auch gefährlich aussehen sollen, doch letztlich seien sie harmlose Inszenierungen mit dem Ziel gewesen, die dafür ausgewählten Frauen vor der Verlegung nach Birkenau und damit vor dem sicheren Tod zu bewahren. Dieser Mythos gründete insbesondere darauf, dass er vor dem Polnischen Nationalgericht am 22. Dezember 1947 als Einziger unter 40 Angeklagten des Auschwitzer SS-Personals freigesprochen wurde.[6]

Gemessen an den Experimenten Claubergs und Schumanns mögen die Versuche Münchs harmloser gewesen sein. Aber es ist zweifelhaft, dass sie dies nur deswegen waren, weil Hans Münch von vornherein beabsichtigte, unbedenkliche Versuche durchzuführen. Er sei von der Häftlingsärztin Slavka Kleinová kurz nach seiner Ankunft aufgeklärt worden, »dass die Auflösung des Labors den Gastod für die Versuchsfrauen bedeuten würde«, beteuerte er nach dem Krieg. Das sei der Grund gewesen, warum er aus eigener Initiative Versuche in diesem Labor fortgesetzt habe. Er beschreibt sie als »Immunisierungsversuche gegen Rheuma mit Streptokokkenvaccinen, die aus Zahngranulomen gewonnen worden waren«.[7] Slavka Kleinová, die für das SS-»Hygiene-Institut« eingesetzt war, schildert ihn ganz und gar nicht als den »guten Menschen«, als der Hans Münch oft beschrieben wird, vielmehr als einen, der »sich amüsierte, Einspritzungen in die Haut mit Lösungen zu machen, die Streptokokken-Toxine enthielten mit oder ohne Beifügungen von Sulfonamiden, um die Hautreaktionen der Patienten zu beobachten«.[8] Er habe die Streptokokken – Bakterien, die schwere Erkrankungen hervorrufen können – in die Arme und in den Rücken der Häftlinge injiziert, berichtet er selbst, und »das Menschenmaterial« habe ihm Carl Clauberg überlassen, nämlich Frauen, »die sonst vergast worden wären«. Dieser Clauberg, merkt er in einem Interview mit dem *Spiegel* an, »hat ausgeschaut wie ein Jud«.[9] Ryvka Grynberg erinnert sich an »starkes Hautjucken« nach einer solchen Prozedur. »Um die Einstichstellen bildeten sich große rote Höfe; es entstanden außerdem Furunkel, die aufgeschnitten werden mussten.«[10] Sie habe »von Dr. Münch aus München … 86 Serumspritzen in die Brust und in den Rücken« erhalten, sagt Ilse Korn, und vergeblich fragt sie: »Wofür? Wogegen?«[11] Ihre Angabe bestätigt Münch. »Sie reagierte in diagnostischer Hinsicht auf die subkutanen Quaddeln schulmäßig, so dass sie für eine Densibilisierung besonders geeignet war.«[12]

Renée Krämer weiß noch, dass Dr. Münch im Rahmen von bakteriologischen Forschungen auch an ihr experimentierte. Sie erinnert sich an 42 Stiche auf ihrem Rücken und daran, dass eine Pflegerin neben ihm saß und auf Millimeterpapier jeden Stich einzeichnete und mit Notizen versah. »Nach diesen Einstichen bekam ich Diphtherie und musste vier Wochen lang in der Intensivstation verbringen.«[13] Elly Besser erhielt 156 Einstiche in Brust und Rücken. Nach diesen Injektionen sei sie fotografiert worden. Vier Wochen später sei eine zweite Injektionsserie erfolgt.[14] »Hunderte von Spritzen« habe sie in Brust und Rücken bekommen, sagt Gerda Müller.[15] Und Eva Golgevit nennt als Folgen mehrfacher Einspritzungen unter die Brusthaut: »Ich fühlte mich danach sehr schlecht, hatte Fieber, die Einspritzstellen wurden rot und bildeten eine Kruste, die sehr lange bis zur Abheilung dauerte.«[16] Sie habe »im Laufe einer kurzen Periode 50 bis 100 Spritzen über die Brust verteilt« bekommen, schreibt Augusta Nathan, »wofür und was für Spritzen es waren, weiß ich nicht«.[17]

Flora Jacobson berichtet von Injektionen in den Rücken – »Insgesamt werde ich wohl 60 bis 80 Spritzen erhalten haben« –, als deren Folge sich Geschwüre bildeten, die nach kurzer Zeit wieder verschwanden. »Im Anschluss an die Spritzen wurden wir zu einem Zahnarzt gebracht, der unser Gebiss kontrollierte.«[18] Münch vermutete einen Zusammenhang von vereiterten Zahnwurzeln und Rheuma. »Ich konnte an Menschen Versuche machen, die sonst nur an Kaninchen möglich sind«, sagt er in dem erwähnten Interview, zutiefst davon überzeugt: »Das war wichtige Arbeit für die Wissenschaft.«[19] Und so zog er Häftlingen Zähne. Lucia Heidemann beispielsweise, gleich in der zweiten Woche nach ihrer Ankunft. Es seien ihr »acht Zähne ohne Betäubung« gezogen worden, sagt sie. »Alle auf einmal. Aber warum?« Ein polnischer Arzt habe ihr dabei so fest die Hände gehalten, dass sie hinterher Blutergüsse hatte.[20]

»Anfänglich war ich beim Spuckkommando«, berichtet Leny de Leeuw von der kuriosesten, immerhin harmlosen Versuchsreihe.[21] Slavka Kleinová schreibt, dass vor Münchs Ankunft im SS-»Hygiene-Institut« Rajsko auf Anordnung Webers Blut unterschiedlicher Blutgruppen mikroskopisch untersucht wurde, das Häftlingen entnommen worden war. Unter Münchs Verantwortung sei dieser Versuch mit Speichel fortgesetzt worden. Der Vorschlag dafür sei von Dr. Jacques Lewin gekommen, dem aus Frankreich nach Auschwitz deportierten Bakteriologen, woraufhin ein »Spuckkommando« gegründet wurde. »Morgens wurden den Frauen Teströhrchen ausgeteilt, in die sie speien mussten. Und wir im Labor untersuchten, wie sich die gleichen charakteristischen Partikel im Blut der verschiedenen Blutgruppen und im Sputum entwickelten.«[22] Auf die Liste dieses Versuchs hätten Kleinová und Lewin »die größtmögliche Zahl von Frauen« gesetzt, »um ihnen die Sterilisationsversuche zu ersparen«, schreibt Eva Golgevit. Das war freilich, sollte es tatsächlich die Absicht gewesen sein, eine vergebliche Hoffnung.[23]

Sie habe »mehrmals wöchentlich« ein Röhrchen vollspucken müssen, sagt Zijsa van Embden.[24] Jo Norden: »Diese tägliche Beschäftigung sei in fünf Minuten erledigt gewesen, da sie nur ein Röhrchen vollzuspucken brauchte.« [25] Nur die Wenigsten haben eine Ahnung, wozu dies gut sein sollte. Margaretha Speelman, die ebenfalls zeitweise diesem »Spuckkommando« angehört, hat in Erinnerung, dass ihr in dieser Phase täglich 15 Kubikzentimeter Blut genommen wurde. Das Serum dieses Blutes habe man mit ihrem Speichel gemengt und, soviel sie wisse, zur Behandlung von Flecktyphus verwandt.[26]

Manche Frauen mussten tageweise nach Rajsko gehen, mitunter wurden sie auch in kleineren Gruppen dorthin gebracht. Die Versuche, die man dort mit ihnen anstellte, waren offenbar ebenfalls gesundheitlich unbedenklich. Zumindest wird von keinen Nebenwirkungen berichtet. Elisabeth de Jong erzählt, dass sie dort nacheinander verschiedene Flüssigkeiten zu sich nehmen musste und dass ihr daraufhin Blut aus den Fingern gezapft wurde. Auch habe sie jedes Mal Urinproben abgeben müssen.[27] Das Blut sei aus allen Fingern außer den Daumen entnommen worden, sagt Sophie Koster ergänzend. »Dazwischen durfte sie dort im Garten spazieren gehen und erhielt eine Extraportion Wurst, Brot und Salat.«[28]

Eines Tages erschien ein Psychiater und suchte sich zehn Frauen aus. Er war Jude, stammte aus Wien und war ebenfalls Häftling. »Er machte einen sehr feinen und taktvollen Eindruck«, beschreibt Augusta Nathan den Mann, dessen Name ihr ebensowenig bekannt ist wie der Sinn seines Tuns. »Man war allein mit ihm in einem Raum, musste den Oberkörper freimachen, sich halb auf einen Operationstisch legen, tief atmen. Dann frug er allerlei Dinge, die ich vergaß, ich glaube, ob ich Blumen und Früchte sehen würde. Dann redete er mir allerlei Dinge ein, die ich empfinden sollte. Ich sagte zu allem nein. Zweimal machte er mit mir das Theater, dann entließ er mich, weil ich kein Medium war. Ich hatte mich dagegen gestemmt.«[29]

Die Skelettsammlung des August Hirt

Ein Anatomieprofessor lässt morden

Eines der bizarrsten Forschungsprojekte, an denen Mediziner jemals beteiligt waren, hatte Prof. August Hirt veranlasst. Dabei gerieten die Frauen in Block 10 nur durch Zufall ins Visier völlig enthemmter Wissenschaftler.

Der an der Reichsuniversität Straßburg lehrende Anatom, der nie Skrupel hatte, mit Häftlingen zu experimentieren, arbeitete eng mit der Berliner SS-Wissenschaftsorganisation »Ahnenerbe« zusammen und erprobte ab November 1942 in dem nicht weit von Straßburg gelegenen KZ Natzweiler-Struthof Prophylaxemittel gegen Kampfgase. Deshalb ließ er den Kühlraum eines Ausflugsrestaurants am Rande des Lagergeländes zu einer luftdichten Kammer umbauen. Sie wurde am 12. April 1943 fertiggestellt, ohne dass zu diesem Zeitpunkt schon daran gedacht war, sie auch noch für andere Zwecke zu nutzen.

Einen anthropologischen Lehrstuhl gibt es zu Beginn der im November 1941 eröffneten Reichsuniversität nicht. Die Belange des Fachs werden zunächst, wie auch an vielen anderen Universitäten, von der Anatomie übernommen. In diesem Kontext ist es zu sehen, dass SS-Untersturmführer Hirt bereits im Dezember 1941 ein Forschungsvorhaben auf dem Gebiet der nationalsozialistischen Rassenanthropologie skizziert. Dafür will er Juden heranziehen, die als Angehörige der Roten Armee in Gefangenschaft geraten sind. Da sich dieser Plan nicht verwirklichen lässt[1], sinnt Hirt zusammen mit Vertretern des SS-»Ahnenerbes« nach einer Alternative, und so kommen die Kooperationspartner auf Auschwitz. Dem Straßburger Anatom teilt das »Ahnenerbe« drei wissenschaftliche Mitarbeiter zu, die für ihn nach Oberschlesien reisen. Hirt selbst hält sich im Hintergrund. »Noch während des Aufenthalts in Block 10 war einmal ein Rassenforscher aus Berlin da. Er suchte Frauen, die einen besonders ausgeprägten jüdischen Typ haben sollten«, berichtet Erna Fleig.[2] Der Rassenforscher ist der Anthropologe Dr. Bruno Beger, Mitarbeiter des SS-»Ahnenerbe« und hauptsächlich mit der Ausarbeitung einer nationalsozialistischen Rassenkunde asiatischer Völker beschäftigt. Begers Auftrag, SS-intern mehrfach als »Auftrag Beger« bezeichnet, besteht darin, in Auschwitz eine Reihe von Jüdinnen und Juden anthropologisch zu untersuchen.

Zu den Besonderheiten der Straßburger Universität gehört eine von dem deutschen Anatom Gustav Schwalbe in der Zeit vor dem Ersten Weltkrieg angelegte Schädelsammlung. Sie beinhalte, schreibt Hirt, unter anderem die Schädel von »Ägyptern, Negern, Chinesen, Japanern, Deutschen, Engländern, Franzosen«, und er sieht es als eine »selbstverständliche Pflicht« an, »diese Schädelsammlung zu erhalten und sie der Tradition des Instituts gemäß und nach modernen Gesichtspunkten weiterzuführen«.[3] Jene »modernen Gesichtspunkte« sind nichts anderes als die nationalsozialistische Staatsideologie, die Menschen in verschiedenwertige Rassen einteilt und Juden als eine eigenständige Rasse klassifiziert. Rassenforscher, wie sie beispielsweise auch im SS-»Ahnenerbe« organisiert sind, gehen von der abwegigen Vorstellung aus, Juden biologisch als Rasse definieren zu können, und so wollen sie nicht zuletzt auch entsprechende Belegexemplare in ihren anatomisch-anthropologischen Sammlungen vorzeigen. Vorreiter ist im Jahr 1939 das Naturhistorische Museum in Wien, in dessen anthropologischer Abteilung »22 Stück Judenschädel« und damit »die größte Sammlung von Deutschland« inventarisiert wurde. In diesem Sinne will Hirt die Schwalbe'sche Sammlung nach modernen Gesichtspunkten erweitern, nämlich um Schädel von Juden. »Nur von den Juden stehen der Wissenschaft so wenig Schädel zur Verfügung, dass ihre Bearbeitung keine gesicherten Ergebnisse zulässt«, beklagt er in seiner ersten, als »Denkschrift« bezeichneten Ausarbeitung. Diesem Mangel abzuhelfen, findet er, biete der Krieg im Osten beste Gelegenheit. »In den jüdisch-bolschewistischen Kommissaren, die ein widerliches, aber charakteristisches Untermenschentum verkörpern, haben wir die Möglichkeit, ein greifbares wissenschaftliches Dokument zu erwerben, indem wir ihre Schädel sichern.« Der für Kriegsgefangene geltende Schutz ist kein Thema, sehr wohl aber, was mit ihnen zu geschehen habe: »Sie sind nach durchgeführter Absonderung zu erledigen.« Und: »Für die Aufbewahrung und Erforschung des so gewonnenen Schädelmaterials wäre die neue Reichsuniversität Straßburg ihrer Bestimmung und ihrer Aufgabe gemäß die geeignete Stätte.«[4]

Die Absicht, sowjetische Kriegsgefangene ermorden zu lassen, wird in den nächsten Monaten von Hirt wieder verworfen, indes hält er an dem Projekt einer »anthropologischen Sammlung Fremdrassiger«[5] fest. Dazu wendet er sich an das Reichssicherheitshauptamt, dessen Leiter Heinrich Himmler ihm schon im Januar 1942 eine Generalvollmacht erteilt hat, »mit Gefangenen und Berufsverbrechern, die sowieso nicht mehr in Freiheit kommen«, Versuche anzustellen.[6] Dabei wird zugleich der Inhalt des »Auftrags Beger« erstmals konkretisiert. Es wird nämlich um die nötigen Anweisungen gebeten, weil »für bestimmte anthropologische Untersuchungen … 150 Skelette von Häftlingen bezw. Juden notwendig« seien, »die vom KL Auschwitz zur Verfügung gestellt werden sollen«.[7] Nach mehreren Aufschüben, bedingt durch die Kriegslage und Fleckfieberepidemien in Auschwitz, bekommt Beger am späten Abend des 22. Mai 1943 durch den »Ahnenerbe«-Geschäftsführer Wolfram Sievers letzte Order zur »Aufnahme der anthropologischen Untersuchungen in Auschwitz«. Suspekt sei ihm die Entsendung in das Konzentrationslager nicht vorgekommen, beteuert er zwei Jahrzehnte später vor dem Untersuchungsrichter, denn: »Die Untersuchung von Gefangenen nach anthropologischen Gesichtspunkten ist eine in der Vergangenheit oft geübte Maßnahme. Die Anthropologie geht weitgehend auf solche Gefangenenuntersuchungen zurück.«[8]

Am Montag, dem 7. Juni 1943, trifft Bruno Beger um 8:40 Uhr mit dem Nachtzug am Bahnhof Auschwitz ein. Für seine »rassenkundliche Untersuchung und Auslese«[9] stehen ihm zwei Kollegen zur Verfügung: Wilhelm Gabel, Präparator in seinem Münchener Institut, und Hans Fleischhacker, promovierter Anthropologe aus Tübingen. Gabel, der von seiner Institutsleitung offziell mit »Abformungen an Innerasiaten« beauftragt wurde[10], war schon am Nachmittag des 6. Juni in Auschwitz angekommen. Fleischhacker hatte im Mai in Tübingen sein Habilitationskolloquium über das Thema »Grundsätze und Erfahrungen der rassenpolitischen Arbeit im Osten« bestanden.[11] Nachdem er am Dienstag, dem 8. Juni, in Tübingen noch seine Antrittsvorlesung gehalten hatte, reiste er tags darauf über Berlin nach Auschwitz, das er am Freitagmorgen, dem 11. Juni, erreichte.

»Die anthropologischen Untersuchungen fanden in einer Sanitätsbaracke des Lagers statt«, gibt Bruno Beger Jahre später dem Untersuchungsrichter an. »Wir wurden auf zwei Lagerblöcke hingewiesen, aus denen Häftlinge für die Untersuchungen herausgesucht werden konnten. Die Auswahl erfolgte durch mich und Dr. Fleischhacker.«[12] Wie viele selektiert werden sollten, kann (oder will) Beger bei seinen Vernehmungen nicht angeben, es sei eine dreistellige Zahl gewesen. »Die Auftragszahl lag weit über der Höhe der Zahl, die ich dann tatsächlich anthropologisch untersucht habe.« Er habe vorgefertigte Fragebogen für anthropologische Untersuchungen dabeigehabt, die eigentlich für eine Kaukasusexpedition ausgearbeitet worden seien. Außerdem habe er Messinstrumente für Körpermessungen mitgenommen.[13]

Ima van Esso: »Ich erinnere mich noch sehr gut, dass ein Wissenschaftler in den Block 10 kam, um etwa 30 jüdische Frauen herauszusuchen, möglichst verschieden hinsichtlich Augen, Haare, Größe, Körperbau, Nationalität usw.«[14] Es habe geheißen, dass die Auserwählten das Lager verlassen würden, und deshalb habe in den Augen vieler Frauen ein Ausdruck von »Nimm mich!« gelegen. Ima van Esso glaubt den Versprechungen nicht. »Ich verhielt mich unauffällig und schaute auf meine Füße, in der Hoffnung, übersehen zu werden – denn mit meinen blauen Augen und schwarzen Haaren war auch ich etwas ungewöhnlich. Alle, die genommen wurden, erhielten bessere Kleider und reisten ab in Richtung Deutschland.«[15] Hélène Nudel, eine belgische Überlebende aus Block 10, erinnert sich, dass weibliche Häftlinge »wegen Besonderheiten in ihrem Körperbau« herausgegriffen worden seien. »Diese selektierten Frauen wurden mit besonderer Kleidung versehen … verblieben noch eine Woche im Lager und wurden dann abtransportiert.«[16] Hilda Tenenbaum sagt, ein Arzt habe »Rassenforschung vorgenommen« sowie »Messungen und Konstitutionsvergleiche«.[17] Dyna Podemska: »Ich entsinne mich, dass eines Tages ein Fremder zu uns kam und etwa zwanzig der hübschesten und rassigsten Frauen unter uns aussuchte. Sie sind nie wiedergekommen.«[18] Es seien »Frauen mit besonderen rassischen Merkmalen« selektiert worden, berichtet Rosa Gruber.[19] Die französische Häftlingsärztin Adélaïde Hautval erinnert sich später, dass »ein neuer Verfechter der Rassentheorien« erschienen sei. Er habe selektiert, »indem er nackte Frauen jeden Alters vor sich paradieren« ließ. »Er wollte Anthropometrie durchführen … Die Maße aller Körperteile wurden unendlich oft genommen. Man notierte alle Besonderheiten.«[20]

Es habe sich um ein »normales anthropologisches Untersuchungsprogramm« gehandelt, verharmlost der Anthropologe Hans Fleischhacker später gegenüber dem Untersuchungsrichter, so normal, wie es üblicherweise bei Reihenuntersuchungen angewandt werde. »Diese Untersuchungen umfassten Messungen an Kopf und Gesicht, wichtige Körpermaße wie Größe und Spannweite usw., aber auch die Bestimmung der Haut-, Haar- und Augenfarbe mit Hilfe von Bestimmungstafeln und die Bestimmung von zahlreichen morphologischen, also Formmerkmalen wie etwa Kopfform, Stirnform, Hinterhauptform, Nasenform, Mund, Ohr usw.«[21] Zudem habe er, nachdem Beger schon wieder abgereist sei, auch fotografiert und gefilmt, da ihn »die exakte anthropologische Fotografie besonders beschäftigt« habe. Sein Kollege dagegen habe sich für die »rein technischen Dinge nicht so interessiert«.[22]

Angeblich wegen Seuchengefahr bricht der Anthropologe Bruno Beger seinen eigentlich auf 150 Personen bezifferten Auftrag beim Stand von 109 vermessenen Juden vorzeitig ab. Er verlässt Auschwitz als erster der drei »Ahnenerbe«-Mitarbeiter und trifft bereits am 16. Juni 1943 wieder in Berlin ein; die ursprünglich eingeplanten drei Wochen hat er damit für sich auf weniger als die Hälfte reduziert. Die katalogisierten Insassen müssten nun »zur weiteren Bearbeitung«, wie er schreibt, ins Konzentrationslager nach Natzweiler gebracht werden.

Als Letzter kehrt Ende Juni 1943 der Präparator Gabel heim. Als Grund für den längeren Aufenthalt nennt Beger: »Die Abnahme der Gesichtsabdrücke ist eine sehr zeitraubende Tätigkeit. Bei vollem Einsatz der Arbeitskraft kann man an einem Tag etwa drei Abdrücke herstellen.« Gabel beschränkt sich auftragsgemäß »auf besonders markante Typen« und fertigt von den selektierten Juden insgesamt 20 Gesichtsmoulagen[23] – zudem noch sechs weitere von polnischen und russischen Gefangenen. »Diese Liebhaberei von mir lief nebenher«, sagt Beger, ohnehin stärker an seinen eigenen Rassenforschungen interessiert als an dem nach ihm benannten Auftrag.

Magda Hellinger, in jenem Frühsommer 1943 in Block 10 als Blockälteste eingesetzt, hat von den Rassenforschern insbesondere den Präparator in Erinnerung behalten. Während seines Aufenthalts in Auschwitz hat sie den Auftrag, ihm die zuvor bestimmten Frauen in dessen Arbeitsraum zu bringen, wo er die Gesichtsmasken abnimmt. Ernst Toch, Häftlingsschreiber von Block 28, beobachtet, wie vor Block 28 an einer größeren Zahl von Häftlingen »irgendwelche Kopfmessungen vorgenommen« werden. Er wird als Schreiber hinzugezogen, um die Nummern zu notieren, die ihm von einem SS-Mann genannt werden. Sie gehören zu Namen wie Allegra Attas aus Saloniki, Brandel Grub aus Düsseldorf, Elisabeth Klein aus Wien, Marie Sainderichin aus Antwerpen oder Alice Simon aus Berlin. Die Notizen schreibt er erst mit Bleistift, dann tippt er »auf der Maschine eine Reinschrift der Liste«. Die Zusammenarbeit mit dem SS-Mann dauert eine Dreiviertelstunde. »Es wurde mir erklärt, dass die Untersuchungen an den Häftlingen im Auftrage des Rassenforschungsamtes durchgeführt würden.«[24]

Wenig später geht in der Schreibstube von Block 28 ein Schreiben des Reichssicherheitshauptamtes ein, in dem mitgeteilt wird, welche der auf der Liste verzeichneten Häftlinge in das Konzentrationslager Natzweiler-Struthof überstellt werden sollen. Toch: »Wir haben dann in unserer Schreibstube die Transportliste für Natzweiler angefertigt.«[25] In den nächsten Wochen müssen die selektierten Frauen und Männer ihr Blut untersuchen lassen, denn die Sorge besteht, dass Fleckfieber aus dem Lager verschleppt werde. Wonach sich die Wartezeit bemisst, ist nicht bekannt. »Eines Tages ließ man diese Frauen wissen, sie hätten das außerordentliche Glück, ausgewählt zu werden«, sagt Hautval. Es hieß, »die würden Auschwitz verlassen und in ein hervorragendes Lager irgendwo in Deutschland kommen«. In dieser Annahme hätten sie sich »voller Freude« verabschiedet. Magda Hellinger berichtet, dass die benannten Personen vor der Abreise nach Geschlecht getrennt in zwei Räumen eingesperrt worden seien. Für den Frauenraum hat sie einen Schlüssel und weiß, dass die für den Transport vorgesehenen Häftlinge um Mitternacht von einem SS-Mann abgeholt und zum Bahnhof gebracht werden sollen. Unter den Eingeschlossenen sei auch Mila Potasinski gewesen, eine in Warschau geborene Schauspielerin aus Belgien. »Sie klopfte an die Tür und sagte: Magda, lass mich raus! Und noch eine zweite Frau klopfte, und sie sagte, ich solle sie herauslassen, weil sie eine Schwester hier habe. Ich dachte mir nichts dabei, öffnete die Türe und ließ sie heraus.« Der SS-Mann kommt, und weil die Frauen eingesperrt waren, zählt er sie nicht ab und geht mit ihnen von dannen. Erst im Zug wird die Kolonne gezählt, und es fällt auf, dass zwei Frauen fehlen. »Sie sind am Leben«, sagt Hellinger. »Die eine, das griechische Mädchen, lebt in Israel. Als ich in Israel lebte, kam sie mit ihrem Mann, um mir zu danken, dass ich sie rettete.« Ihren Namen erwähnt sie nicht.[26]

Władysław Fejkiel, Häftlingsarzt in Block 20: »Von einem in der Lagerkommandantur arbeitenden Häftling erfuhr ich, dass dieser Transport nach Natzweiler geschickt wurde.«[27] Der bayerische Häftling Ludwig Wörl hat die Funktion eines Lagerältesten und ist während des Aufenthalts der Anthropologen in Auschwitz mit der Aufgabe betraut, diese »in jeder Hinsicht« zu unterstützen. Auf seine Frage, was mit den ausgesuchten Frauen und Männern geschehen solle, hört er von Standortarzt Eduard Wirths: »Die Häftlinge würden aus dem Lager heraustransportiert. Es seien noch Messungen notwendig, die man in Auschwitz nicht durchführen könne. Nach Beendigung der Messungen kämen die Häftlinge wieder nach Auschwitz zurück.«[28] Hermann Reineck, Schreiber in Block 21: »Nachdem der Transport schon abgegangen war, haben wir durch irgendeine Verbindung erfahren, dass die Häftlinge für eine Skelettsammlung in Straßburg verwendet werden sollten.«[29]

Am nächsten Tag muss sich Magda Hellinger verantworten. Ihr wird vorgehalten, sie habe Sabotage betrieben, darauf stehe die Todesstrafe. Sie wird im benachbarten Block 11 in eine Einzelzelle im Keller eingesperrt, kommt aber nach einer Woche zu ihrer eigenen Überraschung wieder frei und wird nach Birkenau ins Frauenlager überstellt.

Von den 109 vermessenen Frauen und Männern verlassen 86 Auschwitz. Das Schicksal der Verbliebenen ist, von den geschilderten Ausnahmen abgesehen, nicht bekannt.

Für die 86 Juden endet ihre zweite Deportation nach dreitägiger Zugfahrt am 2. August 1943 im Elsass. Kurz zuvor hat August Hirt den Lagerleiter Joseph Kramer instruiert, »dass diese Personen in der Gaskammer des Lagers Struthof mit tödlichen Gasen getötet und dann ihre Leichname zum anatomischen Institut gebracht werden sollten, damit er über dieselben verfügen könne«. So bezeugt es Kramer später vor Gericht.[30]

Bruno Begers Auftrag ist, wegen des vorzeitigen Abbruchs seiner Arbeit in Auschwitz, um eine Dienstreise in das KZ Struthof erweitert worden, als deren Zweck er in seine Reisekostenabrechnung einträgt: »Röntgenaufnahmen und Blutgruppenbestimmungen an den Personen des geh[eimen] Sonderauftrags in Natzweiler.« Wie Fritz Lettow, ein Häftlingssanitäter im Lager, später bezeugt, lässt Beger zunächst die Frauen in die Krankenstation des Lagers kommen: »Von jeder wurden zwei Röntgenaufnahmen des Schädels angefertigt, und zwar mit weichen Strahlen, so dass die Weichteile auch noch sichtbar blieben.« Lettow muss dabei assistieren, desgleichen bei den Männern, die zu einem späteren Zeitpunkt aufgerufen werden.

Laut Lettows Beschreibung kommt nach Abschluss der Röntgenaufnahmen ein namentlich nicht genannter »Professor aus Straßburg«, der den Frauen Blutproben zur Blutgruppenbestimmung entnimmt. Am 11. August, abends gegen 21 Uhr, erscheint Lagerkommandant Kramer und sagt ihnen, dass er sie in ein benachbartes Frauenlager überführen müsse. Ein Transportfahrzeug steht schon bereit. Lettow: »Ungefähr die Hälfte der Frauen nahm ihr kleines Bündelchen und stieg lachend und schwatzend in das Auto ein. Auch die Mutter der Belgierin war dabei, und das Mädel bat, mit der Mutter zusammen fahren zu dürfen. Das wurde ihr auch freundlicherweise von der SS gewährt.« Von der Belgierin berichtete der Häftlingssanitäter nach dem Krieg, dass sie im Lager eine Fehlgeburt erlitt. Derweil war ihr Mann, was sie nicht wusste, gerade im Deportationszug von Mechelen nach Auschwitz unterwegs.[31]

Das Auto fährt den Berg hinunter zum Struthof, der zu dieser Zeit kein Ausflugsrestaurant mehr ist. Die weiteren Einzelheiten überliefert Kramer später in einem Verhör durch britische Militärpolizisten. Er habe den Frauen befohlen, sie müssten nun in einen Desinfektionsraum gehen. Kramer weiter: »Mit Hilfe einiger SS-Leute kleidete ich sie vollständig aus und schob sie in die Gaskammer, als sie vollständig nackt waren. Als die Türe geschlossen war, fingen sie an zu brüllen. Nachdem die Türe geschlossen war, führte ich durch ein Rohr, das oben rechts vom Guckloch angebracht war, eine gewisse Menge von Salzen ein. Sodann schloss ich die Öffnung des Rohres mit einem Kork, der am Ende dieses Rohres angebracht war. Dieser Kork hatte ein Metallrohr. Dieses Metallrohr schleuderte das Salz und Wasser in die Innenseite der Öffnung der Kammer, von der ich gesprochen habe. Ich beleuchtete die Innenseite des Raumes mittels eines Schalthebels, der in der Nähe des Rohres angebracht war, und beobachtete durch das Guckloch, was innerhalb des Raumes vor sich ging. Ich habe gesehen, dass diese Frauen ungefähr noch eine halbe Minute geatmet haben, bevor sie auf den Boden fielen. Nachdem ich die Ventilation innerhalb des Schornsteines in Bewegung gebracht hatte, öffnete ich die Türen. Ich fand diese Frauen leblos am Boden liegen, und sie waren voll bedeckt mit Ausscheidungen. Am nächsten Morgen sagte ich zu den Krankenpflegern der SS, die Leichname in einen kleinen Wagen zu legen – es war ungefähr um 5:30 Uhr –, damit sie in das anatomische Institut gebracht werden könnten, so wie mich Professor Hirt gebeten hatte. Einige Tage später brachte ich unter den gleichen Umständen wiederum eine gewisse Anzahl von Frauen in die

Gaskammer, die auf diese Weise vergast wurden. Einige Tage später ging ich wiederum in die Gaskammer, und das wiederholte sich ungefähr 2 oder 3 Mal, bis 50 oder vielleicht auch 55 [Personen] mit den Salzen, die Hirt mir gegeben hatte, getötet waren.«[32]

Kramers Erinnerung trog: Nicht 55, sondern 86 Frauen und Männer erstickte er in dem nur 2,40 Meter breiten, 3,50 Meter tiefen und 2,60 Meter hohen Raum. Vermutlich verteilte der Lagerkommandant die Morde auf vier Abende. Nachdem er am 11. August in einem ersten und wahrscheinlich am 13. August in einem zweiten Durchgang die Frauen umgebracht hatte, nahm er sich an zwei weiteren Abenden zwischen dem 14. und 21. August die Männer vor. Wenn zutrifft, was vier ehemalige Lagerinsassen aus Luxemburg als Zeugen ausgesagt haben,[33] dann war dies am 17. und 19. August der Fall. In verschiedenen Quellen wird behauptet, dass an einem dieser Abende eine Frau, zwei Frauen oder ein Mann auf der Flucht oder wegen Widerstands erschossen wurden. Das sind Gerüchte, die – mit absoluter Gewissheit – nicht zutreffen.[34]

Weil das Anatomische Institut kriegsbedingt keine Mazerationsanlage erhalten konnte, wurden die aus Natzweiler angelieferten Leichen im Anatomiekeller konserviert. Hirts Gehilfe Henry Henrypierre notierte sich heimlich die auf deren Armen eintätowierten Nummern, ohne zu wissen, was sie bedeuteten. Er schuf damit die Grundlage dafür, dass die anonymen Toten, wenn auch erst sechs Jahrzehnte später, identifiziert werden konnten.

Zwischen Angst und Hoffnung

Vom Alltag in der Versuchsstation

Die Tage sind quälend lang in Block 10. »Immer in Gesellschaft derselben Frauen«, sagt Dr. Froukje de Leeuw, »sehr früh aufstehen, nichts arbeiten, gefangen in einer Atmosphäre andauernder Spannungen.« Langeweile durchdringt jede Empfindung. Nicht die schöpferische, nicht die grüblerische, nicht die lethargische Langeweile. Eher eine abgründige, eine tödliche Langeweile. Langeweile gepaart mit Hoffnungslosigkeit. Hoffnungslosigkeit in allem. Die niederländische Ärztin bringt die Situation der Gefangenen auf den Punkt: »Es war kein Ende zu sehen als das, dass man wahrscheinlich zu Tode kommen wird. Ja, das war es eigentlich, wir lebten dem Tod entgegen.« Im Schatten der Kamine von Auschwitz liegt in dieser Empfindung eine andere Schärfe als in einer Sonntagspredigt. »Ich war immer in Angst um mein Leben. Jeden Tag habe ich damit gerechnet, dass ich ins Krematorium komme«, sagt Sala Neumann, die vor ihrer Deportation in Hannover lebte.[1] »All dieser Leichengeruch die ganze Zeit!«, erinnert sich Katharina Engel aus Kesmark[2] mit einem Schauder, und man muss hinzufügen: unvorstellbar für alle, die nicht dort gewesen sind.

Langeweile, Hoffnungslosigkeit und Einsamkeit. Die Frauen von Block 10 verbringen ihre Zeit tagaus, tagein entweder in der Pflegerstube im Erdgeschoss oder in einem der beiden großen Säle in der ersten Etage, insgesamt meist um die 400 Personen, alle der Heimat entwurzelt, der Familie entrissen, von allem entfernt, was ihnen lieb ist. »Die meisten Frauen schickten sich notgedrungen in ihr Los, alle waren sie bedrückt oder apathisch«, beschreibt Froukje de Leeuw ihre anfänglichen Beobachtungen in Block 10. Sie erinnert sich an eine Frau, die nach ihrer Einlieferung tagelang nur vor sich hin starrte, eine andere habe Weinkrämpfe bekommen. Hysterische Anfälle seien auch vorgekommen, aber nicht viele.

Elizabeth de Jong berichtet: »Das erste, was ich dort sagte, war: Wo ist meine Mutter?« Die gebürtige Amsterdamerin ist 26 Jahre alt, als sie das wissen will. Lärm um sie herum ist ihr von Kind auf fremd, denn ihre Eltern waren taub – die Mutter von Geburt, der Vater nach einer Krankheit. Mit ihnen unterhielt sie sich in Gebärdensprache. Von ihrer Mutter ist sie an der Rampe getrennt worden, und sie ist in tiefer Sorge um sie, die sich sprachlich nicht verständigen kann. »Ich wusste nicht, dass sie direkt in die Gaskammer geschickt wurde. Ich hatte eine stille Hoffnung, dass sie auch in Block 10 war. Und dann sagten sie mir, dass sie vom Lastwagen zur Gaskammer gebracht und verbrannt wurde. Die anderen Gefangenen zeigten mir den Rauch. Erst dachte ich, sie wollten mir Angst machen. Aber dann war es die Wahrheit.«

Die vier Kinder der gehörlosen Eltern konnten alle sprechen, Elizabeth de Jong war Designerin geworden, hatte einen Maler geheiratet und ein zufriedenes Leben mit ihm verbracht. »Dann besetzten die Deutschen Holland. Das waren traumatische Erfahrungen, als man den Stern tragen und das Radio abgeben musste und nach fünf nicht mehr einkaufen durfte. Stellen Sie sich Aufschriften vor: Für Juden verboten! Ich fühlte mich isoliert, ich fühlte mich plötzlich anders als andere: wie ein absoluter Outcast! Wir hatten ein großes Haus mit Garten gemietet. Dann kam ein Brief von der SS: Wir müssten innerhalb von 24 Stunden aus dem Haus verschwinden. Wir mussten alles zurücklassen, jeder durfte nur einen Koffer mitnehmen.«

Am nächsten Tag fuhr ein Traktor mit Anhänger vor und nahm alles mit, auch den Steinway-Flügel. Zu viert konnten sie sich auf dem Land verstecken, Elizabeth de Jong, ihr Mann und ihre Eltern, die aus Amsterdam zu ihnen kamen. Eineinhalb Jahre lebten sie auf engstem Raum, immer in Sorge, aufzufliegen, und dann stand eines Tages doch wieder die SS vor der Tür. Auf der Polizeistation traf sie ihren Bruder und ihre Schwester mit ihrem Baby. Die ganze Familie wurde nach Amsterdam gebracht, wo die Besatzer alle bei Razzien festgenommenen Juden in einem Theater kasernierten. »Man kriegte ein rotes S an die Kleider. Das hieß, wir sollten die nächsten sein für den Transport.« Sie wurden ins Sammellager Westerbork gefahren, wo sie über Nacht blieben. »Am nächsten Tag wurden wir aufgerufen zum Zug.« Im Viehwaggon eingepfercht, waren sie zum letzten Mal zusammen. »Das meiste, was wir unterwegs sprachen: dass wir zusammenbleiben. Wir fürchteten uns nicht vor Arbeit, wir hatten unser ganzes Leben gearbeitet. Wir nahmen an, dass wir hart arbeiten müssen. Wir hofften, waren unsicher, nur mein Mann sagte: Das ist ein Wunschtraum.«

Schließlich das Chaos auf der Rampe. »Auf der einen Seite mein Vater, mein Mann, mein Bruder und auf der anderen Seite meine Mutter, meine Schwester und ich.« Elizabeth de Jong wollte um ihre Mutter kämpfen, ohne Chance, nur mit dem Versprechen eines der SS-Männer, dass sie ihre Mutter später sehen werde. Inzwischen waren ihr Vater, ihr Mann und ihr Bruder in dem Getümmel verschwunden. Und nun steht sie in einem Schlafsaal von Block 10, schaut durch das Fenster ins Leere, noch immer gepeinigt von den Demütigungen bei der Aufnahmeprozedur: »Wir mussten unsere Kleider ausziehen, und ich hatte an dem Tag meine Periode. Ich hatte einen Goldzahn, den zogen sie mir heraus. Ich weinte. Sie schoren meine Haare. Sie schoren den ganzen Körper. Und dann kam auch noch ein Kerl und tätowierte mich mit einer Nummer.«

Ein Nebel voll Verzweiflung liegt in diesem Gebäude, durchdringt alles Leben und lastet auf Seelen, die nie mehr zur Ruhe kommen können. Gedanken hängen an Angehörigen, an den letzten Worten und Umarmungen. Renée und Fritz Krämer hatten in Amsterdam ihre Ehe im Zoo schließen müssen. »Es war der einzige Ort in Amsterdam, an dem Juden noch heiraten durften«, erzählt Renée Krämer. Eine Stunde Fußweg mussten die Familienangehörigen zurücklegen, um dorthin zu gelangen, mit der Straßenbahn zu fahren war ihnen verboten, ihre Fahrräder waren beschlagnahmt. Sie hatten geheiratet und konnten nicht zusammenleben, im Lager Westerbork waren sie getrennt untergebracht. Ein einziges Mal wenigstens wollte ihr Mann mit ihr schlafen, berichtet die gebürtige Kölnerin.[3] »Er wollte es, als er mich in der Nähe hatte, das war im Zug, weil der Lärm so groß war von den Rädern auf den Schienen, dass er sagte, ich solle mich nicht fürchten. Ich werde nie etwas Schönes damit verbinden können.«[4] An der Rampe sind sie getrennt worden, und Renée Krämer weiß, dass ihr Mann ebenfalls ins Lager gekommen ist. Aber sie entdeckt ihn nirgends. Sie schaut sich die Augen nach ihm aus, hofft, unter den ausgemergelten Häftlingen das vertraute Gesicht zu entdecken, und einmal meint sie auch, ihren Fritz zu erkennen, wie er auf einen Lastwagen geschoben und mit einigen Gefährten zur Gaskammer gebracht wird. Gewissheit, dass er nicht überlebt hat, erlangt sie durch einen Zufall noch in ihrer Lagerzeit.[5]

Die Sorge um das Schicksal der engsten Familienangehörigen brennt in vielen Herzen. Manche Frauen können von Glück sagen, dass sie ihre Kinder, für die sie ein Versteck gefunden hatten, nicht mit nach Auschwitz nehmen konnten. Noch über 50 Jahre später wird sich Ima van Esso, mittlerweile eine verheiratete Spanjaard, am Grab ihrer Freundin Marie Hertzdahl an deren Trennungsschmerz im Lager erinnern: »Wann immer ich ihr begegnete, begann sie ihre Litanei: ›Karel und Tilly, wie es ihnen wohl geht?‹ Sie erzählte dann, dass die Kinder in einem guten Versteck seien, dass Anna sie sicher nicht im Stich lassen würde, aber – sie würde nicht mehr für sie aufkommen können. Würde sie sie je wiedersehen?« Viele Frauen lebten in dieser Ungewissheit. Den weiblichen Gefangenen seien ihre Kinder näher gewesen als ihre Männer, sagt die Ärztin de Leeuw. Zuletzt habe sie Namen und Alter zahlreicher Kinder von Häftlingsfrauen gekannt. »Die Frauen, deren Mann weg oder tot war, die aber noch untergetauchte Kinder hatten, was bei sehr vielen holländischen Frauen der Fall war, hatten alle ihren Kindern zuliebe den festen Willen, lebend nach Hause zu kommen.«

Erfüllt von Angst um ihre Kinder, begegnen die jungen Frauen ihrer eigenen Kindheit. Sie sehnen eine mütterliche Geborgenheit herbei und spüren umso stärker ihre Schutzlosigkeit. Eva Golgevit erinnert sich an ein paar Verse eines Liedtextes, den ihre Gefährtin Hadassa Lerner vortrug[6]:

Si j'étais toute petite
Je pourrais appeler Maman
Viens près de mois, viens bien vite
Berce-moi doucement
Si j'étais toute petite
Je crierais de douleur
Maman!

All diese Sorge und Verzweiflung, die Gefühle der Einsamkeit und Ausweglosigkeit bemächtigen sich insbesondere in den Nächten der wehrlosen Frauen, sie lasten als Alb auf den Schläferinnen, die in den Sälen selten Ruhe finden. In die Angstträume mischt sich ein inneres Echo der Schüsse von Exekutionskommandos, die tagsüber, oft mehrmals in der Woche, an der Wand zwischen Block 10 und Block 11 Todesurteile vollstrecken. Die Erschießungen werden von den SS-Aufseherinnen angekündigt, indem sie die Frauen auf die zu Block 9 gelegene Seite des Gebäudes beordern. Viel sehen könnte man ohnehin nicht, weil die Seite zum Erschießungsplatz mit Holzschotten verschlossen ist und nur wenige Ritzen die Durchsicht ermöglichen. »Dann hörte man aber dennoch die Gewehrschüsse«, berichtet Froukje de Leeuw, »ein abscheuliches Geräusch, weil man wusste, was es bedeutete.«[7] Trotzdem wollen es immer einige genauer wissen, und sie nutzen unkontrollierte Augenblicke, um durch einen kleinen Spalt auf das grausige Geschehen zu spähen. »Das durfte man nicht, aber ich habe das gemacht«, sagt Ilse Nußbaum. »Und ich habe gesagt, wenn ich mal rauskommen sollte, will ich das auch richtig erzählen können.«[8] Hie und da werden von den Frauen zusätzlich kleine Öffnungen in die Holzverschalungen gebohrt, um durchsehen zu können, und hinterher mit Brotkrumen wieder zugestopft.[9] Margot Krisch erwähnt, dass sie »durch kleine Löcher in der Holzverschalung« gesehen habe, wie »Männer und Frauen durch Genickschuss getötet« worden seien. »Da diese Häftlinge vor ihrem Tode noch Worte gerufen haben, konnten wir erkennen, dass sie verschiedenen Nationen angehörten. Man erzählte sich, dass die Hingerichteten Widerstandskämpfer, Partisanen u. dergl. gewesen waren.«[10]

Irgendwelche Aufregungen, große oder kleine, habe es täglich gegeben, berichtet Augusta Nathan, »dazu alles, was man seelisch zu verarbeiten hatte. Denn trotz des Trottes, in dem wir lebten, kam uns unsere Erniedrigung, Verzweiflung, Vereinsamung, dies erdrückende Gefühl, hilflos ausgeliefert zu sein, immer wieder grässlich zum Bewusstsein, sosehr man auch versuchte, sich tot zu stellen zu seinem Gefühlsleben.«[11]

Der kleine Peter löst unter der großen Frauenschar gemischte Gefühle aus. Dutzende von Frauen trauern um ihre Kinder, von denen sie sich an der Rampe trennen mussten, andere verzehren sich vor Sehnsucht nach ihren Mädchen und Jungen, die sie in ihren Heimatländern noch rechtzeitig verstecken konnten, ohne zu wissen, was aus ihnen geworden ist. Für sie ist der quicklebendige Dreijährige, das Bübchen ihrer Kameradin Ruth Dattel, tagtäglich eine Provokation, zugleich aber auch

Renée Duering, die in der Zeit ihrer KZ-Haft Krämer hieß und in Auschwitz ihren Mann verlor, zeichnete dieses Bild 1987 und schrieb in ihren Erinnerungen: »Peter Dattel … war zum Leben selektiert worden und lebte!«

jemand, auf den sich Mutterliebe projizieren lässt, offenbar noch mehr als auf Olesch und Bronek, die schon etwas älteren Söhne der Ehepaare Umschweif und Seemann, die als privilegierte Sonderhäftlinge nach Auschwitz gebracht worden sind. Peter sei »von allen bemuttert worden«, sagt Rosa Katoen.[12] Rosaline de Leon behauptet: »Das Kerlchen wurde sowohl von den Frauen als auch vom Bewachungspersonal verhätschelt.«[13] Und Renée Krämer berichtet, Peter sei so etwas wie das Maskottchen des Versuchsblocks gewesen. Die gebürtige Kölnerin erzählt eine Begebenheit, die sich frühmorgens beim Zählappell ereignete: Von den SS-Aufseherinnen war noch keine in Sicht, also trat Peter an ihre Stelle. »Er schritt unsere Kolonne ab. Wir standen in Fünferreihen, und er zählte: fünf, zehn, fünfzehn, zwanzig, fünfundzwanzig. Er lief sehr schnell und kompetent an uns entlang; er kannte noch nicht alle Zahlen, über 200 kam er nicht. Wir lachten sehr, als wir ihn wie ein kleiner Nazi marschieren sahen.«[14]

Ruth Dattel »war eine gebildete und bescheidene Frau, die sich nicht sehr in den Vordergrund stellte und ein Gefühl für Humor hatte«, sagt Ima van Esso.[15] Die Berlinerin erzieht ihren Sohn Peter »streng, doch gut«. Das sei auch das Beste gewesen, was sie habe tun können, urteilt Froukje de Leeuw, denn »von lästigen unerzogenen Kindern würden die Moffen schnell genug kriegen«.[16]

Auschwitz ist ein Vernichtungslager, kein Ort für werdendes Leben. Sind Frauen schwanger, wenn sie ankommen, werden sie direkt in die Gaskammer geschickt. Entdecken die SS-Leute die Schwangerschaft später, droht das gleiche Schicksal. Ima van Esso berichtet: »Eine kleine Frau, eine Deutsche, war im siebten Monat, und sie sprach mit Wirths darüber, ob ihr Kind nicht geboren werden dürfte, weil doch noch mehr Kinder in dem Block waren, und Wirths stimmte zu.« Was weiter passiert, erzählt Froukje de Leeuw: »Die Moffen hatten beschlossen, dass sie in Block 10 entbinden sollte. Eines schönen Tages war es so weit. Sie gebar tagsüber. Glücklich liegt die junge Mutter mit dem Baby da. Die Moffen kriegen den Bericht von der Geburt. Das ist Befehl und kann auch nicht verborgen bleiben.« Die junge Frau heißt Hannelore Salinger. Erna Hoffmann, die mit ihr am 29. Juni 1943 in Auschwitz eingetroffen ist: »Sie hat im Block 10 in unserem Saal ein Mädchen geboren. Dr. Samuel hat bei der Entbindung geholfen. In der darauffolgenden Nacht wurde Hannelore mit ihrem Kind durch SS-Männer abgeholt.«[17] Hannelore Salinger ist 21 Jahre alt, als sie ihr Kind erst gebären darf und dann mit ihm ins Gas geschickt wird.

In derselben Nacht Anfang September 1943 klopft es noch einmal an die Tür von Block 10. »Ich bekam einen furchtbaren Schrecken, weil ich glaubte, dass ich nun mit meinem Sohn geholt würde«, sagt Ruth Dattel. »Statt dessen kam jedoch Frau Dorle Spira[18] mit drei anderen Frauen als Zugang in unseren Block.«[19] Die Dresdnerin Dora Spira ist am 31. August 1943 »in der Nachtzeit« mit einem Transport aus Blechhammer eingetroffen, nachdem sie zuvor beinahe drei Jahre in verschiedenen Lagern Oberschlesiens Zwangsarbeit verrichtet hatte.[20] Sie soll nach ihrer Ankunft sofort in die Gaskammer kommen, kann aber im Vorraum Lagerführer Franz Hößler umstimmen und davon überzeugen, dass sie als Stenotypistin nützlich sein könnte. »Na gut, Block 10«, sagt er, nachdem sie die Frage bejaht hat, ob sie verheiratet und gesund sei. Mit Erna Leitner und zwei weiteren Frauen, die mit ihr einen Transport von alten und kranken Personen begleitet haben, wird sie noch in der Nacht von Birkenau nach Auschwitz gebracht. »Nach einiger Zeit klopfte Hessler an die Tür eines Hauses in einem Lager.« Da in Block 10 nicht geöffnet wird, bringt man die vier Frauen für den Rest der Nacht nebenan unter, in einer Zelle von Block 11.[21]

Nach Sonnenuntergang hält sich von der SS niemand mehr im Gebäude auf, die beiden Aufseherinnen schließen die Tür von außen ab und gehen in ihre Unterkunft. Adélaïde Hautval erlebt »diesen mit Ungeduld erwarteten Augenblick« als ein Paradox, werde man doch »wie Tiere im Käfig« eingeschlossen und fühle sich dennoch freier.[22] »Von da an konnten wir unsere Angelegenheiten selbst in die Hand nehmen«, schreibt die Pariserin Eva Golgevit, und sie ist nicht die Einzige der Überlebenden, die von behutsam begonnenen abendlichen Kulturdarbietungen berichtet, sei es von Laien improvisiert, sei es von Profis vorgetragen, teils auf den Fluren und teils – dort aber überwiegend auf das Personal als Mitwirkende und Zuschauer beschränkt – im Operationssaal. Dabei handelt es sich nicht um vereinzelte Auftritte, denn die Berichte erstrecken sich über die ganze Zeit, in der die Versuchsstation besteht.

Als Magda Hellinger Blockälteste ist, weist sie Standortarzt Eduard Wirths darauf hin, dass der beabsichtigte Klinikbetrieb einer hygienischen Grundausstattung bedürfe wie Betttücher, Decken, Handtücher und Nachthemden. Es ist anzunehmen, dass nur das Personal zu den Empfängern zählt. Tatsächlich werden ein paar Bündel mit Nachthemden angeliefert. Keines passt, aber die Blockova macht aus der Not eine Tugend und arrangiert eine unterhaltsame abendliche Modenschau. Daraus entsteht die Idee, einmal wöchentlich einen kurzweiligen Abend zu veranstalten. »Ich rekrutierte ein paar talentierte Frauen, und so wurde eine Theatergruppe gegründet.«[23]

Die berühmteste Künstlerin, die in den Block 10 kommt, ist Alma Rosé. Sie ist auf der Flucht aus den Niederlanden Richtung Schweiz in Frankreich verhaftet worden und am 20. Juli 1943 mit einem Transport aus Drancy in Auschwitz eingetroffen. Als sie wenig später im Versuchsblock Ima van Esso begegnet, haben beide das Gefühl, sich irgendwoher zu kennen, aber erst nach einer längeren Unterhaltung fällt der Groschen. Die Wienerin Rosé war 1939 mit ihrem Vater nach London emigriert, nach einem halben Jahr aber in die Niederlande übergewechselt, wo sie große Erfolge feierte, bis die deutsche Wehrmacht das Land überfiel und die Nazis auch dort den Juden öffentliche Auftritte verboten. Hauskonzerte wohlhabender Bürger erleichterten das Überleben. Zu ihnen gehörte die Familie Spanjaard in Utrecht, die mit der Familie van Esso befreundet war[24] und die ihr für sieben Monate Quartier bot.[25] In dieser Zeit war Alma Rosé mehrfach zu Gast in Ima van Essos Elternhaus gewesen, sie hatten dort sogar schon gemeinsam eine Telemann-Sonate gespielt, Alma am Flügel und Ima, ebenfalls eine meisterliche Musikerin, auf der Flöte. »Ich war so geschockt, Alma in Block 10 zu sehen, so total verändert gegenüber dem letzten Mal in Holland, dass ich's jedem erzählen musste, selbst der jüdisch-ungarischen Blockältesten Magda

Hellinger. Das waren so ungewöhnliche Nachrichten für Magda, dass sie zuhörte, obwohl ich damals das Gefühl hatte, sie könne mich nicht leiden. Zunächst wusste sie nicht, von wem ich sprach. Der Name Rosé löste nicht gleich eine Reaktion aus, aber als ich Váša Příhoda erwähnte, spitzte sie die Ohren. Příhoda wurde seinerzeit in Mitteleuropa so hochgeschätzt wie heutzutage Yehudi Menuhin.«[26] Der böhmische Geigenvirtuose und die 1906 geborene Tochter eines Wiener Konzertmeisters hatten 1930 in Wien geheiratet, hatten gemeinsame Konzertauftritte in verschiedenen Ländern absolviert, waren aber auch getrennt durch Europa getourt, Alma Rosé beispielsweise mit ihrem 1933 gegründeten Frauen-Salonorchester »Die Wiener Walzermädel«. 1935 ging die Ehe in die Brüche.

Administrativ unterstand Block 10 dem Frauenkonzentrationslager in Birkenau. An die dortige Kommandantur wendet sich Magda Hellinger. Genauer gesagt: Sie gibt die Nachricht von der Ankunft Alma Rosés an ein Mitglied des Schreibbüros, das sich aus Häftlingsfrauen zusammensetzt. Eine von ihnen unterrichtet die SS-Oberaufseherin Maria Mandl, die eine Geigerin für ihr neugegründetes Frauenorchester gut gebrauchen kann. Es soll am Lagertor aufspielen, wenn die Außenkommandos aus- und einmarschieren, und Privatkonzerte für die SS-Offiziere geben. Aus den beschlagnahmten Effekten der nach Auschwitz verschleppten Juden besorgt Mandl ein Instrument und übergibt es der Musikerin. Magda Hellinger berichtet: »Die Geige in Händen, wartete Alma ungeduldig bis 18 Uhr darauf, dass die zwei SS-Wärterinnen die Baracke verließen und die Tür von außen verschlossen. Dann wurden einige Insassen als Torwachen postiert, um Alarm zu schlagen, falls jemand sich dem Gebäude nähern sollte. Als alles still war, setzte Alma den Bogen an.« An diesen Augenblick erinnert sich auch Ima van Esso: »Schönheit war in Block 10 bis zu jenem Abend ein langvergessener Traum gewesen. Niemand dort hätte sich von solcher Schönheit träumen lassen, wie sie in diesem Moment aus ihrem Spiel aufstieg.« Dieses Debüt im Experimentierblock hat Folgen, auch in den nächsten Tagen spielt Alma Rosé nach Toresschluss. »Frauen und Mädchen aus vielen verschiedenen Ländern versammelten sich im OP des Erdgeschosses, um ihre Nationalhymnen und Volkslieder zu singen, die Alma auf der Geige begleitete.«

Diese Liederabende setzen sich fort in unregelmäßigen Cabarets. Slavka Kleinová berichtet: »Unter den Häftlingen fanden sich mehrere begabte Frauen. Geleitet von Hadassa Lerner aus Lwów wurden richtige Konzerte mit Liedern, Rezitationen und Tänzen veranstaltet … Nachdem der Block abgeschlossen war und wir allein waren, [erklangen] die Volkslieder vieler europäischer Länder. Die verbindenden Worte von Hadassa weckten Interesse.«[27] Eine weitere Begabung nennt Froukje de Leeuw: »Erna Ellert sang in den meisten Sprachen eines dieser heißeren Zarah-Leander-Lieder.«[28] Oder Rebecca Kasman, eine Schauspielerin vom Pariser Jiddischen Arbeitertheater (Parizer Yidisher Arbeter Theater). Sie wagt sich an einige Kabaretteinlagen. »Mit ihrer scharfen Beobachtungsgabe und ihrem feinen Einfühlungsvermögen ergoss sie ihren Spott über die Nazi-Aufseherinnen des Blocks. Sie spielte Sketche, und man belustigte sich über alle diese Kröten«, schreibt Eva Golgevit über solche abendlichen Auflockerungen. Margot Meier erinnert sich an eine griechische Schauspielerin, die sie zu den Intellektuellen unter den Bewohnerinnen ihres Saals zählt. Sie habe die deutsche Sprache beherrscht und manchmal Gedichte rezitiert. Auch mit einem Programmbeitrag der Schauspielerin Mila Potasinski habe man immer rechnen können, berichtet Froukje de Leeuw. »Meistens war der ihre der einzige, der wirklich Kunst war. Sie kannte ganze Gedichte auf Deutsch oder Jiddisch auswendig und trug sie vor. Zuletzt hörte man natürlich immer dieselben. Vor allem das Gedicht ›Bankrott‹ musste sie stets aufsagen.«[29]

Mit Ima van Esso führt Mila Potasinski einen Damentango auf, halb Gesang, halb Tanz. »Während wir tanzten, sangen wir davon, dass wir uns liebten, und küssten uns auf den Mund.

Sofort wollte auch Sylvia Friedmann mitmachen, und jemand arrangierte das Lied für uns drei.« Ima van Esso: »Alma machte uns mit dem ›Czardas‹ bekannt, spielte ihn uns erst mal vor und brachte uns dann bei, wie man ihn tanzt. Die blonde Slowakin Sylvia warf ihre grausigen Pflichten ab und machte den männlichen Tanzpartner. Die Gelegenheit, jemanden an sich zu drücken, mit ihm zu tanzen und den Tanz mit einem – oft echt empfundenen – Kuss zu beenden, half den Frauen dabei, zu spüren, dass sie in diesem Todesreich von Auschwitz noch am Leben waren.«[30] Nach ungefähr sechs Wochen wird Alma Rosé nach Birkenau geholt. Sie baut das mit vielen Laien besetzte »Mädchenorchester« durch harte Proben zu einem respektablen Ensemble aus, am 4. April 1944 stirbt sie an einer Lebensmittelvergiftung.[31]

Ima van Esso ist es auf irgendeine Weise ebenfalls gelungen, ein Instrument aufzutreiben, eine Flöte, und ein wenig damit zu spielen. Davon berichtet ihr damaliger Verlobter, Loet Micheels.[32] Ob sich die Pariser Opernsängerin Marguerite Cohen-Solal musikalisch eingebracht hat, ist nicht überliefert. Und ob wohl Ruth Wolf ihren Gefährtinnen eines ihrer Kunststücke vorführte? Sie konnte zwölf Nadeln nacheinander verschlucken, desgleichen einen meterlangen Faden so weit, dass er gerade noch ein Stückchen aus dem Mund herausschaute. Dann zog sie den Faden aus dem Mund, an dem die zuvor verschluckten Nadeln in kurzen Abständen hintereinander aufgereiht waren.[33] Zumindest 1937 hat sie den Trick noch in Berlin gezeigt, wo sie als »Miss Blanche«[34] aufgetreten ist und als Berufszauberin im Magischen Zirkel Mitglied war.[35]

Edith Goldstern ist eine weitere Künstlerin in Block 10. Als bekannt wird, dass sie Bildhauerin ist, muss sie reihenweise Bewacher, Pfleger, Ärzte bedienen. »Aus diesem Grunde genoss ich eine Zeitlang gewisse Vergünstigungen und erhielt auch hin und wieder ein Stück Brot zugesteckt«, berichtet sie. Kurz nach ihrer Ankunft wird Edith Goldstern den Frauen zugewiesen, denen Samuel eine Gewebeprobe vom Gebärmutterhals entnehmen will. Doch weil sie, wie sie sagt, »eine gewisse Ausnahmestellung« hat, bleibt sie von weiteren Versuchen verschont. Man habe sie zwar mehrfach zu Einspritzungen aufgerufen, aber jedes Mal wieder zurückgeschickt mit den Worten: »Sie müssen arbeiten, damit Ihre Bilder fertig werden.«[36] Offenbar gelingt es vor allem der Amsterdamerin Branco van Thijn, in Block 10 eine Freundin von Ima van Esso, Goldstern als Künstlerin bekannt zu machen. Sie muss, wohl als Beweis ihres Talents, die SS-Aufseherin zeichnen. Dann holt sie SS-Untersturmführer Hans Münch nach Rajsko. Dort weist er ihr tagsüber ein Zimmerchen zu, in dem sie dem Anschein nach Typhusbakterien modellieren soll. Ihre tatsächliche Aufgabe aber ist eine andere. Nach und nach fertigt sie mehrere Büsten von Münch.[37]

Wenn morgens um sechs die Eingangstür aufgeht und die beiden SS-Aufseherinnen hereinkommen, dann müssen alle im Haus angezogen sein und ihre Betten gemacht haben. Das heißt: aufstehen gegen fünf. Wecker vom Dienst sind die Stubenältesten. Sie rufen auf Jiddisch »Aufstei'n!«, gehen die Reihen entlang, ziehen, wo nötig, an der Decke. Dann eilen die Frauen ins Erdgeschoss, um sich zu waschen. Froukje de Leeuw erinnert sich an etwa 18 Kräne über drei langen Ablaufrinnen.[38] Diejenigen unter den Frauen, die schnell genug sind, unmittelbar vor oder beim Aufwecken aufzustehen, können sich direkt einen Platz im Waschraum sichern, die anderen müssen sich der Reihe nach anstellen. Leny de Leeuw gehört zu den wenigen Frühaufstehern. Mit ihrer Freundin Rosaline de Leon, die im Bett neben ihr liegt, spurtet sie meist vor den anderen zur Waschgelegenheit.[39]

Tagsüber herrscht »Kasernendisziplin«, sagt Slavka Kleinová, die von »Flüchen, feindseligem Schreien und vor allem von Schlägen« berichtet, »mit denen die SS-Aufseherinnen und das Hilfspersonal« die Bewohnerinnen von Block 10 bedrängen.[40] »Dass die Betten einheitlich gemacht waren, mit senkrechtem Abschluss, war eine der wichtigsten Forderungen, die die Moffen an uns stellten«, spottet Froukje de Leeuw. Mit den schlecht gefüllten Strohmatratzen und den zwei dünnen Decken ist die Aufgabe nur schwer zu erfüllen, gleichwohl wird es streng geahndet, wenn sie nicht gelingt. Ehe die SS-Aufseherinnen ankommen, wischt der Stubendienst die Flure. Dafür sind zwei Insassinnen zuständig. Auch der Waschraum wird in den frühen Morgenstunden von einer Frau geputzt und dann – mit einer Unterbrechung fürs Spülen des Essgeschirrs – bis zum späten Nachmittag verschlossen. De Leeuw: »Dass die Frauen dann den ganzen Tag kein Wasser kriegen konnten, selbst nicht, um die Hände zu waschen, nachdem sie mit allen kranken Innereien auf der Toilette waren, darauf kam es nicht an. Wenn nur der Block den ganzen Tag über sauber blieb.«

Die morgendliche Ankunft der SS-Aufseherinnen ist mit einem Zählappell verbunden. Alle Frauen müssen sich dazu im unteren Flur aufstellen, selten auch vor dem Block, dort exakt in Reihen von fünf Personen hintereinander. »Das Ganze dauerte eine Weile, bis alle den Mund hielten und sauber standen«, erzählt Froukje de Leeuw. »Wenn die Zahl übereinstimmte mit der auf der Tafel im Treppenhaus, holte die Schreiberin die Blockälteste, die kontrollierte auch nochmals alles, dann kam die Reihe an eine der SS-Aufseherinnen. Als die dann kam, war alles mucksmäuschenstill. Sie lief die Reihe entlang, alle abzählend. Die Blockälteste lief hinter ihr, wichtig mit Papier und Bleistift, und stellte der Frau Aufseherin anheim, dass sie die korrekte Zahl aufschrieb. Hinter der Blockältesten trottete noch die Schreiberin.« Die drei Jungen bleiben von dem strengen Ritual verschont. »Solange wir noch geräuschvoll waren, liefen sie jedesmal mit viel Lärm längs um uns hin, später setzten sie sich irgendwo hin.« Die Kranken müssen nicht antreten, sie werden in ihren Betten gezählt.[41]

Etwa um 6:30 Uhr, manchmal später, bringen männliche Gefangenen eine Flüssigkeit, die offiziell Kaffee oder Tee genannt wird. Das Heißgetränk, das meist nur noch lauwarm ankommt, ist in hölzerne Tonnen gefüllt. Aus ihren Flanken ragt jeweils links und rechts eine Stange, deren Enden beim Transport vorn und hinten auf den Schultern zweier Träger aufliegen. Wie Sänften schleppen sie die Gefäße herein und stellen sie in Treppenhausnähe in die Mitte des Korridors. Auf den Stufen reihen sich bereits die Wartenden bis in den Flur der oberen Etage, sie müssen aber erst noch ausharren, bis die Funktionshäftlinge und das Pflegepersonal sich bedient haben. Es ist ein Ritual, das sich bei jeder Essensausgabe wiederholt. Wobei allerdings hinzuzufügen ist, dass morgens nichts zu essen ausgegeben wird. Wie auch immer die laue Brühe zusammengesetzt ist, die gelegentlich ein bisschen Zucker und ein paar Kräuter als Geschmacksverstärker enthält: »Solcher Kaffee war dennoch das größte Glück, womit der Tag beginnen konnte. Bei Tee oder Kaffee aßen wir morgens das Brot auf, das wir abends übriggelassen hatten. Nur ein Schwächling hat abends alles aufgegessen und musste nun dafür büßen.«

Danach haben die meisten nichts mehr zu tun. Beschäftigt sind die Ärzte und Pfleger, die noch eine halbe Stunde mit der Saalvisite ausgelastet sind, und die Unglücklichen, deren Nummern aufgerufen werden, weil sie irgendwelche Experimente über sich ergehen lassen müssen, sowie diejenigen, denen die Aufgabe zufällt, bei den Experimenten zu assistieren. Manche bekommen Stricknadeln und Wolle, um Strümpfe zu stricken, oder Nähzeug, um Kleidungsstücke zu flicken. Wenn es den Aufseherinnen zu langweilig ist, erscheinen sie unvermutet zur Bettenkontrolle. Offiziell darf dort nichts aufbewahrt werden, aber es ist der einzige Ort, der einem persönlich »gehört«. Man darf keine zusätzliche Decke besitzen, von allen Kleidungsstücken nicht mehr als ein Teil. Alles, was nicht den Vorschriften entspricht, wird einkassiert, kleine Kostbarkeiten wie einen Kamm, einen Fetzen Zeitung, einen Brocken trockenes Brot. Manchmal delegieren die Aufseherinnen solche Kontrollen an die Blockälteste oder die Stubenältesten.

Um elf werden Kübel mit Diätessen für die Kranken gebracht, meist ein in Wasser angerührter Griesmehlpapp. »Für den Block war eine bestimmte Anzahl von Litern Diät bereitgestellt, die von den Ärzten an die Patienten, die dafür am ehesten in Frage kamen, so gut wie möglich verteilt wurde«, berichtet Froukje de Leeuw. Aufgrund der Limitierung kommt es permanent zu Streit, denn der Papp ist mitunter begehrter als die danach angelieferte Dünnsuppe, und oft erhalten auch Gesunde einen halben oder ganzen Liter aus dem Diättopf, derweil manche Kranke leer ausgehen.

Wenn um zwölf oder kurz danach die Eingangstür geöffnet wird, löst sich die Spannung, die den Morgen mitbestimmt. Wie wird die Suppe sein? »Ich glaube, sie haben die Züge gereinigt und aus der Brühe für uns Suppe gemacht«, sagt Esther Plukker angewidert.[42] Im Großen und Ganzen ist es immer dieselbe Pampe aus Wasser und Bindemittel, in der meist Kartoffel- oder Rübenstückchen schwimmen, gelegentlich sogar ein paar Erbsen oder ein bisschen Rot- oder Weißkohl. »Ab und zu fand jemand ein Stückchen Fleisch von einem Kubikzentimeter Größe. So jemand war dann sehr glücklich.« In der Regel werden fünf oder sechs Kübel mit Suppe gebracht, die streng nach Rang in der Blockhierarchie verteilt wird. Ein Schöpflöffel fasst einen Liter Suppe. Davon stehen dem Pflegepersonal und den Funktionshäftlingen zwei zu, den Übrigen nur einer. Wer zuerst kommt, für den kann der Essensdienst noch im Trüben fischen, wo die Suppe am dicksten ist, für die weiter hinten in der Schlange lichtet sich allmählich die Flüssigkeit. Dass es dabei nie gerecht zugeht, dass Sympathien und Antipathien den Schöpflöffel führen, ist ein Quell nie endender Konflikte, desgleichen die Verteilung des Restes, der nach dem ersten Durchgang übrig bleibt. Als Erste dürfen sich wieder die Frauen vom Personal anstellen, erst dann die aus den oberen Sälen. »Jeder gierte auf eine zweite Portion, darum war es oft ein schreckliches Geschrei und Gedränge.« Nach der Suppe ist Mittagsruhe, ungefähr von halb zwei bis drei. Jeder muss sich aufs Bett legen, und es darf nur geflüstert werden.

Tee wird um halb vier ausgeteilt, und das im Laufe des Tages angelieferte Brot wird vom Stubendienst portioniert und gegen fünf mit etwas Beilage ausgegeben. Auch dazu hat die Ärztin de Leeuw einige Angaben überliefert: »Wir kriegten jeden Tag ein Viertel Brot, ferner dreimal in der Woche ein Stück wässrige Margarine, zweimal Marmelade, zweimal Käse und einmal Wurst. Die Marmelade war meist rot und ohne viel Fruchtmark. Ein einziges Mal, nach der Ankunft von vielen Griechen-Transporten, bekamen wir Feigenmarmelade, die sehr lecker war. Der Käse war einer der französischen Sorten und roch mehr oder weniger nach Ammoniak. Er wurde Stinkkäse genannt. Es gab abwechselnd drei Sorten Wurst: Leberwurst, ›rote Wurst‹ (aus Pferdefleisch und viel Wasser) und Blutwurst. Das hört sich gut an, aber man darf nicht vergessen, dass die Mengen, die man bekam, minimal waren: ein Teelöffelchen Marmelade und ein ganz kleines Stück Wurst und Käse.« Auch hier hat das Personal gewisse Privilegien, nicht nur bei der Essensausgabe, sondern auch bei weiteren Zulagen für seine Arbeit: zweimal in der Woche ein halbes Brot und ein doppeltes Stück Wurst. Mit anderen Worten: Die Frauen, die zum Personal gehören, müssen so gut wie nie Hunger leiden, die anderen sehr wohl.

»Wir versuchten, so gut wie möglich durch den langen Tag zu kommen«, sagt de Leeuw. Beliebt ist das sogenannte Kräuterkommando, weil man auf diese Weise nicht nur an die frische Luft, sondern auch in die weitere Umgebung gelangen kann. Etwa 30 bis 35 Frauen gehören dieser Kolonne an, die unregelmäßig von Frühsommer bis Spätherbst am frühen Morgen ausrückt, begleitet von zwei Wachleuten mit Hunden und einem nichtjüdischen Häftling, einem Dortmunder Arzt namens Engel. Auch Karl Lill führt manchmal dieses Kommando. Die Teilnahme ist freiwillig. Das Kräuterkommando sammelt, je nach Jahreszeit, Kräuter und Früchte in mitgebrachte Körbe. Auch Champignons und Hagebutten habe man gesucht, sagt Leny de Leeuw.[43] Manchmal sind die Frauen den ganzen Tag über auf den Beinen, durchstreifen die Wälder und legen bis zu 30 Kilometer zurück.[44] Die Kräuter werden getrocknet und zum Teil für Tee verwendet. »Mit diesem Kommando sind wir auch durch Birkenau gekommen und haben dort die Flammen im Krematorium gesehen«, erinnert sich Erna Hoffmann. »Dies war besonders entsetzlich, weil wir genau wussten, dass dort menschliche Leichen verbrannt wurden.«[45] Engel lehrt die Frauen, zu unterscheiden, welche Pilze und Beeren genießbar sind, und es findet sich immer auch Gelegenheit, von der Ernte für sich selbst etwas abzuzweigen.[46] Die Gruppe kommt auch an dem Fluss Soła vorbei, dort versucht einmal eine französische Sportlehrerin zu fliehen. »Sie tauchte unter Wasser und wollte sich schwimmend davonmachen, wurde aber von einem Posten erschossen.«[47]

Wer im Block bleibt und nichts anderes zu tun hat, gesellt sich unter seinesgleichen in kleinen Grüppchen. Die niederländische Ärztin Froukje de Leeuw beispielsweise verbringt die meiste Zeit nicht in der Pflegerstube, sondern in der oberen Etage im Saal ihrer Landsleute. »Ein geliebter Zeitvertreib war Gripsgymnastik, was man natürlich nur mit Spielchen machen konnte, wozu kein Material nötig war. Auch wurde man allmählich viel vertrauter untereinander, als man es im normalen Leben gewesen wäre, sodass man viel über jemandes Leben, Mann und Kinder wusste. Auch sangen wir viele Lieder, über den Verlauf des Krieges sprachen wir nicht viel. Aber viele versuchten sich selbst und andere zu überzeugen, dass das Ende nicht mehr fern sein konnte.«

Die Gespräche untereinander drehen sich nicht nur um die vergangenen guten Zeiten. Man spricht auch über die Zukunft, so Garmaine Beracha. Man malt sich Szenen aus, von denen man hofft, dass sie sich im Laufe des Jahres verwirklichen könnten.[48] »Viele versuchten sich selbst und andere zu überzeugen, dass das Ende nicht mehr fern sein konnte. Vor allem Branco [van Thijn] war darin sehr stark«, berichtet Froukje de Leeuw. Außerdem, so Augusta Nathan, redet man stundenlang über

Kochrezepte. »Je mehr Hunger, desto mehr und leckerer wurde in den Gesprächen gekocht! Auch die Wünsche, was man so gern mal wieder hätte … spielten oft eine große Rolle.« Kartenspiel ist verboten. Einige Frauen basteln dennoch Karten aus Karton, zeitweise gibt es im Block sogar ein »echtes« Kartenspiel. Gespielt wird, wo auch sonst die heimlichsten Dinge geschehen: auf der obersten Ebene des Stockwerkbettes. Von dort sieht man jeden, der den Saal betritt, und wird selbst nicht so schnell entdeckt.[49]

Mit Karten wird nicht nur gespielt, einige Karten werden auch gelegt, um die Zukunft zu deuten. Darauf versteht sich die Pförtnerin ebenso wie eine Amsterdamerin. Beide lassen sich »bezahlen«, meist mit extra Essensportionen oder irgendwelchen nützlichen Kleinigkeiten. »Ich glaube, dass die Amsterdamerin mehr an die Bezahlung als an ihr eigenes Orakel glaubte«, sagt Froukje de Leeuw, »doch konnten auch die nüchternen Holländerinnen mystische Neigungen bekommen.« Als Beispiel nennt die Rotterdamerin spiritistische Sitzungen mit »dem Kreuz«. Dazu wird ein unterarmlanges gleichschenkliges Lattenkreuz benötigt, durch dessen Mitte ein Nagel ragt. Vier Frauen sitzen wieder auf dem Hochbett und nehmen jede einen Lattenschenkel locker in die Hand, ohne ihn festzuhalten. Sie lassen das Lattenkreuz über einem mit Buchstaben beschrifteten Karton »schweben«, bis der Nagel auf einen Buchstaben zeigt. Froukje de Leeuw: »Der Buchstabe, worauf der Nagel mitten im Kreuz ankam, wurde abgelesen, und so trachtete man, Wörter oder Sinne zu bekommen, die natürlich Bedeutung haben mussten für den Stand des Kriegs oder des Ehemannes. Es gab genug Frauen, die echt daran glaubten, jedoch habe ich nie von einem positiven Ergebnis gehört.«[50]

Ima van Esso hat eine Clique von Französinnen in Erinnerung, 18 Frauen, die viel Zeit miteinander verbringen und angeblich überwiegend aus Polen stammen. Was der niederländischen Beobachterin allerdings entgeht, ist der Umstand, dass die Französinnen vor allem durch eine andere Gemeinsamkeit miteinander verbunden sind: durch ihre politische Einstellung und ihren festen Vorsatz, solidarisch zu bleiben. Eine von ihnen, Eva Golgevit, schreibt: »Oft haben wir uns in unserer Ecke des Blocks niedergekauert.« Sie zählt elf Gefährtinnen zum innersten Kern ihrer Gruppe, außer sich selbst noch Rose Besserman, Gina Goldstein, Ryvka Grynberg, Perelka Guterman, Ciporka Gutnic, Mina Honel, Dora Klein, Cela Perla, Hadassa Lerner, Fanny Zelinski.[51] Sie singen gern, wie Eva Golgevit berichtet, vor allem auch Volkslieder und bekannte Vorkriegslieder, und werden von ihren Saalgenossinnen oft dazu aufgefordert, ihnen etwas vorzutragen. »So sind wir die französische Kolonie geworden, die Kolonie mit dem Geist des Widerstandes.«[52] Die Ärztin Dora Klein[ová], im Lager Slavka gerufen, hat schon in der Internationalen Brigade gegen Franco gekämpft.[53] Ihr wird in der ersten Etage zwischen den beiden Sälen ein kleines Labor eingerichtet, eine Dependance des SS-Hygiene-Instituts in Rajsko. Als Helferinnen kann sie Marta (»Perelka«) Gutermann und Hadassa (»Dédée«) Lerner in das Labor aufnehmen.

Ein offenes Geheimnis in Block 10 ist, dass die drei Frauen aus jenem Labor nicht nur durch die gemeinsame Arbeit und ihre kommunistische Gesinnung miteinander verbunden sind. »Die Slavka mit ihrer Gruppe war reine Homosexualität«, berichtet Ima van Esso. »Bei der französischen Kolonie kam es sehr viel vor.« Die niederländischen Frauen sind anfangs sexuell eher zurückhaltend, sie finden es schon »schmutzig«, wenn sich Frauen auf den Mund küssen. »Aber nach einem halben Jahr machten wir das auch«, sagt die holländische Pflegerin, deren unbekümmerte Cabaret-Tänze mit Mila Potasinski und mit Sylvia Friedmann ungeahnte Wirkung zeigen, zumal sie »ein improvisiertes Kleidungsstück anhatte, das so hier und da etwas bloß ließ«. Ima van Esso: »Margit, die mich sonst hätte fressen können, war am folgenden Tag wahrhaftig verliebt in mich.«[54]

Margit Neumann ist nicht die einzige Frau, die, wie schon an anderer Stelle erwähnt, aus ihrer sexuellen Orientierung keinen Hehl macht. Ohnehin gibt es in dem Block wenig Raum, Privates zu verbergen. Als »typische Lagersexualität« wertet Froukje de Leeuw, dass auch Frauen ohne eindeutige Neigung homosexuelle Beziehungen entwickeln. »Am meisten unter den Polinnen, am wenigsten unter den Holländern. Außer den zwei polnischen Paaren unter dem Personal und Margit und ihrer Freundin kenne ich noch ein paar polnische Pärchen, ferner eine Holländerin mit einer Ungarin und eine Holländerin mit einer Griechin«, berichtet de Leeuw. »Letztgenannte Holländerin hatte zu Hause ein Söhnchen. Sie versorgte eine Griechin, die sich den Arm gebrochen hatte, und dabei ist es über sie gekommen. Die andere Holländerin war eine eher feine Frau. Sie hatte monatelang eine ebenso feine Holländerin zur Freundin (gewöhnliche Freundschaft), aber dann hörte das auf, und sie befreundete sich mit einer Ungarin, nahe deren Bett sie jede Nacht schlief. Solche holländischen Frauen wurden von anderen Holländerinnen mit dem Rücken angeschaut, die von so etwas nichts hielten.«[55]

Sexualität im Umfeld von Auschwitz – geht das? Darf man darüber berichten als jemand, der nicht dabei war? Nur wer Sexualität nicht als eine natürliche menschliche Regung ansieht, wird diese Fragen zum Tabu erklären. Es sind überwiegend sehr junge Frauen, die mit ungelebten körperlichen Bedürfnissen konfrontiert sind, ihre heimlichen Sehnsüchte dem Tod ausgesetzt sehen und nun ein stilles Glück entdecken, für einen Augenblick aller Hässlichkeit entrückt, unvermutet wie eine Blume in der Mauerritze. »Mit Männern gab es natürlich auch einen lebhaften Kontakt. Sie schickten den Frauen Päckchen und kamen gelegentlich in den Block hinein«, sagt Ima van Esso.

Ein flüchtiger Kuss, vielleicht auch mehr, bleibt nicht aus. Aber erlaubt ist das nicht, deshalb blühen diese Kontakte im Verborgenen, nie frei von Gefahren. »Zu Anfang stand einfach

Todesstrafe auf das Sprechen mit Männern, aber später wurde hierauf viel weniger streng geachtet.«[56]

Ein vertrauter Freund im Lager wird in vielen Erzählungen als »Kochani« bezeichnet, worin das polnische Wort »kochanie« für »Schatz« oder »Liebster« anklingt. Die Bedeutung im Lageralltag umfasst mehr, vom Helfer in allen Notlagen, dem Kameraden, bis zum – im weitesten Sinne – Liebhaber. Unter den Pflegerinnen habe jede zweite einen Kochani gehabt, sagt die oft nüchtern soziologisch argumentierende Ärztin Froukje de Leeuw. Diejenigen in Block 10, die mit diesen Verbindungen nicht einverstanden sind, versuchen sie zu unterbinden, aus Angst, eventuelle Sanktionen könnten auch sie treffen. »An gefährlichen Tagen haben sie gewacht, um möglichst viel den Kontakt mit den Männern zu verhindern, aber es half nicht viel. Viele Kochanis waren nicht zufrieden mit nur ein paar Minuten Plausch pro Tag, sondern ließen ihre Freundinnen lange Briefe schreiben und schrieben auch zurück. Das war aber sehr gefährlich.« Denn ein solcher Brief kann abgefangen werden, wie es tatsächlich auch einer Pflegerin passiert, die der Strafe – bei ihr sollen es sechs Monate Strafkommando sein – nur dadurch entgehen kann, dass sie »flugs auf die Liste von Clauberg gesetzt« wird. »Zwar hat sie deswegen später zwei Einspritzungen in die Gebärmutter hinnehmen müssen, aber ein Patient von Clauberg durfte nicht nach Birkenau geschickt werden.«[57] Ähnliches, wenn auch in anderem Kontext, sagt Clauberg nach dem Krieg: Es könne »ein paarmal« vorgekommen sein, dass »aus disziplinarischen Gründen« Frauen aus Block 10 »von der SS verlegt wurden«, wenn sie bei Kontakten mit Männern ertappt worden seien. Aber keine, die auf seiner Liste gestanden habe. »[Das] hätte ich sogar nachträglich zu verhindern gewusst, wenn es sich um eine Sterilisierte gehandelt hätte. So aber war's mir egal.«

In den letzten Monaten von Block 10 wird es den Frauen hin und wieder erlaubt, sich für kurze Zeit zwischen Block 10 und Block 9 aufzuhalten. Auch bei solchen Gelegenheiten wird schon mal ein Zettel hastig hin- und hergetauscht. Renée Krämer bekommt eine Notiz von einem polnischen Mann zugesteckt, der Deutsch spricht und dem sie danach in der Abenddämmerung, von Block 10 zu Block 9, von Fenster zu Fenster, das Fingeralphabet beibringt, woraufhin eine lebhafte Kommunikation in Gang kommt. »Dieser Stefan wurde mein Kochani«, schreibt sie. Stefan Dzwilik hat in Marseille Jura studiert, spricht mehrere Sprachen einschließlich Esperanto, und er darf, weil er kein Jude ist, ab und zu Esspakete von seiner Familie aus Krakau empfangen. Davon gibt er ihr hin und wieder etwas ab. Von ihm, der über gute Verbindungen in diverse Schreibstuben verfügt, erfährt Renée Krämer im Spätsommer 1944, dass ihr Mann kurz vor Weihnachten 1943 ums Leben gekommen ist.[58]

Für viele der Frauen wird ein Kochani zum lebenswichtigen Helfer, zumal dann, wenn er besonderes Talent im Schwarzhandel hat oder andere Möglichkeiten kennt, Extrarationen zu »organisieren«, was nichts anderes bedeutet als stiebitzen oder stehlen oder tauschen. »Im allgemeinen beruhten die Lagerliebschaften nur auf geschlechtlicher Anziehungskraft und auf der Anziehungskraft der Päckchen«, sagt Ima van Esso. Froukje de Leeuw: »So hatten vor allem einige Polen des Personals, die einen polnischen Kochani zum Freund hatten, oft die leckersten Dinge zu essen.« In Relation zu dünnen Suppen und winzigen Wurstportionen, versteht sich.

Einige Frauen wechseln ihren Kochani, andere bleiben ihm treu. Froukje de Leeuw: »Es gab einen männlichen Häftling von gegen 50, ein Blockältester, der sogar eine Familie nachahmte. Er hatte eine Freundin von gut 40 und eine ›Tochter‹ von gut 20, die beide von ihm mit Nahrung versorgt wurden. Beide Frauen waren Pflegerinnen, sodass das Rendezvous nur im Operationssaal oder in der Pflegerstube möglich war.« Schwieriger war es in dieser Hinsicht für Jakob Kozelczuk, einen jüdischen Häftling, der wegen seiner athletischen Kräfte als Hilfskraft in Block 11 verpflichtet war und »Bunker-Jakob« genannt wurde.[59] »Er selbst hatte genug Einfluss, um in den Block kommen zu können, aber seine Auserkorene war jedoch eine gewöhnliche polnische Frau, die oben im Schlafsaal schlief. Er hat darum dennoch was gefunden: Er ging zu ihr ins Bett mitten im vollen Saal, und es setzten sich zwei Freundinnen an den Rand des Bettes mit dem Rücken zu dem Paar.«

Eines der Haupthindernisse, das überwunden werden muss, ist die Pförtnerin, die knapp 40-jährige Berlinerin Friedel Levy. »Ohne ihre Zustimmung konnte kein Mann hereinkommen, und die gab sie nicht einfach ohne etwas zum Tausch. So hatte sie immer das beste Essen«, sagt die Rotterdamer Ärztin de Leeuw. Sarkastisch fügt sie hinzu: »Sie fühlte sich ungeheuer wichtig, und zwei Jahre ihres Lebens war sie es denn auch.«

Die in der oberen Etage untergebrachten Frauen ohne besonderen Status sind verbittert, weil sie selbst nur mühsam – viele von ihnen auch gar nicht – zu ihren Ehemännern vordringen können, wenn sie zufällig in einen Krankenbau in Auschwitz verlegt werden.[60] Lucia Heidemann aus Leipzig zum Beispiel blickt plötzlich vom Fenster ihres Blocks aus in ein bekanntes Gesicht. »Ich habe meinen Mann noch gesehen mit rasiertem Kopf und er mich, und wir haben uns zunächst gar nicht erkannt. Wir sahen uns nur, konnten uns aber nicht sprechen.«[61] Oder Sylvia und Jacques Amar. Der griechische Kaufmann arbeitet im Steinbruch des Außenlagers Golleschau und erfährt über Umwege, dass seine Frau in Block 10 ist. Er riskiert es, sich krankzumelden, wird ins Stammlager eingewiesen, gelangt in den Block 9. Ein griechischer Pfleger, der täglich nebenan in Block 10 die Suppe anliefert, bestätigt ihm, dass seine Frau drinnen ist, und rät ihm, ab und zu vor dem Block stehenzubleiben. Sie entdeckt ihn, ohne dass er es merken kann, weil das Fenster geschlossen ist. An einem anderen Tag geht die Tür von Block 10 auf, als er gerade in der Nähe steht. Ein paar Frauen werden herausgeführt, und in diesem Moment treffen kurze Blicke zweier zitternder Menschen aufeinander, die 14 Tage vor ihrer Deportation aus Saloniki geheiratet hatten. »Wir fingen beide an zu weinen«, sagt Jacques Amar, »und das war alles, denn wir konnten uns nicht nähern. Nach zwei oder drei Tagen wurde ich in einen anderen Block versetzt.«

Persönliche Vorteile, wenn sie sich denn überhaupt ergeben, gehen oft zu Lasten anderer Häftlinge, Auschwitz ist immer Überlebenskampf. Wo es um Leben oder Tod geht, sind Gemeinschaftserlebnisse rasch aufgebraucht. In manchen Nachkriegsaufsätzen, in denen Historiker ohne detaillierte Quellenkenntnis die Situation nachempfinden, wird der Zusammenhalt in Block 10 idealisiert. Die Wirklichkeit ist anders. »Die Solidarität und Kameradschaft« untereinander, obwohl man gleichermaßen von den Nazis unterdrückt ist, lässt »viel, ja alles zu wünschen übrig«, ist der Eindruck von Augusta Nathan. »Die Menschen kamen ja aus sehr verschiedenem Milieu, individuell sowohl wie als Angehörige verschiedener Völker auf verschiedenen Kulturstufen, dazu kam natürlich noch persönliche Charakteranlage.«[62] Und so schauen die niederländischen Juden, die sich der Zivilisation näher glauben, auf die Ostjuden hinab, die sich ihrerseits ausgegrenzt fühlen, aber im Kampf um Einfluss kompromissloser und darum erfolgreicher sind. Augusta Nathan klagt, dass sich selbst die jüdischen Krankenpflegerinnen noch als Elite vorkommen und sich entsprechend benehmen.

»Es war eine konflikthaltige, gereizte Atmosphäre im Block, was, alle Faktoren zusammengenommen, kein Wunder war«, beobachtet Froukje de Leeuw. »Die westlichen Juden (Holländer, Belgier, Franzosen) waren zu sehr zivilisiert, um im Lagerleben großen Erfolg zu haben.« Mit anderen Worten: Sie sind es weniger gewohnt, die Ellbogen zu gebrauchen. Etwa wie die polnischen Juden, die tendenziell aus armen Verhältnissen stammen und seit Generationen teils massivem Antisemitismus ausgesetzt sind. Als Folge sieht die Ärztin, »dass sie hart waren und nicht immer fairen Handelsgeist hatten«. Die Wiener Ärztin Ella Lingens-Reiner, die für wenige Wochen im

Sommer 1943 in Block 10 untergebracht ist, erlebt westlich geprägte Jüdinnen »unendlich viel unbefangener und freier als diejenigen, die aus Ländern kamen, in denen ein starker Antisemitismus sie ständig zur Abgrenzung oder aber zu einer Assimilation, die Unterwerfung glich, gezwungen hatte«.[63] Weil die »Prominenten« des Blocks beinahe ausschließlich aus Polen und Slowaken bestehen, ziehen die Niederländer meistens am kürzeren Ende. So sehen es jedenfalls die Niederländer selbst, die keinen Tag vergehen sehen, »an dem nicht die eine oder andere Holländerin von den Polen als ›dumme holländische Kuh‹ beschimpft« wird. Ähnlich wertet Ima van Esso: »Die Polinnen hatten viel mehr Urinstinkte, wir Holländerinnen waren im Vergleich zu ihnen wirklich ein bisschen dumm.«

Der eher analytische Blick von Augusta Nathan sieht eine Zweiklassengesellschaft aus den Frauen mit Pöstchen, »eine Art Oberschicht«, und den »gewöhnlichen Häftlingen«. Immer hätten bei den internen Machtkämpfen »Intrigen, Schmeicheleien und allerlei andere unmoralische Faktoren« eine große Rolle gespielt. »Keine Solidarität und darum keine gemeinschaftliche Aktion, um unser Los zu verbessern. Die Haltung vieler war im Gegenteil noch unterwürfig, um noch einen kleinen persönlichen Vorteil zu bekommen, was die Moral noch mehr untergrub.« Als einzig verlässliche Ebene bleiben nach ihrer Erfahrung und der vieler ihrer Gefährtinnen persönliche Freundschaften.

Die Grenze der Zweiklassengesellschaft in Block 10 verläuft zwischen Obergeschoss und Erdgeschoss. Als »gewöhnlicher Häftling« kommt man nur ins Erdgeschoss, wenn man in die Sanitärräume gehen will, zum Zählappell und zum Essenholen muss oder zu einer Untersuchung befohlen wird. Sind Ärzte anwesend, dürfen Frauen nur nach unten, wenn sie gerufen werden.[64] Für längere Zeit wird ihnen im Erdgeschoss Platz eingeräumt, wenn sie intensiver Pflege bedürfen, sei es nach einem ärztlichen Eingriff oder bei einer schweren Erkrankung. Dafür sind zwei Räume als Intensivpflegestationen eingerichtet.

Dort zu liegen ist allerdings immer mit einem gewissen Risiko verbunden, vor allem, wenn die Patientinnen über längere Zeit wegen ansteckender Krankheiten wie Diphtherie, Scharlach oder Fleckfieber bettlägerig sind.

Bei ansteckenden Krankheiten droht die Gaskammer. Als das erste Mal Scharlach ausbricht, ist dieser Zusammenhang noch nicht bekannt. »Es wurde gemeldet, und weil die Gefahr für den ganzen Block und für das Lager natürlich sehr groß war, wurden die Unglücklichen abgeholt und weggeschickt«, sagt Ima van Esso. Celina Prijs zufolge wurden in der zweiten Septemberhälfte 1943 »einige Frauen« wegen Scharlach nach Birkenau geschickt. »Soweit ich unterrichtet bin, sind sie vergast worden«, sagt sie.[65] Danach werden solche Infektionen nach Möglichkeit verheimlicht. »Wenn SS-Kommissionen kamen – und das war sicher ein- bis zweimal wöchentlich der Fall –, wurden andere Temperaturlisten aufgestellt, und der Arzt erklärte, dass es Grippe- oder Beobachtungsfälle waren oder Diarrhöe-Patienten.«[66] Ähnlich Rosa Katoen: »Bei späteren epidemischen Erkrankungen hat die Ärztin Alina Brewda die Erkrankten versteckt und weniger schwere Erkrankungen vorgetäuscht, zum Beispiel bei Typhus nur eine Angina-Erkrankung gemeldet.«[67] Barbara Smolensky zum Beispiel ist sich sicher, dass ihr so das Leben gerettet wurde.[68] Die unvermeidliche Folge ist, dass andere Frauen angesteckt werden. Als Margot Krisch nach der zweiten Clauberg-Spritze mit einer Bauchfellentzündung in die überfüllte Krankenstation eingewiesen wird, muss sie ihr Bett mit einer Niederländerin teilen, die an Scharlach leidet. Bald darauf ist sie auch daran erkrankt.[69]

Da bei weitem nicht genug warme Kleidung ausgegeben wird, leiden im Winter viele Frauen an schweren Erkältungen, die sich wegen Auszehrung und des Medikamentenmangels oft in lebensgefährliche Stadien entwickeln. Grippe, Lungenentzündung, Gelenkrheumatismus kommen häufig vor. Läuse, Flöhe und Wanzen sind gefürchtete Krankheitsüberträger, die sich nicht aus den Unterkünften verbannen lassen. Als Beispiele für die katastrophal schlechten hygienischen Bedingungen erwähnt Ima van Esso: »Die lila, grüne und braune Flüssigkeit, die den schönen Namen Tee oder Kaffee hatte, und die braune stinkende Suppe wurden aus Emaillebechern und aus Emailleschüsseln genossen. Nach dem Essen wurde alles zusammengeholt und gemeinschaftlich abgewaschen, sodass niemand sein eigenes Essgeschirr hatte.« Katharina Engel: »Jeder hatte eine Schüssel, die war für alles, zum Waschen, Suppe essen, und wenn man krank war, auch zum …«[70] Und das Brot sei erst durch »sicher zehn verschiedene Hände gegangen«, auf verdreckte Wagen geworfen worden und stets »einige Male auf den modrigen oder schmutzigen Boden gefallen«, bevor die Häftlinge es bekommen hätten. »Es ist also wohl zu verstehen, dass es stets so viele ansteckende Krankheiten gab, Schorf, zehnerlei andere Arten Hautausschlag, Furunkulose und natürlich Diarrhöe.«[71]

Selektionen sind ebenso unberechenbar wie die Abordnung zu Experimenten. Sie finden in Block 10 nicht so häufig statt wie in anderen Blocks des Lagers, aber die Gefahr, nach Birkenau verlegt zu werden, bleibt dennoch immer gegenwärtig. Denn wenn auch öfter mit Birkenau gedroht wird, als tatsächlich Frauen dorthin geschickt werden, verfehlt die Drohung nie ihre Wirkung. Die Kamine der Krematorien sind nicht zu übersehen, und dass sie permanent in Betrieb sind, steckt allen in den Nasen.

Die häufigsten Selektionen sind Resultate kalter Nützlichkeitserwägungen der Ärzte, sobald sie für ihre Versuchspersonen keine weitere Verwendung haben. »Die auszuwählenden Opfer wurden zunächst listenmäßig aufgestellt nach den Angaben der Ärzte, die die ihnen zugeteilten Frauen für ihre Experimente nicht mehr [für] tauglich hielten«, sagt Schewa Friedmann.[72] Das trifft insbesondere auf Horst Schumann zu. Die unter seiner Verantwortung bestrahlten und operierten Frauen sollen schnellstmöglich wieder in ein Arbeitskommando, und wenn sie dafür gesundheitlich zu schwach sind, werden sie ins Gas geschickt. Nur wer auf der Liste von Clauberg steht, hat, wie schon erwähnt, eine Art Bleibegarantie. Weigert sich jedoch jemand, der die Clauberg-Spritze bekommen soll, gibt es kein Pardon. Das trifft auch auf all jene Frauen zu, bei denen die Voruntersuchung ergibt, dass sie für die Versuchsreihe nicht geeignet sind. Claubergs schnelle Ausschlusskriterien sind beispielsweise Narben von Unterleibsoperationen oder Hinweise beim Röntgen, dass die Tuben bereits geschädigt oder undurchlässig sind. Folglich finden die meisten Selektionen zwischen April und September 1943 statt, als immer wieder neue Frauen in den Versuchsblock eingewiesen werden. »Diese konnten nur untergebracht werden, weil inzwischen andere fortgekommen waren«, erklärt Margot Krisch.[73]

Johanna Wijnschenk, die am 23. September 1943 in Auschwitz ankam, hat darum während ihres Aufenthalts in Block 10 »nicht viele« Selektionen erlebt. »Jedoch hörte ich dort davon, dass vor dieser Zeit viel mehr Frauengefangene nach Birkenau geschickt wurden.«[74] Eine erste große Selektion findet am 3. Juni 1943 statt; an diesem Tag werden 89 Frauen nach Birkenau geschickt, die für Clauberg ausgewählt, aber von ihm nicht in seine Versuchsreihe aufgenommen worden sind. Ende Juli 1943 verlassen 29 von den beiden SS-Anthropologen Bruno Beger und Hans Fleischhacker bestimmte Frauen den Experimentierblock in Richtung Elsass.[75]

Die in der Nacht zum 1. September 1943 mit einem Transport aus Blechhammer in Auschwitz eingetroffene Dresdnerin Dora Spira wird von der Blockova Margit Neumann als Hilfsschreiberin für Arbeiten verpflichtet, denen die polnische Schreiberin Ruzenka wegen ungenügender Sprachkenntnisse nicht gewachsen ist. In einem abgeteilten Vorraum des Zimmers der SS-Aufseherinnen erhält Spira einen eigens zu diesem Zweck eingerichteten Arbeitsplatz, wo sie eine Kartei führen muss. Bald darauf wird ein »Transport für Birkenau« zusammengestellt, der, wie sie sich später erinnert, mindestens

50 Frauen umfasst. Als »Ersatz dafür« sei »ein ziemlich großer holländischer Transport« eingetroffen. »Bei dem Abtransport der Frauen erhielt ich von Margit eine Anzahl Karteikarten, die die Nummern und Namen von Häftlingsfrauen enthielten. Margit sagte zu mir: ›Der Transport mit diesen Frauen geht nach Birkenau.‹ Sie hat nicht zu mir gesagt, ob die Frauen nach Birkenau zur Arbeit oder ins Gas kommen würden. Inoffiziell war aber im ganzen Block bekannt, dass man nach Birkenau ins Gas kam. Ich habe die Namen und Nummern auf eine Liste übertragen, die ich dann Margit zurückgegeben habe. Ich nehme an, dass Margit die Namen der auszusondernden Frauen von Sylvia angegeben erhalten hatte. Man sprach damals im Block davon, dass alle diese ausgesonderten Frauen, die mir persönlich nicht näher bekannt waren, schon seit längerer Zeit (mehrere Wochen) nicht zur Einspritzung für Prof. Clauberg herangezogen wurden und deshalb nicht mehr für ihn brauchbar waren.«[76] Cornelia Spitz, die nach einer Zwischenstation im Lager Westerbork am 26. August 1943 in Auschwitz ankam, sagt: »Ich erinnere mich daran, dass alsbald nach der Ankunft unseres Transportes ein Teil der Frauen wieder weggeschickt wurde. Es waren dies alle diejenigen Frauen, die bis dahin noch nicht zu einem Versuch herangezogen worden waren.«[77] Mit Cornelia Spitz kam auch Marie van Aalst in den Versuchsblock. Sie berichtet: »Etwa drei Wochen nach meiner Ankunft mussten diejenigen antreten, an denen bisher noch nicht experimentiert worden war. Sie kamen nach Birkenau. Von meinem Transport blieben nur etwa 23 Personen in Block 10.« Von den 45 Frauen ihrer Gruppe also knapp über die Hälfte. »Der Rest kam nach Birkenau und hat dort zunächst gearbeitet. Was später aus ihnen geworden ist, weiß ich nicht.«[78]

Spätestens nach dem September 1943 bleibt die Belegungszahl relativ stabil. In den beiden oberen Sälen logieren von Oktober 1943 bis zum 13. Juni 1944, als ein Umzug in einen neuen Block außerhalb des Stammlagers stattfindet, rund 400 Personen.[79] Zuletzt sind, ohne die Pflegekräfte, 413 Insassinnen registriert. Cornelia Spitz: »Vor der Verlegung in Block 1 mussten wir alle zum Appell antreten. Es sollten nur ganz gesunde Frauen mitkommen.« Ihr selbst, die nach einer Clauberg-Spritze an einer schweren Eierstockentzündung leidet, wird die Selektion beinahe zum Verhängnis. »Ich bin damals mit hohem Fieber zum Appell auf den Hof gegangen, wo ich von einigen Kameradinnen gestützt wurde.« Ihr Zustand wird nicht bemerkt, obwohl sie so schwach ist, dass sie nach der Einquartierung in Block 1 noch »einige Zeit« im Bett bleiben muss.[80]

Zu den Personen, die unmittelbar vor diesem Umzug der Versuchsstation nach Birkenau geschickt werden, gehört Rosa Katoen. Sie wehrt sich, als sie in Claubergs Zimmer auf dem Röntgentisch liegt, gegen die Spritze, wobei das Glas seiner Armbanduhr zerbricht. »Dr. Clauberg gab mir eine Ohrfeige und sagte, wenn du nicht ruhig liegst, kommst du nach Birkenau. Ich erwiderte, dann gehe ich lieber nach Birkenau.« Als Clauberg bei ihr auch noch Narben von früheren Operationen wegen eines Bruchs und einer Bauchhöhlenschwangerschaft sieht, sagt er: »Das hat mit ihr doch keinen Sinn.« Dr. Alina Brewda, gerade noch die Blockälteste, ruft sie am Abend mit 54 weiteren Frauen auf und kündigt ihnen an, dass sie am nächsten Morgen nach Birkenau abtransportiert würden. »Diese polnische Ärztin war eine sehr anständige Frau«, sagt Rosa Katoen. Die Ärztin nimmt sie beiseite und versichert ihr, sie brauche keine Angst zu haben. »Clauberg durfte es zwar nicht wissen, sie habe aber nach Birkenau sehr gute Verbindung und habe dafür gesorgt, dass ich in einen bestimmten Block käme.« Das war nach der Erinnerung von Rosa Katoen am 13. Juni 1944.

Keine der Aussortierten dieses Tages kommt ins Gas. Zumindest nicht auf direktem Weg. Alle 55 Frauen werden zu einem Arbeitskommando für sehr schwere Straßenarbeiten zusammengestellt. »Wer bei diesem Kommando körperlich zusammenbrach, kam in die Gaskammer«, sagt Rosa Katoen.«[81] Margaretha Dantowitz erinnert sich an dieselbe Selektion. Die Frauen seien von der Blockältesten vor die Wahl gestellt worden: Experimente oder Birkenau. Daraufhin habe sich »eine gewisse Zahl« für Birkenau entschieden, darunter auch die »französische Kolonie«, wie Eva Golgevit berichtet. »Dank der Hilfestellung männlicher Häftlinge wurde meine Gruppe von Auschwitz nach Birkenau in den Block 27 transferiert. Das war die letzte Baracke genau gegenüber dem Krematorium, wo zu diesem Zeitpunkt tausende von ungarischen Juden vergast und verbrannt wurden.« Friedel de Wind, die an diesem Tag mit dem Kräuterkommando unterwegs ist, lässt ihrem Mann, der im Nachbarblock als Häftlingsarzt beschäftigt ist, heimlich ein Briefchen zukommen: »Wir sind weit marschiert und kamen auch in die Nähe von Birkenau. Dort habe ich Lotte Spittel und auch die anderen Mädchen gesehen, die vorigen Monat aus unserem Block fortgekommen sind. Bei einigen waren die Versuche vorüber, bei anderen waren sie missglückt.« Darunter seien auch die französischen Kommunistinnen gewesen, die sich geweigert hätten, sich den Versuchen zu unterziehen.[82]

Louise Plesskoff allerdings war bis dahin nicht von Experimenten verschont geblieben. Als sie nach Birkenau kommt, hat sie bereits zwei Clauberg-Spritzen über sich ergehen lassen müssen. Über den Zeitpunkt dieser Selektion sagt sie: »Nach meinem Abtransport sind die Frauen von Block 10 nach Block 1 verlegt worden.«[83]

Umzug in einen neuen Block

Außerhalb des Lagers, innerhalb der Gefahrenzone

Im Sommer 1944, vermutlich am 13. Juni[1], verlassen rund 350 Frauen das Stammlager Auschwitz. In ihren bisherigen Block werden Zigeuner eingewiesen, Männer, Frauen und Kinder. »Die gesamten Zigeuner wurden eines Tages nach Birkenau abtransportiert und sind dort alle vergast worden«, sagt Schewa Friedmann.[2] Das soll etwa sechs bis acht Wochen später gewesen sein.[3] Die Frauen von Block 10 ziehen um in einen neuerrichteten Block auf dem Gelände der sogenannten Schutzhaftlagererweiterung. Er ist nicht weit entfernt. Celina Prijs: »Dieser Block lag außerhalb des Männerlagers, man ging etwa fünf Minuten.«[4] Häftlinge hatten jenseits des Elektrozauns 20 Blöcke in vier Reihen zu je fünf Gebäuden gebaut. Darin waren einerseits Mannschaften der SS und andererseits Schneidereien und Schusterwerkstätten untergebracht, in denen Häftlinge des Stammlagers beschäftigt wurden.

Clauberg will im Winter 1943/44 von Karl Bischoff, dem Chef der Zentralbauleitung in Auschwitz, von den Neubauten erfahren und sich sogleich bemüht haben, einen davon für die Frauen in Block 10 zugewiesen zu bekommen. Zuvor habe er Bischoff, dessen Frau bei ihm Patientin gewesen sei, erzählt, dass er seine Versuchspersonen aus dem Männerlager heraushaben wolle. »Ich habe mir den am geeignetsten erscheinenden Block ausgesucht, bevor er fertig war, und mit Bischoff besprochen, dass dieser Block nach meinen Wünschen weitergebaut werden sollte«, sagt er später bei der staatsanwaltlichen Vernehmung. Mit Wirths oder Höß habe er sich nicht abstimmen müssen, weil die Bauverwaltung direkt dem SS-Wirtschafts- und Verwaltungshauptamt unterstand.[5] Am 13. März 1944 wird Bischoff aus Berlin offiziell mitgeteilt, dass »Prof. Dr. med. C. Clauberg Umbauarbeiten in den ihm zur Verfügung gestellten Arbeitsräumen« beantrage, »und zwar für den Hauptarbeitsraum 3 bis 5 Trennwände mit Türen und verschiedenen Installationsarbeiten«. Am 24. März 1944 erfährt Clauberg vom SS-Wirtschafts- und Verwaltungshauptamt, dass die Bauarbeiten »in den nächsten Tagen von der Zentralbauleitung in Angriff genommen« werden.[6]

»Der Block 1 galt als Musterblock«, sagt Ilse Nußbaum, er sei zwei- oder dreimal von Kommissionen besichtigt worden. »Es hieß auch einmal, dass Himmler kommen würde.«[7] Es bleibt allerdings bei der Ankündigung. Auch andere Überlebende berichten, dass die Unterbringung im neuen Block besser gewesen sei, jedoch nicht das Essen. Das Gebäude ist heller und geräumiger, in den Betten liegen über den Strohsäcken Laken und Decken. Gerüchte kursieren, dass der Umzug auch dem Zweck diene, Männer in den Block zu verlegen. Auf diese Weise solle erprobt werden, ob die Sterilisierungen wirksam seien. »Tatsächlich ist nichts geschehen«, sagt Berta Dwinger zum Wahrheitsgehalt solcher Behauptungen, »Männer sind in den Block 1 nicht gekommen.«[8] Dass diese Gerüchte einen Kern an Wahrheit hatten, berichtete nach dem Krieg Lagerkommandant Rudolf Höß, der einen guten Kontakt zu Clauberg hatte und mehrfach bei dessen Experimenten zugegen war: »Alle diese Frauen wurden auch nach dem erfolgreichen Experiment weiterhin in dem geschlossenen Block festgehalten, denn nach den Plänen Claubergs sollte jeder der weiblichen Häftlinge nach Ablauf eines Jahres mit einem zu diesem Zweck besonders ausgesuchten männlichen Häftling Geschlechtsverkehr unterhalten, um diese praktische Erprobung der Sterilisationsmethode Claubergs durchzuführen. Diese praktischen Erprobungen wurden … nicht mehr durchgeführt.«[9]

Die Experimente werden allerdings fortgesetzt. Für die Sterilisierungsspritzen ist nun vor allem der Chemiker Johannes Goebel zuständig, der sich wahrscheinlich seit Mai 1944 in Auschwitz aufhält. Clauberg wird Jahre nach der Befreiung des Lagers behaupten, er habe ihn angewiesen, die Sterilisierungen möglichst hinauszuzögern, damit niemand auf den Gedanken komme, die Versuchsstation einzustellen. Außerdem wird er darlegen, er habe weitere 120 Frauen in Birkenau angefordert, angeblich, um seinen Block auszulasten. Diese Angabe stimmt nur bedingt, jedenfalls nicht in der zeitlichen Abfolge. Denn zwischen Juli und Oktober 1944 sinkt die Zahl der Bewohnerinnen nach einer großen Selektion zunächst von 349 auf 196. Erst zwischen dem 15. und dem 24. Oktober steigt die Zahl von 206 auf 301 und zwischen dem 8. und 10. November 1944 nochmals von 297 auf 351. Die neu eingewiesenen Frauen kommen vermutlich überwiegend aus Ungarn, wie die 21-jährige Frieda Barlewski, aber auch aus anderen Ländern, beispielsweise Nechama Bezlag aus dem polnischen Sochaczew oder Grietje Leib aus Den Haag.

Carl Clauberg beginnt den Versuchsbetrieb in Block 1 mit Nachkontrollen bei bereits sterilisierten Frauen. Am Beispiel dieser Durchleuchtungen zeigt er Goebel die Methode der Sterilisierung, die sich, wie schon erwähnt, in der Handhabung nicht unterschied. An »mindestens 30 Fällen« habe er Goebel eingewiesen. Fortan habe er »nur gelegentlich die Kontrolluntersuchungen« vorgenommen, die Besuche in Auschwitz seien fortan kürzer ausgefallen, weil er sich im Wesentlichen darauf konzentriert habe, Röntgenbilder zu analysieren.

Für Clauberg hat vom Sommer 1944 an ein neues Projekt Vorrang. Während in Auschwitz jüdische Frauen weiter nach seiner Methode sterilisiert werden, entsteht im oberschlesischen

Kurort Bad Königsdorff-Jastrzemb (heute: Jastrzębie-Zdrój), nicht weit von Auschwitz entfernt, eine »Stadt der Mütter«. Sie wird, nach dem eigens dafür erfolgten Umbau eines großen Militärlazaretts, Ende Oktober 1944 eingeweiht. Wie die *Krakauer Zeitung* berichtet, wurden »22 schmucke Heime« eingerichtet, die »rund 800 Müttern zur Entbindung und zur Erholung offenstehen« sollten. Die medizinische Oberleitung dieser »für Großdeutschland einzigartigen und richtunggebenden volksgesundheitlichen Einrichtung« wird an Prof. Carl Clauberg übertragen.[10] Es sei »wohl das größte Sozialwerk der Welt auf dem Gebiete ›Mutter und Kind‹ gewesen«, ausgelegt für 20 000 Geburten im Jahr, brüstet er sich nach dem Krieg in einem Brief an Bundesinnenminister Gerhard Schröder.[11] Nach Königsdorff verlegt er 1944 auch sein Labor, das er 1940 zunächst in den Kellerräumen der Frauenklinik des Knappschaftskrankenhauses in Königshütte eingerichtet hatte.

Tiefen Eindruck hinterlässt derweil im KZ Auschwitz die Hinrichtung von vier Frauen, über die mehrere Überlebende berichten. »Vier Mädels, die in der Munitionsfabrik arbeiteten, hatten Pulver an Häftlinge gegeben, um das Krematorium in Brand zu setzen«, schreibt Augusta Nathan. »Als es dunkel war, mussten wir uns aufstellen, ein Galgen wurde durch Scheinwerfer hell erleuchtet, die Mädels wurden durch SS-Offiziere geführt und aufgehangen. Keinen Laut gaben diese wahren Heldinnen von sich.«[12] Nach der Exekution hält der Lagerkommandant eine Ansprache.[13]

Von der Außenwelt vernehmen die gefangenen Frauen nur wenige gesicherte Nachrichten. Aber gerüchteweise verbreitet sich dennoch, wie sich der Kriegsverlauf ändert. Manches ist auch atmosphärisch zu spüren. Und die näher rückenden Gefechte sind nicht zu überhören. An einem Januartag 1945 schlagen Bomben ein.

Clauberg behauptet, er habe im Winter 1944 nochmals an Himmler geschrieben, seine Versuche seien abgeschlossen und könnten von einer Kommission begutachtet werden. »Nach dieser Überprüfung wollte ich meine Arbeiten der Öffentlichkeit zugänglich machen, damit in Deutschland keine Frau mehr auf operativem Wege sterilisiert werden musste.« Himmler habe vorgeschlagen, dass er sich mit dem Berliner Gynäkologen Prof. Wolff in Verbindung setzen solle.[14] Clauberg gibt an, bis Herbst 1943 durch eigene Hand 23 Frauen sterilisiert zu haben, Goebel habe bis zum Spätherbst 1944 weitere 127 Frauen sterilisiert.[15] Möglicherweise stimmen diese Zahlen, allerdings nur bezogen auf den Umfang der Experimente, die er in seinem Sinne als erfolgreich abgeschlossen sah. Nicht mitgerechnet sind die zahlreichen abgebrochenen Experimente an Frauen, die deswegen selektiert und nach Birkenau in ein Arbeitskommando oder direkt ins Gas geschickt wurden. Weitere Aufschlüsse könnten Unterlagen geben, die Clauberg nach seiner Festnahme mit nach Moskau genommen haben will.[16] Die letzte überlieferte Angabe über die Belegstärke von Block 1 stammt vom 28. Dezember 1944. An diesem Tag sind dort 273 Versuchspersonen und acht Pflegerinnen untergebracht.[17]

Gestorben sind an den Folgen der Experimente zahlreiche Frauen. Wie viele es genau waren, lässt sich allein schon deswegen nicht mehr ermitteln, weil die einschlägigen Dokumente vor der Evakuierung des Lagers durch die SS fast vollständig verbrannt wurden. Anhand der Augenzeugenberichte können aber Beispiele von Todesfällen im Block genannt werden – wodurch auch immer sie verursacht waren. An Spätfolgen von Experimenten sterben Frauen ebenso in Birkenau wie auch noch nach ihrer Befreiung.

Das erste Opfer, zweifellos infolge der Einspritzung von Jodipin durch Clauberg, war am 25. Februar 1943 die in den USA geborene 31-jährige Niederländerin Cleo Ziekenoppasser. Es ist denkbar, dass ein Schock die Todesursache war. Alina Brewda berichtet, dass in Block 10 zweimal Notfälle vorkamen, in denen Clauberg sie zu Hilfe holte. »Als Clauberg mich hatte rufen lassen, war ein Mädchen infolge eines Schocks ohnmächtig geworden. Der Schock kam dadurch zustande, dass bei zu starkem Druck oder bei zu großer Schärfe der Flüssigkeit das peritonale Ende (Bauchende) des Eileiters mit dieser Flüssigkeit in Berührung kam. Geschah das zu schnell oder zu viel, entstand ein großer Schmerz. Dabei kann ein Schock eintreten.«

Die 48-jährige Berliner Krankenschwester Margarete Kessler, geborene Rosenberg, stirbt vier Wochen nach einer Einspritzung. In Block 10 starben infolge der Einspritzungen oder an Sekundärinfektionen nach einem solchen Eingriff die 33-jährige Amsterdamerin Gerda Moses, geborene Rose, im November 1943[18], die Niederländerin Hanna »Conni« Fransman vom Modemagazin Kalker[19], die 25-jährige Hermine »Mimi« Bonn, geborene Hertz[20], die in Polen geborene Niederländerin Anni Sagurski[21], Nettie van der Laan[22], die 1907 in Frankreich geborene Jerina Kassmann[23], die 41-jährige Amsterdamerin Lina Spier, geborene Lopes Cardozo (eine Schwester von Judith de Leeuw), Frau Cohen de Lara[24] und Frau Vaz Dias, die Ehefrau eines niederländischen Rabbiners[25], Frau Pinkus aus Anderlecht[26], die Berlinerin Dr. Lichtenstein[27], die Griechin Sol Stroumsa[28]. Sara Nudelmann, heißt es, sei in Birkenau an den Folgen der Experimente in Block 10 gestorben.[29]

Evakuierung und Todesmarsch

Überlebenskampf quer durch Deutschland

»Wir wurden von einem auf den anderen Tag losgeschickt«, ist der Eindruck von Elisabeth Frank. Anfang Januar 1945 hört man in der Ferne Artillerie, und manche vermuten, dass nun die Rote Armee herannahe. Aber nichts passiert, wie so oft nichts passiert nach Gerüchten, dass nun die Befreiung bevorstehe. »Irgendjemand kannte jemanden, der einen Freund hatte, der einen kannte mit einem Radio.« Irgendwie so, erzählt Elisabeth Frank, hatte man sogar vom D-Day erfahren. »Damals dachten wir, wir würden schnell befreit.« Doch nichts dergleichen ereignet sich, stattdessen bleibt alles, wie es war.[1]

Plötzlich kommt dann doch noch das Kommando zum Aufbruch. Es erfolgt völlig überstürzt, obwohl schon seit dem 21. Dezember 1944 ein Befehl von Gauleiter Fritz Bracht vorliegt, alle Kriegsgefangenen, Zwangsarbeiter und KZ-Häftlinge aus Oberschlesien zu evakuieren.[2] Sechs Tage nach Beginn der großen sowjetischen Winteroffensive räumt die SS am 18. Januar 1945 Auschwitz und seine Nebenlager. Nur wer nicht mehr gehen kann, soll zurückbleiben. Selbst Todkranke mobilisieren alle ihre Kräfte, weil sie befürchten, in den Baracken erschossen zu werden. Tatsächlich droht ihnen dieses Schicksal aber viel eher unterwegs, denn dort exekutieren, wie alle Zeugen berichten, die begleitenden Wachmannschaften nahezu jeden Häftling, der sich aus der Kolonne entfernt oder ihr nicht mehr folgen kann.

Einige wenige ergattern noch eine Konservenbüchse, die sie in ihr Bündel stecken. »Wir liefen einfach weg ohne Ziel«, sagt Renée Krämer. »Das Letzte, was wir zu essen hatten, war das Stück Brot, das wir in Auschwitz mit auf den Weg nahmen. Unterwegs aß ich den Schnee, der meiner Vorderfrau auf die Schulter rieselte.« Als die Kolonnen zu einigen Zehntausenden in Fünferreihen losmarschieren, sind die wenigsten dafür ausgerüstet, außer Nahrung fehlt es auch an winterlicher Kleidung und geeignetem Schuhwerk. Betty Cohen hat sich in der Eile nur noch Stofffetzen um die geschwollenen Füße wickeln können. Viele treten den Marsch in Holzpantinen an, die es erschweren, Schritt zu halten. Eine junge Griechin, die vor Ilse Nußbaum läuft, kommt damit trotz ihrer Totaloperation gut vorwärts. Und motiviert dadurch die Hinterfrau: »Da hab ich immer gedacht, wenn die laufen kann, dann kannst du auch laufen. Bei dem großen Schnitt, den sie hatte. Die hat mir ein bisschen Kraft gegeben.« Und Renée Krämer kommt sich geradezu privilegiert vor. Sie besitzt noch immer ihre alten Schuhe, mit denen sie ins KZ eingeliefert wurde, und hat sie wenige Tage vor dem Aufbruch Martha Heimann geben können, einer Kölner Bekannten ihrer Mutter. Sie war nach der Umquartierung aus Block 10 in eine Schuhmacherwerkstatt in die Nähe von Block 1 verlegt worden und hatte, wie Renée Krämer berichtet, die abgelaufenen Schuhe heimlich mit Gummi von einem Reifen besohlt. »Mit denen bin ich den Todesmarsch gelaufen. Als ich danach die Schuhe auszog, hatten die Füße schwarze Flecke. Ich hatte die Holznägel nicht gespürt, weil die Füße gefroren waren. Aber diese Schuhe hatten mich nach Dresden gebracht, und ich konnte Lucie [Jäger] im Arm halten unterwegs, weil sie rutschige Holzschuhe anhatte.«[3]

Es ist eisig kalt, als die Häftlinge losmarschieren, die Temperaturen liegen unter minus 20 Grad, auf den Wegen ist der

Schnee festgefroren. Schon nach wenigen Stunden sind die Ersten so erschöpft, dass sie aus dem Tritt kommen und zurückbleiben. Sie werden erbarmungslos von SS-Männern erschossen. »Meine Freundin ließ sich plötzlich fallen, konnte nicht mehr weiter«, berichtet Augusta Nathan. »Im letzten Augenblick riss ich sie hoch, schrie ihr zu: ›Du musst weiter!‹«[4] Und es ging wieder voran.

»Auschwitz war schlimm, aber das war noch schlimmer.« Renée Krämer ist nicht die Einzige, der die Strapazen der folgenden Wochen wie eine Steigerung des Vorangegangenen vorkommen. »Es war die letzte und schwerste Etappe meines Leidensweges«, sagt auch Augusta Nathan.[5] Den ermatteten Frauen kommt es vor, als nehme der Weg kein Ende. Eine Überlebenschance haben vor allem diejenigen, die ihre letzten Reserven mobilisieren und ihr Ziel fest ins Auge fassen: die erhoffte Freiheit, die nun an die Stelle einer grenzenlosen Leere rückt. Es gibt, noch in der Ferne, einen Fixpunkt, der, wie es Augusta Nathan formuliert, »alle Kräfte des Willens, des Geistes und der Seele in Bewegung setzt: die alliierten Linien erreichen, sich bis zum Ende durchbeißen«.[6]

Die Frauen von Block 10, von denen viele vor der Evakuierung in Arbeitskommandos von Birkenau eingesetzt waren, sind nicht gemeinsam unterwegs. »Wir wurden nicht als geschlossener Block in Marsch gesetzt«, sagt Ilse Nußbaum. »Wir waren gemischt mit anderen Frauen des Arbeitslagers.« Ohnehin ist das Wort »Todesmarsch« missverständlich, denn es sind Todesmärsche, weil mehr als eine Marschkolonne unterwegs ist und, mit Unterbrechungen, immer wieder neue Ziele angesteuert werden.

Ilse Nußbaum erreicht mit ihrer Kolonne Loslau (Wodzisław Slaski) nahe der tschechischen Grenze. Dort werden alle auf einen Güterzug mit offenen Waggons verladen, der nach Ravensbrück fährt. Auf der Strecke hält der Zug mehrere Male an, und die Körper der Erfrorenen oder Verhungerten werden achtlos von den Ladeflächen geworfen.[7] »Eine Höllenfahrt« sei es gewesen, sagt Augusta Nathan. »Sitzen konnte man nicht, stehen konnte man auch nicht.« Und wer versuchte, sich an dem eisernen Waggonrand zu halten, dem froren die Hände am Metall fest.

Andere Häftlingstrupps wenden sich von Auschwitz aus in Richtung Krakau, darunter die Rotterdamerin Elisabeth Frank. Viele werden vor Hunger schwach und brechen zusammen. »Immer wieder sagten die Leute von der SS, in ein paar Stunden gebe es Suppe, aber nichts war wahr.« Flucht ist keine Option. »Es ging durch Wald und Feld. Einige Leute hätten sich verstecken und abhauen können. Aber wohin? Man konnte kein Polnisch, und wenn wir tatsächlich jemanden getroffen hätten, dann hätte es passieren können, dass er so antisemitisch eingestellt gewesen wäre wie die Deutschen.« Von Krakau aus werden die Häftlinge, mit denen Elisabeth Frank unterwegs ist, ebenfalls in offenen Güterzügen nach Ravensbrück befördert.

Bei der Ankunft im Konzentrationslager Ravensbrück herrscht großes Durcheinander, weil niemand darauf vorbereitet ist, so viele Häftlinge aus Auschwitz zusätzlich unterzubringen. Die völlig verängstigte Renée Krämer nimmt an, dass die Baracke, in die sie mit ihrer Gruppe geschickt wird, eine getarnte Gaskammer sei, und lehnt es ab, sich auf eine der dreistöckigen Pritschen zu legen. Lieber stellt sie sich mit Lucie Jäger in die Nähe eines glaslosen Fensters. »Mein Kopf arbeitete nicht mehr, denn wie hätten wir vergast werden können bei offenem Fenster?« Die beiden Frauen überstehen die Nacht, und das Gute ist nur, dass sie sich von nun an sicher fühlen, irgendwie überleben zu können. »Das einzige Problem war, dass wir kein Bett hatten. Andere haben uns dann in ihre Betten aufgenommen. Ich war in einem, das wir zu viert teilten. Wir saßen dort, plötzlich krachte es auf die anderen herunter.« Sie bleiben bis März in Ravensbrück und werden danach, wieder im Güterzug, nach Neustadt-Glewe in ein Außenlager des KZ Ravensbrück gebracht. Auch hier ist alles überfüllt, die Lebensumstände sind noch schwerer zu ertragen, die Hygienebedingungen katastrophal. Augusta Nathan: »Die meisten Frauen werden krank und alle immer apathischer.«

Am 1. Mai verlässt die SS das Lager, tags darauf kommen die Russen. »Wir konnten nicht sprechen, wir konnten nur noch weinen, und dann fielen wir uns um den Hals.« Die Russen kümmern sich nicht weiter um die Frauen, die ihrerseits »unerhörte Vorräte« in den Unterkünften der SS finden, »Fleisch, Öl und andere Herrlichkeiten«. Nach zwölf Tagen »Freudenrausch« machen sich die Verbliebenen auf den Heimweg quer durch Deutschland, abwechselnd zu Fuß und auf Ladeflächen von US-Lastwagen.[8]

Von Ravensbrück aus werden nicht alle nach Neustadt-Glewe verlegt. Marianne de Hond wird nach zwei oder drei Wochen mit der Bahn in ein anderes Außenlager von Ravensbrück gebracht, nach Malchow, wo sie einen Monat verbringt. Von dort gelangt sie in ein Lager bei Leipzig. »Dann bin ich eine Zeitlang umhergeirrt und dann weggelaufen. Dann wurde ich in einem Dorf namens Konitz in einem Hause aufgenommen und habe mich dann nach einiger Zeit bei den Amerikanern gemeldet.«[9]

Das Lager nordöstlich von Leipzig befindet sich in der Kleinstadt Taucha; es gehört ebenfalls administrativ zum KZ Ravensbrück. Hier sind Zwangsarbeiterinnen untergebracht, die für die Rüstungsindustrie eingesetzt werden. Dazu kommt es in diesem Fall nicht mehr. »Nachdem wir von den Deutschen unserem Schicksal überlassen worden waren, sind wir 13 Tage in Deutschland umhergeirrt«, berichtet Rosaline de Leon. Letzte Station ist für sie Grimma an der Elbe. Dort trifft sie mit einigen Gefährtinnen, unter ihnen Schewa Friedmann, auf die Amerikaner.[10]

Von Ravensbrück aus marschiert Esperance Beesemer mit einer Gruppe in ein nächstes Lager. Ihr gelingt es, sich abzusetzen und in einem Dorf bei einem Bauern unterzutauchen. Einige Wochen später gelangt sie zu den Amerikanern.[11] Graf Folke Bernadotte, dem Präsidenten des Schwedischen Roten Kreuzes, gelingt es, in der Zeit vom 5. bis zum 26. April 7500

Frauen aus Ravensbrück in die Schweiz und nach Schweden zu evakuieren. Zu denen, die bereits in dieser Zeit nach Schweden ausgeflogen werden, gehören Rosetta Zwaaf, Rachel Perels, Hanna Fersztenfeld, Caroline Cohen, Friedel Heumann, Grietje Leib und Ester Mendzicki. Die meisten von ihnen liegen vor ihrer Befreiung mit zum Teil schweren Erfrierungen im Krankenrevier, einigen sind deswegen, teils dilettantisch, Zehen amputiert worden. »Es fällt mir schwer, nähere Einzelheiten zu schildern, weil es mich innerlich immer wieder aufwühlt«, schreibt Friedel Heumann.[12]

Manche der Frauen aus Block 10, die nach einer Selektion nach Birkenau geschickt worden sind, werden, wie Marianne Stokvisch und Sophie Horn, mit ihren Arbeitskommandos nach Bergen-Belsen deportiert, wo ihr Einsatz in der Rüstungsindustrie vorgesehen ist. Sie werden dort von britischen Truppen befreit. Etliche sind so schwach, dass sie sich bei der Evakuierung von Auschwitz nicht auf den Weg machen können und im Lager zurückbleiben müssen. Sie befürchten, von der SS ermordet zu werden. Nichts dergleichen geschieht, sie bleiben sich selbst überlassen wie Mietje Harpman, die von den Sowjets nach der Befreiung des Lagers am 27. Januar 1945 nach Odessa verschickt und von dort auf dem Schiffsweg über Marseille nach Amsterdam gelangt, wo sie im Juli oder August eintrifft.

Peter Dattel kommt, wie auch die beiden anderen Jungen, unbeschadet durch diese Wirren. Rosaline de Leon berichtet, der Kleine sei mit seiner Mutter von Block 10 in den Block 1 gebracht worden.[13] Beim Verlassen des Lagers ist er bei seiner Mutter und Ilse Nußbaum. Lange kann er sich aber nicht auf den Beinen halten. »Wir hatten uns eine Kiste mitgenommen, wir hatten gedacht, wir könnten ihn durch den Schnee ziehen, aber das ging nicht, weil keine Kufen dran waren. Aber das haben wir uns alle nicht überlegt«, sagt Ilse Nußbaum. Letztlich ist sie nicht kräftig genug. »Da bin ich umgekippt, habe einen

Herzanfall bekommen, weil wir den Jungen, den Peter, damals getragen haben.«[14]

Was danach geschieht, erfährt die Kölnerin erst viele Jahre später aus erster Hand, denn die beiden Frauen betreiben in Köln zeitweise gemeinsam ein Gasthaus. Ruth Dattel erreicht über Ravensbrück und Neustadt-Glewe nach ihrer Befreiung Berlin – ohne ihren Sohn. Sie hatte ihn, da er nicht mehr laufen konnte, einem tschechischen Paar anvertraut. Über ein Jahr hatte sie nach ihrer Ankunft in Berlin nach ihm gefahndet, noch im April 1946 hielt sie ihn für verschollen.[15] Dann konnte er in Brno (Brünn) aufgefunden werden. Er lebte bei der Familie des Buchhalters Babel Bauer, hatte alles Deutsch vergessen und erkannte seine Mutter nicht, als die beiden durch die Vermittlung des Internationalen Roten Kreuzes wieder zusammengeführt wurden.[16]

Viereinhalb Monate zuvor hatte eine jüdische Zeitschrift berichtet, dass Peter zuletzt im KZ Mauthausen gewesen und dort von der SS als Bote eingesetzt worden war. Ferner heißt es in dem Artikel: »Der kleine Peter … ist das einzige Berliner Kind, das die furchtbaren Greuel im Konzentrationslager Auschwitz überlebt hat.«[17] Als der inzwischen siebenjährige Junge am 31. Januar 1947 seiner Mutter übergeben wurde, hatte er zunächst Angst, dass ihn diese Frau zurück ins KZ bringen würde. Der einzige sichere Identitätsausweis war die KZ-Nummer, die ihm in Auschwitz in das Ärmchen tätowiert worden war.

Mit einem großen Fest wurde diese Heimkehr in Berlin begangen. Julius Meyer, der in Auschwitz »fünfzig Schläge erhielt, als er für den Jungen ein Paar Stiefel besorgte und dabei gefaßt wurde«[18], hielt die Ansprache und soll unter anderem gesagt haben: »Wir Überlebenden dieses mörderischen Systems wollen alle unsere Kraft darauf richten, dass Peter Dattel ein glückliches Menschenkind wird, das nicht durch Feindschaft und Verfolgung zerstört wird.«[19] Dattel absolvierte später in Köln eine Banklehre und war der letzte Leiter der Devisenabteilung der im Juni 1974 pleitegegangenen Herstatt-Bank.[20]

Befreiung

Gerettetes Leben, zerstörte Gesundheit

»Als wir über die holländische Grenze kamen, wurden wir jubelnd von der Bevölkerung empfangen«, erinnert sich Augusta Nathan an ihre beglückende Heimkehr. »Überall hingen die Fahnen aus den Häusern. Wir konnten vor Ergriffenheit nur noch weinen.« Nicht alle, aber die meisten erleben ähnliche euphorische Momente. »Überall freundliche Gesichter, hilfsbereite Menschen, flotter Verlauf der nötigen Administration. Es war wie im Traum.« Wenige Tage später kann Augusta Nathan sogar ihren in den Niederlanden verbliebenen Sohn in die Arme schließen, unendlich dankbar für diese Gnade des Schicksals.

Und dennoch: Ihr Mann und ihr jüngerer Sohn sind tot, ermordet in Auschwitz. Ihre Gesundheit, so wird sich herausstellen, ist auf schwerste Weise geschädigt. Mit allen Konsequenzen, die sich daraus für ihre künftige Erwerbstätigkeit ergeben. Und obendrein: »Von dem Rest meiner Habe, die nach all meinem Herumziehen in Europa übriggeblieben war und die Freunde in Roermond für mich in Bewahrung genommen hatten, war fast alles während der Evakuierung von Roermond von den Deutschen gestohlen.«[1] Ähnliches berichtet Debora Rosenblatt: »Nichts von dem, was ich besaß, ist mir übriggeblieben, nicht mal ein Stuhl oder ein Kleid.«[2]

Ein seltener Glücksfall: zwei Auschwitz-Überlebende, gemeinsam deportiert, gemeinsam befreit. Das Foto zeigt Ima van Esso nach ihrer Rekonvaleszenz 1945 mit ihrem Verlobten Loet Micheels auf dem Weg nach Paris.

Rasch verliert die neue Freiheit ihren Glanz, zaghaft erst, dann immer bestimmender rückt der unermessliche Preis dieser Heimkehr in den Vordergrund. Heimkehr? Nichts ist mehr so, wie man es verlassen hatte, oft nicht einmal mehr das Heim. Von Heimat gar nicht erst zu reden. Vielfach bleibt deshalb die

Heimkehr nur eine Zwischenstation bei der Suche nach einer sicheren Zukunft.

Die meisten der überlebenden Frauen von Block 10 waren vor ihrer Deportation verheiratet, nun sind sie, mit wenigen Ausnahmen, Witwen. »Sofort nach der Ankunft« – gemeint ist Auschwitz – »wurde ich von meinem Mann getrennt. Ich habe ihn nie wiedergesehen«, lautet eine ihrer Standardformulierungen. In den Sommermonaten 1945 ist aber in vielen Fällen weder der Tod des Mannes noch der von anderen Angehörigen Gewissheit, weshalb die Erforschung der Schicksale von Familienmitgliedern noch lange den Alltag dominiert. Und am Ende bleibt doch nur, die wahre Bedeutung dieser Ungewissheit zu akzeptieren: Sie fanden ihr Grab in den Lüften.

Marguerite Cohen erreicht nach einer längeren Odyssee über Ravensbrück, Dänemark und Schweden am 5. Juli 1945 Frankreich: »Hier sollte ich erfahren, dass zwölf Mitglieder meiner Familie in der Deportation gestorben waren, dass das gesamte Vermögen, das mein Vater mir hinterlassen hatte, beschlagnahmt worden war und dass ich weder eine Wohnung noch Möbel, noch Kleider besaß.« Als Flora Benjamin wieder in Saloniki ankommt, lebt nur noch ihr Bruder. Ihr Mann und ihre vier Kinder sind in einer Gaskammer von Auschwitz-Birkenau ermordet und anschließend im Krematorium verbrannt worden. Ebenso ihre Eltern, ihre drei Schwestern und drei Brüder. Ihre Asche liegt verstreut in der Umgebung der Öfen. Neun Geschwister mit insgesamt 30 Kindern seien der Verfolgung zum Opfer gefallen, gibt Ruchla Fuks an, die aus Polen stammt und vor dem Krieg in Brüssel lebte. Engelina Jas aus Amsterdam: die Eltern ermordet, zwei Schwestern, ein Bruder, vier Schwägerinnen. Ilse Nußbaum kommt nach Berlin zurück, wo sie ihre Eltern vermisst, ihren Mann und das Kind, das sie gern ausgetragen hätte, wenn es wegen der Aufregungen vor der Deportation nicht zu einer Fehlgeburt gekommen wäre. Friedel Heumann aus Darmstadt: Sie hatte ihren Mann nach dem Ausstieg aus dem Viehwaggon gestützt, weil ihm im Gedränge seine Beinprothese abhandengekommen war. Dann wurde er plötzlich von hinten zusammengeschlagen und auf einen Wagen geworfen. Er wurde ermordet, ebenso ihre Mutter und ihre beiden Schwestern. Und sie, die gelernte Kindergärtnerin, konnte keine Kinder mehr bekommen.[3] Die Situation von Fryda Degenszajn, als sie am 20. Mai 1945, fünf Tage nach ihrem 34. Geburtstag, Paris erreicht: Die Eltern und zwölf Geschwister sind in verschiedenen Konzentrationslagern ums Leben gekommen, nur ein Bruder hat überlebt. Fofo Cohen, mit 19 Jahren den Ärzten in Auschwitz entronnen und zurück in ihrer Heimatstadt Saloniki: »Ich war allein, verzweifelt und verlassen, ohne einen Pfennig, da ich von dem Vermögen meines Vaters nichts wiedererlangen konnte, ohne einen Menschen, der mich tröstete; es waren weder Bruder noch Eltern da, denn diese waren alle als Opfer der Nazibarbarei zusammen mit 56 000 Juden aus Saloniki in Polen geblieben. Diese vor dem Kriege so blühende Stadt erschien mir verlassen. Von den 32 Mitgliedern meiner Familie, einschließlich Onkeln, Tanten und Vettern, blieb ich allein als offensichtlicher Beweis der deutschen Barbarei zurück. Zudem war ich noch krank.«[4] Die Reihe lässt sich beliebig fortsetzen, nicht eine einzige Familie ist nach dem Holocaust noch vollständig.

Mit schier unbändiger Energie schaffen es einige Frauen, zurück an ihre früheren Wohnorte zu gelangen, Ellen Adler zum Beispiel auf einem 28-tägigen Fußmarsch von Malchow nach Berlin. Andere vermögen es nicht mehr aus eigener Kraft, wie eine 23-jährige Belgierin, die schwerkrank von Neustadt-Glewe nach Brüssel gebracht wird, wo sie ein Jahr lang in einem Lungensanatorium verbringen muss. Eine 25-jährige Amsterdamerin, zuletzt auch in Neustadt-Glewe, muss ebenfalls ein Jahr lang in einer Klinik eine Tuberkulose auskurieren. Bei einer 44-jährigen Sekretärin aus Delft wird nach ihrer Rückkehr Tuberkulose festgestellt; bettlägerig verbringt sie einige Zeit bei Bekannten, denn Vater, Bruder, Schwiegereltern, Ehemann und Sohn sind alle ermordet. Während einer anschließenden Kur in

Davos bildet sich eine Angstneurose aus, infolgedessen ist die Patientin, so ein ärztliches Gutachten, »auf dem normalen Arbeitsmarkt vollkommen unbrauchbar«.[5] Eine Näherin aus Vught muss, mit Unterbrechungen, gar bis Juni 1948 wegen Tuberkulose in einer Brüsseler Klinik ausharren, in die sie nach der Befreiung aus dem KZ in Neustadt-Glewe nach nur kurzem Zwischenaufenthalt eingeliefert worden ist. »Ich befand mich in einem Zustande völliger Erschöpfung und Hilflosigkeit«, schildert Marie Hertzdahl ihre Ankunft in Maastricht. »Es hat ungefähr ein Jahr gedauert, bis meine Gesundheit wieder einigermaßen hergestellt war.«[6]

Die meisten Frauen sind bei ihrer Befreiung völlig abgemagert, in den ärztlichen Gutachten oft mit Werten zwischen 30 und 40 Kilogramm Körpergewicht dokumentiert. Eine in Oran geborene algerische Jüdin, 41 Jahre alt, wiegt 38 Kilogramm, als sie an ihren letzten Wohnort Paris zurückkehrt, und umschreibt acht Jahre später ihren allgemeinen gesundheitlichen Zustand mit den Worten: »Ich bin seitdem sehr schwach geblieben, sehr schnell außer Atem, leide unter Schmerzen in der Herzgegend, schlafe ziemlich schlecht, bin sehr nervös geworden, kaum imstande, meiner Arbeit im Hause nachzugehen.«[7] Eine 30-jährige Pariser Verkäuferin wiegt gar nur noch 26 Kilogramm, als sie aus Neustadt-Glewe in Frankreich eintrifft.[8]

Die Ärzte, in deren Behandlung sich die Versuchsopfer aus Block 10 begeben, werden mit einer Vielzahl von Erkrankungen konfrontiert, die auf den KZ-Aufenthalt zurückzuführen sind. Oft sind es mehrere Leiden zugleich, und in den meisten Fällen werden sie begleitet von psychischen Erschöpfungszuständen, die alle Lebensäußerungen überlagern. »Zur Zeit ist die Untersuchte kaum in der Lage, ihr Brot selbst zu verdienen, vor allem wegen der nervösen und psychischen Veränderungen«, lauten die Diagnosen, die so oder ähnlich gestellt werden, in diesem Fall bei einem 1907 in Polen geborenen Versuchsopfer.[9] »Es wird bei Frau H. immer ein psychisches Trauma bleiben, für dessen Genesung selbst langdauernde psychotherapeutische

Behandlungen keinen Erfolg versprechen«, heißt es in einem Gutachten über eine Niederländerin, in dem als Ursachen ihr Lageraufenthalt, insbesondere aber ihre Sterilität genannt werden. Sie ist bei ihrer Befreiung 24 Jahre alt, heiratet den Bruder ihres ermordeten Mannes, kann keine Kinder bekommen und beklagt sich 1974 in einem Brief an Bundeskanzler Helmut Schmidt, dass sie von der Bundesrepublik nie eine Entschädigung erhalten habe. Sarkastisch fügt sie hinzu: »Das einzige, was wir je erhalten haben, sind Nummern.«[10]

Die zurückgekehrten Frauen sind fast alle Witwen, genauer: junge Witwen. Aber unter diesen jungen Witwen sind nur sehr wenige, die noch Kinder gebären können. Eine derartige Beeinträchtigung ist für viele Frauen ohnehin eine ungeheure Belastung. Die verbrecherischen Umstände, unter denen die Sterilität bei den Versuchsopfern mutwillig herbeigeführt wurde, treten jedoch erschwerend hinzu. Manche zerbrechen daran. Es sind Suizide dokumentiert und Suizidversuche, in den meisten Fällen zermürbende Gänge zu Fachärzten, die alle denkbaren Möglichkeiten in Betracht ziehen, vielleicht doch noch der Kinderlosigkeit abzuhelfen. Jahrelange Konsultationen und Behandlungen bringen in der Regel nichts als zusätzliche körperliche und seelische Schäden. Medizinische Erfolge gelingen nur extrem selten, etwa bei einer Niederländerin, die nach der Befreiung als eine von wenigen Frauen aus Block 10 ihren Mann wiederfindet. Ihr gemeinsames Kind, sieben Monate alt, hatte sie acht Wochen nach der Ankunft im KZ von Eduard Wirths abtreiben lassen müssen. Nach einer Pertubation der Eileiter kann sie 1947 einen Jungen und 1951 ein Mädchen gebären. Gleichwohl leidet sie unter nächtlichen Albträumen, in denen ihr Kind erscheint, das ihr in Auschwitz genommen wurde.[11]

Der innige Wunsch nach eigenen Kindern wird durch religiöse Vorgaben und durch gesellschaftliche Erwartungen verstärkt. Oft intensivieren die Männer diesen Druck aus den gleichen Gründen. »Ich war etwa zehn Jahre mit einem Mann verheiratet, aber er hat mich wegen meiner Unfruchtbarkeit verlassen«, sagt eine polnische Jüdin.[12] Anderen geht es ähnlich. Es gibt sterilisierte Frauen, die ihren Männern aus Scham die Eingriffe der Nazi-Ärzte verschweigen. Sie wagen dann eine neue Ehe in der Hoffnung, dass sich durch ein Wunder doch noch Nachwuchs einstellen könnte. Zumal, wenn sie von Gefährtinnen hören, die tatsächlich Kinder zur Welt gebracht haben – wenn auch nicht durch ein Wunder, sondern weil noch ein Eileiter halbwegs intakt war oder weil die Betreffenden, aus welchen Gründen auch immer, den medizinischen Versuchen entronnen waren. Gelegentlich unterschätzen Ehemänner die Intensität ihres eigenen Kinderwunsches, auch dann ist die Beziehung bald zerrüttet. Oder ein Mann akzeptiert tatsächlich die Sterilität seiner Frau, aber – wie ein Gutachter feststellt – »dennoch kann sie sich nicht verzeihen, dass sie ihm keine Kinder schenken kann«.[13]

Eine Griechin aus Saloniki, die in Block 10 sterilisiert wurde, ist 18 Jahre alt, als sie 1946 einen Landsmann heiratet, der von Schumann durch Röntgenstrahlen sterilisiert wurde. Israelischen Ärzten gelingt es, ihn zu refertilisieren. Ein gleicher Erfolg, den sie sich nacheinander von zwei Hormonkuren erhofft, stellt sich hingegen bei ihr nicht ein. Jahre später schreibt sie nach Bonn, welche bittere Konsequenz daraus folgte: »Ich wurde von meinem Ehegatten geschieden und lebe einsam in der Welt.«[14]

Welche Traumata die Erlebnisse in Block 10, die tiefe Erniedrigung der Menschenwürde auslösten, wird von den Gutachtern nicht gleich und auch später nur von einer Minderheit in ihrem vollen Umfang erkannt, obwohl sie eine Vielzahl von Symptomen beschreiben. Von ständiger Traurigkeit ist die Rede, von Desinteresse auch an kleinen Freuden des Alltags, von innerer Unruhe, Angstträumen, andauernden Kopfschmerzen.

Oft werden die Symptome dargelegt, ohne ihren Kern zu erfassen. Eine verständnisvoll auftretende Schulmedizinerin beispielsweise, die als Fachgutachterin eine Griechin untersucht, der Horst Schumanns Gehilfe Władysław Dering beide Eierstöcke entfernt hat, betont deren »Fähigkeit, sich sowohl in der Ehe als auch in der Umwelt anzupassen«, und bewertet dies »als sittliche Leistung und als persönliches Verdienst«.

Man kann aber auch genauer hinschauen. Der österreichisch-israelische Psychiater Sigmund Biran kommt zehn Jahre später bei derselben Person zu einem ganz anderen Befund. »Sie ist nicht klagsam, eher fällt ihr es schwer, über ihre Beschwerden zu reden«, schreibt er, vertieft sich in den Fall, und aufgrund seiner einfühlenden Beobachtung entsteht das folgende Bild: »Sie kann nicht alleine zu Hause bleiben, sie geht zur Nachbarin oder bittet diese, bei ihr zu sitzen. Ein Würgegefühl im Hals und ständige Neigung zum Weinen, oft auch stilles Weinen ohne jeden äußeren Anlass, das sie vor dem Gatten zu verheimlichen sucht. Unlust auszugehen; sie flüchtet vor Menschen, vor Gesellschaften, sie will zu keiner Unterhaltung gehen … Manchmal steigert sich der Zustand zu Verzweiflungsausbrüchen, wo sie schreit und mit dem Kopf an die Wand schlägt oder sich für den ganzen Tag ins Zimmer einsperrt, um in völliger Abgestumpftheit auf dem Bett zu liegen. Der Schlaf ist schlecht, sie liegt stundenlang wach, bis sie einschläft, um dann durch Alpträume, welche Szenen aus dem Konzentrationslager darstellen, mit Angst geweckt zu werden.« Sigmund Biran untersuchte sieben der acht überlebenden Griechinnen, denen Dering einen Eierstock herausgeschnitten hatte. Fast durchweg hat er Frauen vor sich, die mit offenen Augen träumen und Szenen der Vergangenheit imaginieren. »Erinnerungsdrängen« nennt er, was zum Beispiel dazu führt, dass die eine unvermittelt vergisst, was sie gerade an Hausarbeit verrichten wollte, die andere in Trance das Essen auf dem Herd anbrennen lässt und eine Dritte in völlige Untätigkeit versinkt. »Ein anderer Grund der Passivität ist die Lustlosigkeit, das Gefühl, dass das Leben für sie seit den Verfolgungsjahren jeden Sinn verloren habe.«[15] Dies zumal, wenn die Betroffenen, wie die von Biran untersuchten sieben jungen Frauen, einer einfachen, kleinen Welt verhaftet bleiben, in der Mütterlichkeit den gesamten Lebensinhalt bedeutet, sodass sie außerstande sind, irgendeine Kompensation für das ausgebliebene Mutterglück zu finden.

Das sind Beobachtungen, die immerhin 20 Jahre nach den auslösenden Ereignissen erfolgen. Sie widersprechen in aller Deutlichkeit den Behauptungen von Psychiatern der Nachkriegszeit, zumal denen, die in der Bundesrepublik den Ton angaben. Der Tübinger Psychiatrie-Professor Ernst Kretschmer beispielsweise, damals eine Kapazität auf dem Gebiet der Neuroseforschung, verfasste 1955 für das Bundesentschädigungsamt ein einschlägiges Gutachten. Darin legte er dar, dass es eine verfolgungsbedingte Neurose nicht geben könne, da die Ausgleichsfähigkeit des Organismus bei schweren psychischen Traumata unbegrenzt sei.[16] Diese Grundauffassung geht auf Forschungen an Soldaten des Ersten Weltkriegs zurück und sollte das Gutachten eines Assistenzarztes entkräften, der in einem Entschädigungsverfahren vor dem Bremer Landgericht einem Klienten eine verfolgungsbedingte Neurose attestiert hatte.[17] Zwar verwarfen die Bremer Richter Kretschmers Gegengutachten als nicht überzeugend. Dennoch hielt sich ein maßgeblicher Gesetzeskommentar, der wiederum die Rechtsprechung der fünfziger Jahre bestimmte, demonstrativ an Kretschmer.[18]

Überlebende des Holocaust konsultierten in der Nachkriegszeit, wenn sie denn frei in der Wahl von medizinischen Gutachtern waren, nicht unbedingt deutsche Ärzte. In Fragen der sogenannten Wiedergutmachung war dies nicht immer zu vermeiden, und sie gerieten an Ärzte, deren Fachwissen an Erkrankungen von Kriegsopfern und heimgekehrten Kriegsgefangenen geschärft war. In solche Gegebenheiten passt es, dass unter Fachleuten Anleitungen weitergereicht wurden, wonach Gesundheitsstörungen bei Heimkehrern aus Kriegsgefangenschaft im Osten mit den Symptomen gleichzusetzen seien, über die Überlebende aus deutschen Konzentrationslagern klagten. Das kam schon einer amtlichen Anweisung gleich, nicht genauer hinzusehen, und hatte seine Entsprechung darin, dass die im Ausland aus gründlichen Untersuchungen gewonnenen Studien über psychische Störungen als Spätfolgen von Lagerhaft in der deutschen Medizin lange Zeit nicht beachtet wurden. Erst nach einem Generationswechsel sind sie auch hierzulande zum Allgemeingut geworden.

Was den Unterschied in der Herangehensweise an die psychischen Nöte der Opfer ausmacht, zeigen die psychiatrischen Untersuchungen der sieben griechischen Schumann-Opfer durch Sigmund Biran. Er kann, pars pro toto, anhand eines Gutachtens über eine Frau nachvollzogen werden, die als einziges Mitglied ihrer Familie nach Saloniki zurückgekommen war. Sie zerbrach schier an ihren Leiden, die sich in einer schweren Depression manifestierten, verstärkt durch den Zwang zum Erinnern, zum Wiedererleben der ganzen traumatisierenden Vergangenheit in der Vorstellung. In dem Gutachten heißt es: »Die Ursachen dieser krankhaften Veränderungen liegen auf der Hand. Da haben wir erstens die tiefe Traumatisierung durch die Verfolgungen überhaupt, den Verlust ihrer ganzen Familie, die Selbstvorwürfe, dass sie nicht mit ihnen in den Tod gegangen ist, die Erschütterung durch die Begegnung mit der menschlichen Bestie. Zweitens haben wir das Erlebnis der tiefsten Erniedrigung der Menschenwürde, das Bewusstsein, zu einem Versuchstier erniedrigt zu werden, noch viel kränkender als eine Vergewaltigung. Und vielleicht am stärksten wirkt das Trauma der Sterilisierung, das Leid, auf die natürliche Aufgabe und den stärksten Herzenswunsch einer Frau verzichten zu müssen, und das Wissen, dass dies nicht ihr von der Natur gewolltes Schicksal, sondern die Folge des ihr Angetanen ist. Es geht also um lauter seelische und lauter direkt verfolgungsbedingte Ursachen. Es sind keine Momente, die im Laufe der Zeit von selbst schwächer werden, sondern Dauertraumen. Denn nie wird die Patientin ihr Leid der Kinderlosigkeit und die Erniedrigung ihrer Menschenwürde vergessen oder anders überwinden können.«[19]

Nachkriegsjahre

Die Republik verdrängt und wehrt ab

»Machen Sie ein großes Unrecht ungetan!«, appelliert Sophie Koster im September 1952 an den Bundesfinanzminister Fritz Schäffer. Die Amsterdamerin, die selbst Überlebende von Block 10 ist, empfindet ein quälendes Unbehagen angesichts der Art und Weise, wie die Bundesrepublik Deutschland Opfern von Menschenversuchen Entschädigungen ausbezahlt. Man demütige sie als Bittsteller, kritisiert sie, statt ihnen in einer großzügigen Geste »ein Schmerzensgeld für das große körperliche und moralische Leid« anzuweisen.[1]

Über sechs Jahre vergingen, ehe das Bundeskabinett am 26. Juli 1951 beschloss, überlebenden Opfern von Menschenversuchen nicht generell, aber unter bestimmten Voraussetzungen und ohne Rechtsanspruch finanzielle Hilfen zu gewähren. Auslöser waren Berichte aus dem Ausland, wonach gerade in dieser Opfergruppe zahlreiche Personen gesundheitlich derart geschädigt seien, dass sie sich vielfach in schwerer Not befänden. Weitaus die meisten Versuchspersonen der Nazi-Ärzte waren aus dem Ausland verschleppt worden, und die Überlebenden kehrten auch wieder dorthin zurück. Sie konnten nach den geltenden Regelungen zumindest auf absehbare Zeit nicht mit Entschädigungen rechnen, weil die Bundesrepublik deutsche und ausländische NS-Opfer unterschied. Nur jene NS-Geschädigten, die zur Zeit der Verfolgung Deutsche waren oder wenigstens eine »räumliche Beziehung« zu Deutschland in den Reichsgrenzen von 1937 nachweisen konnten, fielen unter einklagbares innerdeutsches Entschädigungsrecht. Dieses war zunächst noch Ländersache und wurde erst mit dem »Bundesergänzungsgesetz« vom 1. Oktober 1953 und dem nachjustierten Bundesentschädigungsgesetz (BEG) vom 29. Juni 1956 bundeseinheitlich geregelt. Dabei wurde die Geltung erweitert auf Verfolgte, die bei Inkrafttreten des BEG zum Personenkreis der Staatenlosen oder Flüchtlinge im Sinne der Genfer Konvention gehörten.

Ehe dem erheblich eingeschränkten Kreis der Anspruchsberechtigten Mittel nach dem Bundesentschädigungsgesetz ausbezahlt wurden, vergingen in vielen Fällen mehr als zwei Jahrzehnte nach Kriegsende. Das Auswärtige Amt vermutete noch 1956, und tatsächlich klang es eher wie eine Befürchtung, dass »ein großer Teil, wenn nicht die meisten der überlebenden Opfer von Menschenversuchen … Ansprüche auf Grund des BEG« habe. Die Realität war eine andere, nicht zuletzt auch deswegen, weil die Voraussetzungen äußerst restriktiv ausgelegt wurden.

Mit welcher Akribie die Beamten prüften, ob die Anträge den gesetzlichen Bedingungen entsprachen, zeigt der Fall der 1907 in Amsterdam geborenen niederländischen Staatsbürgerin Mietje Klieb. Sie hatte 1934 als 27-Jährige den zehn Jahre älteren russischen Emigranten Abraham Klieb geheiratet, der in den Niederlanden als Staatenloser lebte. Durch diese Ehe verlor auch sie automatisch die niederländische Staatsangehörigkeit. Diese ausländerfeindliche Regelung hob der niederländische Staat zwar 1937 auf, doch das galt nicht rückwirkend.

Als staatenloses NS-Opfer darf Mietje Klieb, im Gegensatz zu ihren Gefährtinnen mit niederländischer Staatsangehörigkeit, Leistungen nach dem Bundesentschädigungsgesetz beziehen. Also stellt sie 1965 einen Antrag und muss sich daraufhin in Geduld üben. Vier Jahre lang. Dann wird ihr mitgeteilt, dass ihr Antrag abgelehnt worden sei. Sie klagt vor dem Landgericht Köln – und verliert. Die Begründung werden wohl nur juristische Kleinkrämer nachvollziehen können. Ihr Mann ist nämlich am 9. November 1943 in Auschwitz ums Leben gekommen. Für sie, die zu dieser Zeit in Block 10 in Auschwitz eingesperrt war, eröffnet sich dadurch nach ihrer Befreiung die Möglichkeit, ihre Staatsangehörigkeit zu ändern. Diesen Schlüssel erhält sie aber erst, wenn sie weiß, dass ihr Mann tot ist, und wenn er auch amtlich für tot erklärt ist. Und sie muss die Kraft haben, dieses Verfahren in Gang zu setzen.

Mietje Klieb bleibt, mit allen damit verbundenen Nachteilen, bis zum 29. Dezember 1952 staatenlos. An diesem Tag wird sie, auf ihren Antrag hin, rückwirkend auf den Todestag ihres Mannes wieder niederländische Staatsbürgerin, ohne zu ahnen, zu welchen Konsequenzen dies führen würde. Darauf bezieht sich das Urteil: »Die Ehe der Klägerin ist … am 9.11.1943 durch den Tod ihres Ehemannes aufgelöst worden, so dass die Klägerin auf ihren Antrag vom 29.12.1952 mit Wirkung vom 9.11.1943 die niederländische Staatsangehörigkeit wiedererworben hat. Dies bedeutet, dass die Klägerin zwar de facto bis zum 29.12.1952 als Staatenlose behandelt worden ist, dass sie aber de jure durch ihren Antrag seit dem 9.11.1943 wieder als niederländische Staatsangehörige gilt.« Niederländischen Staatsangehörigen stand aber nun mal keine Entschädigung nach dem BEG zu. Vergeblich verfolgte die Klägerin den Rechtsweg bis zum Bundesgerichtshof, die erhoffte Rente blieb ihr versagt.[2]

Alle ausländischen NS-Opfer wurden auf Reparationszahlungen vertröstet, die es aber erst noch völkerrechtlich auszuhandeln galt – was sich infolge der politischen Lage im Zeichen des Kalten Krieges zu einer schier unendlichen Geschichte entwickelte. Darum hatten sich insbesondere die politisch organisierten französischen Überlebenden von Menschenversuchen

Hilfe suchend an die Vereinten Nationen gewandt, die nach ersten Erhebungen feststellten, dass die meisten Betroffenen im Sinne der deutschen Entschädigungsbestimmungen Ausländer waren. Daraufhin drängte der Wirtschafts- und Sozialrat der UNO die Bundesregierung zu einer generösen Regelung. Doch erst mehrere Aufforderungen aus New York, der Bekundung genereller Bereitschaft zu Leistungen nun auch Taten folgen zu lassen, führten zu ersten Erörterungen in den beiden zuständigen Bundesministerien für Justiz und für Finanzen. Schon dabei zeigte sich, um wie viel sensibler die Regierung auf außenpolitischen Druck reagierte als auf moralische Anstöße oder gar aus eigenem Antrieb. Als die Vereinten Nationen ankündigten, dass die Frage der Entschädigung für überlebende Opfer von Menschenversuchen im Mai 1951 wieder auf die Tagesordnung des UNO-Sozialausschusses gesetzt werden solle, hielt es Bundesjustizminister Thomas Dehler »für politisch zweckmäßig, dass die deutsche Regierung ihr Interesse an diesen Vorgängen in irgendeiner Weise bekundet«.[3] Deswegen kam es am 26. Juli 1951 auch zu dem erwähnten Kabinettsbeschluss, dessen Wortlaut das Bundespresseamt noch am selben Tag veröffentlichte: »Die Bundesregierung ist unter Berücksichtigung der vorliegenden moralischen Verpflichtung bereit, auch solchen, jetzt im Ausland lebenden, aus Gründen der Rasse, des Glaubens, der Weltanschauung oder der politischen Überzeugung verfolgten Opfern von Menschenversuchen, denen mangels der Wohnsitzvoraussetzung oder wegen Ablaufs der Anmeldefrist ein Wiedergutmachungsanspruch auf Grund der in den Ländern des Bundesgebiets geltenden Entschädigungsgesetze nicht zusteht, in besonderen Notfällen eine wirksame Hilfe zuteil werden zu lassen. Opfer von Menschenversuchen, denen aus anderen Gründen ein Wiedergutmachungsanspruch nicht zusteht, sollen von der Hilfe nicht ausgeschlossen sein, sofern ihnen unter gröblicher Missachtung der Menschenrechte ein dauernder Gesundheitsschaden zugeführt worden ist.«[4]

Der Kabinettsbeschluss war so unpräzise formuliert, dass

sich die für die Praxis relevanten Kriterien unterschiedlich auslegen ließen. Was ist ein »besonderer Notfall«? Wie soll eine »wirksame Hilfe« zuteilwerden? Was ist unter »gröblicher Missachtung der Menschenrechte« zu verstehen? Man muss dem Resümee einer neueren wissenschaftlichen Untersuchung zustimmen, dass es der Bundesregierung vor allem darum ging, »rechtlich einklagbare und dauerhafte Ansprüche unter allen Umständen zu vermeiden, da man ansonsten unkalkulierbare Kosten auf die Bundesrepublik zukommen sah«.[5] Laufende Unterhaltszahlungen waren ausgeschlossen. Von wenigen Ausnahmen abgesehen, wurden einmalige Beihilfen gewährt, die jedoch komplett angerechnet wurden, wenn Jahre später noch eine andere Leistung fällig wurde. Die Beschränkung auf Härtefälle deklarierte die Regierung nach außen hin als Provisorium, beabsichtigte allerdings zu keinem Zeitpunkt, eine andere Regelung folgen zu lassen.[6] Obendrein blieben – abweichend vom Kabinettsbeschluss, der diese Einschränkung nicht vorgesehen hatte – bis 1960 alle Antragsteller aus osteuropäischen Staaten von den Beihilfen ausgeschlossen. Angeblich wegen verwaltungstechnischer Schwierigkeiten, weil keine diplomatischen Beziehungen zu diesen Staaten bestanden.

Wie wenig die Auszahlung an die Bedürftigen forciert wurde, belegen Beispiele aus dem bürokratischen Alltag, beginnend damit, dass zunächst noch mehr als ein Dreivierteljahr verging, ehe der mit der Umsetzung des Kabinettsbeschlusses betraute Interministerielle Ausschuss seine Arbeit aufnahm.[7] Er tagte vierteljährlich und bearbeitete in der Regel nicht mehr als 20 Fälle pro Sitzung. Zu Beginn lagen etwa 250 Anträge von Überlebenden unterschiedlicher Humanversuche in verschiedenen Konzentrationslagern vor, von denen der Ausschuss annahm, dass damit nahezu alle in Frage kommenden Fälle erfasst seien.

Prinzipiell hielt sich der Ausschuss an die im Nürnberger Ärzteprozess bekannt gewordenen Verbrechen. Darum gehörten beispielsweise die Bluttests, die der Bakteriologe Bruno

Weber an weiblichen Häftlingen in Block 10 durchgeführt hatte, nicht dazu. Das musste Flora Jacobson erfahren, die diese Entscheidung nicht hinnehmen wollte und Einspruch einlegte. Ihr Antrag auf eine Notfallhilfe wurde letztlich mit der trotzigen Begründung abgelehnt: »Aufgrund der vorhandenen Unterlagen, insbesondere aus den sogenannten Nürnberger Prozessen, steht fest [sic!], welche medizinischen Experimente zu welcher Zeit und von welchen Personen in den einzelnen Konzentrationslagern durchgeführt wurden und welcher medizinische Zweck hiermit verfolgt wurde. Der Interministerielle Ausschuss, der über diese Fälle entscheidet, hat sich auch nach einer nochmaligen Überprüfung Ihrer Darstellung und der von Ihnen vorgelegten Unterlagen nicht davon überzeugen können, dass an Ihnen ein medizinischer Versuch durchgeführt worden ist.«[8] Wenn es also kein medizinischer Versuch war, folgerte ein Beamter im Bundesfinanzministerium in einem Vermerk, müsse die Antragstellerin wohl »Opfer von Misshandlungen oder einer falschen Behandlung« geworden sein.[9] Lieber phantasierte man sich selbst eine Erklärung zusammen, als den Angaben eines KZ-Häftlings zu glauben.

Als zunächst nicht einmal die Experimente Claubergs als Menschenversuche anerkannt worden waren, kam es 1952 zu heftigen Protesten der Betroffenen. In New York intervenierte der medizinische Gutachter des dortigen Generalkonsulats, Ernst B. Weiner: »Die Sterilisierungsexperimente, die an den Konzentrationslager-Insassen hauptsächlich während des 2. Weltkrieges vorgenommen wurden, können mit den wissenschaftlich anerkannten Sterilisierungsverfahren, so wie sie auf der ganzen Welt in den verschiedensten Krankenhäusern durchgeführt wurden, unter gar keinen Umständen verglichen werden … Bei den aufgezwungenen Sterilisierungen handelt es sich auch keineswegs um Sterilisierungsoperationen als solche. Offensichtlich waren diese Versuche experimenteller Art, deren Ausgang in ihrer ganzen Ausdehnung nicht vorauszusehen war.« Weiner beschrieb die davon herrührenden und nachweisbaren organischen Veränderungen und folgerte: »Die Auffassung, die aus einem mir inhaltlich bekanntgegebenen Erlass des Auswärtigen Amtes hervorgeht, dass die Sterilisierungen die Anwendung des [Kabinetts-]Beschlusses nicht zulassen, ist unverständlich.«[10] Das New Yorker Generalkonsulat bat daraufhin, in Bonn »zu erwägen, dass diese Sterilisationsexperimente nicht nach dem Stand der ärztlichen Wissenschaft vorgenommen worden sind und dass sie in der Regel weitgehende Folgen hinterlassen haben«.[11] Aufgrund weiterer Gutachterberichte aus den Niederlanden über Sterilisierungsexperimente in Block 10 erkannte der Interministerielle Ausschuss die Experimente Claubergs an, jedoch noch lange nicht die Röntgensterilisierungen des Horst Schumann.

Staatsanwaltschaftliche Ermittlungsergebnisse im Fall Clauberg führten aber noch zu innerministeriellen Diskussionen, ob möglicherweise nur dessen anfängliche Sterilisierungen als Experimente zu werten seien. Anlass gab der erwähnte Brief, in dem Clauberg am 7. Juni 1943 Himmler mitgeteilt hatte, dass seine Methode »so gut wie fertig ausgearbeitet« sei und lediglich noch einige »Verfeinerungen« vorgenommen werden müssten. Darauf bezog sich der zuständige Referent im Bundesinnenministerium: »Auch ich berücksichtige, dass ein Großteil der Eingriffe, die an den weiblichen Geschlechtsorganen nach dem 7. 6. 1943 vorgenommen worden sind, streng genommen keine Menschenversuche waren, weil sie dann ausgeführt worden sind, nicht um eine neue Sterilisierungsmethode zu entwickeln, sondern einfach um die Frauen mit der neu entwickelten Methode zu sterilisieren ... Die Schwierigkeit liegt nun darin, dass nach dem medizinischen Befund, wie er sich heute darstellt, keine Unterscheidung getroffen werden kann, ob ein Mittel in die Gebärmutter injiziert wird, um eine Sterilisierungemethode zu entwickeln, oder ob eine Lösung zum Zweck der Sterilisierung eingespritzt wird. Der Erfolg ist, wenn der Eingriff glückt, der gleiche, nämlich eine Sterilisation und mehr oder weniger starke Rückstände nach Entzündungen der Nebengewebe im kleinen Becken.« Mithin könne man aus rein medizinischer Sicht nicht die Frage beantworten, »ob eine Antragstellerin einem Versuch oder einer Reihensterilisation unterzogen worden ist«.[12]

Die Bereitschaft, weitere als die damals bekannt gewordenen Menschenversuche zur Kenntnis zu nehmen, womöglich durch die Justiz noch Nachermittlungen einzuleiten, war so gut wie nicht vorhanden. Nur zögerlich ließen sich die beteiligten Ministerialbeamten dazu herab, beispielsweise die Schumann'schen Röntgenbestrahlungen als Sterilisierungsexperimente anzuerkennen. Als eine gebürtige Slowakin 1966 aus der Tschechoslowakei in die Bundesrepublik übersiedelte, machte sie sogleich ihre Notlage geltend und beantragte auf Grundlage des Kabinettsbeschlusses von 1951 eine Unterstützung. Sie stimmte zu, sich ausgiebig untersuchen zu lassen, was in Bonn nachdrücklich gewünscht wurde, weil noch ähnliche Fälle von Röntgenbestrahlung zur Entscheidung anstanden.[13] Auf Veranlassung des Bundesarbeitsministeriums und auf Rechnung des Bundesfinanzministeriums hielt sie sich drei Tage zur Begutachtung in einer Universitätsklinik auf. Nach acht Monaten legten die Mediziner ein zwar umfangreiches Gutachten vor, doch im Kern interessierte die Beamten nur die – nicht weiter erstaunliche – Feststellung: »Aufgrund des gynäkologischen Untersuchungsbefundes und der Anamneseerhebung kann heute nach 25 Jahren nicht mehr mit Sicherheit entschieden werden, ob eine partielle Röntgenkastration vorgelegen hat oder aber die 2 Jahre anhaltende Amenorrhoe auf eine psychisch und körperlich bedingte Stress-Situation zurückzuführen ist.«

Bis der Interministerielle Ausschuss die Frage, ob er diesen Befund anerkennen könne, auf seine Tagesordnung setzte, vergingen weitere acht Monate, mit dem Ergebnis, dass man die Angelegenheit noch nicht für entscheidungsreif hielt. Man wollte erst noch vom Landgericht in Frankfurt am Main wissen, ob im Rahmen des dort anhängigen Ermittlungsverfahrens gegen Horst Schumann neue Erkenntnisse vorlägen. Darum wurde der Antragstellerin beschieden, sie möge sich »noch kurze Zeit gedulden«.

Als die kurze Zeit vorbei war, die sie Geduld haben sollte, nahm sich die Slowakin einen Anwalt, der ein halbes Jahr nach der letzten Auskunft »höflichst und dringend« mahnte, »endlich in die abschließende Bearbeitung dieser Sache« einzutreten. Die Antwort aus dem Bundesfinanzministerium ließ nichts Gutes im Sinne der gewünschten Beschleunigung erahnen. Es hieß: »Da die bis jetzt vorliegenden Ermittlungsergebnisse zu einer positiven Beurteilung noch nicht ausreichen, wird in Kürze der medizinische Sachverständige des Interministeriellen Ausschusses zusammen mit dem Direktor des Internationalen Suchdienstes in Arolsen persönlich in die Ermittlungsakten gegen den beschuldigten Dr. Schumann in Frankfurt a. M. Einsicht nehmen bezw. eine sachbezogene Vernehmung des Dr. Schumann zu erreichen suchen.«

Weitere sechseinhalb Monate später erhielt der Anwalt den Zwischenbescheid, dass »die in diesem Verfahren ausschlaggebenden Fragen … zur Zeit im Bundesministerium für Arbeit und Sozialordnung geprüft« würden. Ein halbes Jahr danach war es endlich so weit. In seiner 67. Sitzung vom 8. April 1970, genau drei Jahre nach der klinischen Begutachtung, resümierte der Interministerielle Ausschuss: »Inzwischen ist bekannt geworden, dass Dr. Schumann im Block 30 des KZ-Lagers Auschwitz Kastrationsversuche durch Röntgenbestrahlung an Männern und Frauen durchgeführt hat. Da die Angaben von Frau G. sich in die Versuchsreihe des Dr. Schumann einordnen lassen und glaubwürdig erscheinen, beschloss der Ausschuss, der Antragstellerin eine einmalige Beihilfe in Höhe von 5000 DM zu bewilligen.«

Der sich daraus ergebende Bescheid nahm weitere vier Monate in Anspruch. Am 13. August 1970 teilte das Finanzministerium dem Anwalt der Antragstellerin mit: Man sehe es zwar als erwiesen an, dass seine Mandantin als Versuchsperson missbraucht worden sei, indes erhalte sie gegenwärtig nach dem Bundesentschädigungsgesetz eine Rente in Höhe von 218 DM. »Da Beihilfen aufgrund des Kabinettsbeschlusses der Bundesregierung vom 26. Juli 1951 gegenüber derartigen, auf gesetzlicher Grundlage beruhenden Entschädigungsleistungen subsidiär sind ... bestand unter den gegebenen Umständen leider keine Möglichkeit, dem Antrag der Frau G. zu entsprechen.«[14] Von welchen Empfindungen solche Formulierungen wohl begleitet waren?

Dabei ging es gar nicht immer um tüpfelchengenaue Auslegung des Gesetzes. Wenn Opportunität gefragt war, ließen sich Paragraphen 1700 Kilometer weit dehnen, von Bonn bis nach Saloniki. Dort hatte sich eine Griechin von einem Gynäkologen untersuchen lassen, der ihr attestierte, dass der linke Eierstock normal groß und der rechte nicht nachweisbar sei. Dass eine operative Sterilisierung vorläge, halte er für unwahrscheinlich. Genau dies hatte aber die Frau behauptet und zusätzlich angegeben, man habe sie mit Radium bestrahlt. Außer ihrer Operationsnarbe hatte sie allerdings keinerlei Nachweise, weshalb der Gynäkologe unterstellte, die Operation sei nach dem Krieg erfolgt. Im Interministeriellen Ausschuss wurde der Antrag abgelehnt, aber wegen der Bedenken eines Referenten nochmals aufgegriffen, dem aufgefallen war, dass der für die Ablehnung plädierende deutsche Internist in einem ähnlich gelagerten Fall einer anderen Griechin, die durch Röntgenstrahlen sterilisiert worden war, dem Antrag auf Unterstützung zugestimmt hatte. »Sie spricht zwar von einer Radiumbestrahlung. Bei der Primitivität der Frau kann es sich auch wohl um eine Röntgenbestrahlung handeln«, vermerkte der Referent in einer Aktennotiz, in der er noch zu bedenken gab: »Es würde zu unerwünschten Erörterungen Anlass geben, wenn wir den Fall differenziert behandeln.« Der Facharzt des Ministeriums beharrte, durch nichts als die Aktenlage bestärkt, auf seiner Meinung und fügte süffisant hinzu: »Bei Beurteilung nach in Deutschland üblichen Gesichtspunkten müsste der Antrag daher abgelehnt werden.

Für den Fall aber, dass aus politischen Gründen heraus die Aussage von Frau C. als ausreichendes Beweismittel angesehen werden soll, würde Frau C. hinsichtlich ihres Entschädigungsanspruches den Opfern von Sterilisationsversuchen, bei denen keine Besonderheiten vorliegen, gleichzustellen sein.«[15]

Da die Antragstellerinnen in der Regel im Ausland lebten, wurden die jeweils zuständigen diplomatischen Vertretungen angewiesen, die den Vorschriften entsprechenden Ermittlungen anzustellen. Alle Antragstellerinnen mussten einen achtseitigen Fragebogen ausfüllen, Dokumente ihrer Verfolgung und medizinische Unterlagen aus der Nachkriegszeit vorlegen, Zeugen ihrer Misshandlungen benennen, ihre finanziellen Verhältnisse nachweisen und sich durch einen deutschen Vertrauensarzt medizinisch begutachten lassen. Jedes Gutachten sollte, gemäß einem Vorschlag aus dem Innenministerium, fünf Punkte aufweisen: Vorgeschichte, Angaben der Untersuchten über die derzeitigen Beschwerden, Untersuchungsbefund, Diagnose sowie eine »Beurteilung, die eine medizinische und ärztlich-gutachtliche Würdigung und Wertung von Vorgeschichte, Angaben des Untersuchten sowie Befunderhebungen bringt und die vom Auftraggeber gestellten Fragen beantwortet«.[16]

Rachel Outs ließ sich auf eigene Faust von holländischen Fachärzten untersuchen und legte deren Gutachten vor, mit einem deutschen Mediziner wollte sie nie wieder in Berührung kommen. Sie reagierte bestürzt, als diese Dokumente nicht anerkannt wurden. »Dass sie diese Atteste ignorieren, beweist eine Einstellung, die der Mentalität einer nationalsozialistischen Regierung entspricht, bei den Vertretern einer demokratischen deutschen Regierung aber befremdend ist«, schrieb sie an das Bundesfinanzministerium. »Das Verlangen, eine Untersuchung durch einen von Ihren Behörden vorgeschriebenen Arzt an mir vornehmen zu lassen, betrachte ich als einen Eingriff in meine persönliche Freiheit. Es ist dies dieselbe Methode, die uns aus den leidvollen Jahren 1940/45 in der fürchterlichsten Erinnerung ist … Sie scheinen sich noch immer nicht in die

Seele einer Frau hineindenken zu können, die durch Vertreter des deutschen Volkes so viel Schweres hat durchmachen müssen. Sie würden sonst das berechtigte Misstrauen verstehen, das eine solche Frau gegen jede Vorschrift, die von deutscher Seite kommt, heute noch hegt.« Unbeirrt beharrten die deutschen Behörden auf ihren Bedingungen und wiesen die Beschwerde nebst Antrag auf Unterstützung zurück.[17]

Mitunter war Misstrauen gegenüber den Gutachtern auch wegen deren – aus welchen Gründen auch immer entstandenen – Voreingenommenheit oder auch Inkompetenz angezeigt. In Saloniki beispielsweise konnte es passieren, dass Eleonora Alvo 1954 zu zwei griechischen Fachärzten geschickt wurde und der eine zu dem Ergebnis kam, »dass die Eileiter und Eierstöcke beiderseits ohne Befund sind«, und der andere feststellte, dass »beide Organe fehlen«. Daraufhin verlangten die Bonner Beamten von der Griechin, der auf Veranlassung von Horst Schumann am 10. November 1943 in Auschwitz beide Eierstöcke entfernt worden waren[18], »noch näheres Beweismaterial für die Richtigkeit ihrer Behauptungen zur Verfügung zu stellen und zur Klärung des wirklichen gynäkologischen Befunds eine erneute gynäkologische Begutachtung vornehmen zu lassen«.[19]

In Gutachten der in Belgien beauftragten deutschen Vertrauensärztin blitzen 1953 Sätze auf, aus denen nicht unbedingt die erforderliche Distanz zu jenen Einstellungen spricht, die letztlich auch zu Verbrechen geführt hatten, deren Folgen sie nun bewertete. »Die Befragung der Patientin erweist sich als überaus schwierig, da sie scheinbar geistig nicht vollwertig ist … Außerdem verschanzt sie sich hinter einer gewollten Ignoranz«, schrieb die Medizinerin in einem ihrer Berichte.[20] Und in einem anderen Gutachten befindet sie über eine Antragstellerin, »dass man es mit einer geistig minderwertigen Frau zu tun hat«.[21] Eine Anteil nehmende Empathie ist ihren Beurteilungen nicht zu entnehmen, zumal das offene Unverständnis, mit dem sie in einem Fall das Anliegen einer Antragstellerin diskreditierte, ihre latente Haltung wiedergibt. »Vom rein moralischen Standpunkt aus ist es der Patientin hoch anzurechnen«, lobte die Vertrauensärztin, »dass sie nie einer Unterstützung nachgejagt ist.«[22]

Alica Roth, ein Opfer Schumanns, lässt sich am 27. Juni 1972 von ihrem Hausarzt in Montreal die KZ-Tätowierung vom Unterarm entfernen und bittet das Generalkonsulat, die ihr in Rechnung gestellten 75 kanadischen Dollar zu übernehmen, da ihre Krankenkasse diese Kosten nicht erstatte. Am 12. Juli leitet das Generalkonsulat diesen Antrag an die Landesrentenbehörde in Nordrhein-Westfalen weiter, die in einem ähnlichen Fall den Betrag überwiesen hatte. Allerdings hatte die betreffende Frau einen Antrag nach dem Bundesentschädigungsgesetz eingereicht und nicht, wie Alica Roth, einen Fürsorgeantrag als Opfer von Menschenversuchen. Darum sendet die Rentenbehörde die Rechnung am 1. August ans Bundesfinanzministerium. Am 10. Oktober beschwert sich das Generalkonsulat beim Bundesfinanzministerium, weil es ihm peinlich ist, dass der Arzt eine Mahnung schicken musste. Am 5. April 1973 erinnert das Generalkonsulat das Bundesfinanzministerium an die offene Rechnung, und weil wieder keine Antwort eintrifft, bittet das Generalkonsulat am 15. Juni um Unterstützung, worauf sich das Auswärtige Amt am 27. Juni mit der Bitte um eine Stellungnahme an das Finanzministerium wendet. Die Akte endet 1974. Sie enthält keine Hinweise, ob der Betrag je überwiesen wurde.[23]

Die Höhe der Auszahlungen sollte sich nicht nur nach der Art des Versuchs richten, sondern auch nach seiner Auswirkung, die Gutachter zu bewerten hatten. Schließlich musste noch die wirtschaftliche Lage der Antragstellerin ermittelt werden, da die gewährte Hilfe nur für besondere Notlagen gedacht war. Niemand wusste, wie eine besondere Notlage zu taxieren war und mit welchen Zuschüssen man ihr, im gesetzten Rahmen, versteht sich, gerecht werden sollte. Die Beamten recherchierten darum auf eigene Faust. Sie beschränkten sich, nachweislich in Belgien, nicht auf amtliche Auskünfte, sondern schnüffelten auch in der Privatsphäre der Antragstellerinnen.

Ein Referent in der Rechtsabteilung des Generalkonsulats verdiente sich auf diese Weise nach Feierabend noch ein kleines Zubrot und lieferte Informationen, wenn beispielsweise eine Frau mit einem Mann zusammenlebte und deswegen angeblich keiner Unterstützung bedurfte, oder welchen Umsatz ein kleines Nebengeschäft einer Antragstellerin einbrachte, das nicht angegeben oder zu niedrig beziffert worden war. Bei einer Frau, die er zwar als »hart an der Grenze zum besonderen Notfall« einschätzte – sie hatte schon einmal 1500 DM erhalten, war infolge der Versuche arbeitsunfähig, hatte ein Adoptivkind zu versorgen –, verstieg er sich dennoch zu der ablehnenden Empfehlung: »Ich darf jedoch darauf hinweisen, dass durch die Zuerkennung einer weiteren Zahlung an sie ein weiterer Präzedenzfall geschaffen würde, der bei dem bekannten Zusammenhalt unter den betroffenen Frauen sich sehr bald herumgesprochen haben dürfte. Immer wieder werden Betroffene im Generalkonsulat vorstellig, um mit Verweisung auf geleistete Nachzahlungen an Dritte auch für sich eine nachträgliche Erhöhung des ihnen zuerkannten Betrages zu erwirken. Ich habe diese Verweisungen bisher von Fall zu Fall mit Erfolg entkräften können.« Seine Empfehlung wurde zwar verworfen, brachte ihm dennoch 20 Gulden ein.[24] Und sie klang sehr nach dem Muster jener Nervenärzte, die sich in der Weimarer Republik mit der Begutachtung der sogenannten Kriegszitterer[25] des Ersten Weltkriegs befasst hatten und vielfach zu dem Schluss gekommen waren, dass deren seelische Reaktionen auf die Kriegsereignisse Ausdruck von »Begehrensvorstellungen mit dem Ziel der Rente« seien und dass man mit der Gewährung der Rente die Neurose nur perpetuiere. Damit war ein Ablehnungsgrund gefunden.

Bis zum 1. September 1952 hatte der Interministerielle Ausschuss 156 Anträge abschließend beschieden. Davon kamen 105 Anträge von Frauen aus Block 10, die sich auf Sterilisationsversuche beriefen. Elf Anträge lehnte der Ausschuss ab, weil angeblich keine Notlage vorlag, bei acht Anträgen hielten die Gutachter die behaupteten Menschenversuche nicht für erwiesen. In mehr als der Hälfte der Fälle wurden 2000 DM bewilligt. Einmal wurden 6000 DM ausbezahlt, im Durchschnitt lag der angewiesene Betrag bei 2600 DM.[26]

Damit war die Arbeit des Ausschusses längst noch nicht zu Ende. Im Einzelfall konnte oft geholfen werden, aber diese Unterstützung war meist ungenügend. Es soll nicht bestritten werden, dass einzelne Beamte – nicht alle! – guten Willens waren und dazu beitragen wollten, Not zu lindern – eigentlich eine Selbstverständlichkeit, denn dafür war der Ausschuss geschaffen worden. Aber dass die Notfallhilfe kein gutes Instrumentarium war, ließ sich bald nicht mehr übersehen. Dennoch wurde daran festgehalten. Sie vermittelte den Eindruck von milden Gaben, für die Dankbarkeit erwartet wurde. In der Praxis schlich sich immer mehr Willkür ein. Einen gerechten Maßstab für die Höhe der finanziellen Zuwendungen fanden die Verantwortlichen nie, auch nicht die nötige Empathie in der Wortwahl, wenn sie mit den Antragstellern korrespondierten. Oft verschanzten sich die Referenten hinter einem Wall von Paragraphen.

Die ehemalige Chefin einer Amsterdamer Matzebäckerei bringt 1943 ein Kind aus erster Ehe im Lager Westerbork zur Welt, das tags darauf verstirbt. In Block 10 in Auschwitz wird sie von Clauberg sterilisiert. Ihr zweiter Mann, den sie nach dem Krieg heiratet, war ebenfalls aus einem KZ zurückgekommen, seine Frau und seine 15 Kinder waren ermordet worden. Die gemeinsame Sehnsucht des Ehepaars nach Kindern bleibt unerfüllt, Krankheiten beeinträchtigen in wachsendem Maße die Erwerbsfähigkeit, die Kosten für die Medikamente und Klinikaufenthalte steigen immens. Mit 3000 DM Beihilfe kommt das Ehepaar nicht weit. Als sich bei der Frau als Folge der Sterilisierung der Gesundheitszustand verschlechtert, darf sie einen zweiten Zuschuss erhoffen, den sie im Oktober 1958 beantragt. Im Mai 1959 teilt ihr das Finanzministerium mit, dass ihr Antrag wegen Verhandlungen der deutschen mit der niederländischen Regierung über ein Globalabkommen zurückgestellt werde. Sobald eine Übereinkunft erzielt worden sei, könne sie sich an die dann zuständigen niederländischen Behörden wenden. Das Abkommen wird zwar im April 1960 unterzeichnet, aber im April 1961, als der Antrag der Niederländerin bereits knapp zwei Jahre vorliegt, ist es noch immer nicht wirksam.

Daraufhin protestiert sogar das Auswärtige Amt beim Finanzministerium und teilt mit, es sei »mit dem Generalkonsulat der Auffassung, dass im obigen Falle es nicht vertretbar erscheint, einen Antrag auf Erhöhung der gewährten Leistung, der bereits mehr als zwei Jahre dort vorliegt, mit der erwähnten Begründung abzulehnen«. Die Intervention bleibt ohne Erfolg.[27] Der Vertrag trat übrigens erst am 1. August 1963 in Kraft.[28]

Die Amsterdamerin Sophie Koster, deren Antrag abgelehnt wurde, beschwert sich schriftlich beim Finanzminister, wie kleinkariert und unwürdig die Bundesregierung mit den Opfern von Menschenversuchen umgehe: »Wir leben Gott sei Dank wieder in einem freien Lande, und ich hoffe, dass Sie es respektieren werden, wenn ich freimütig bekenne, dass ich die Art und Weise, wie Sie die Fälle derjenigen behandeln, die durch Ihre vorige Regierung in den Lagern – mit dem mildesten Wort ausgedrückt – missbraucht worden sind, nicht gutheiße«, bekundet sie vorweg. Dass die Bundesrepublik ihr Hilfeprogramm für Versuchsopfer als »Nothilfe« bezeichne, empfinde sie als Beleidigung, bedeute es doch, die niederländische Regierung hätte ihre Bürgerinnen sieben Jahre lang Not leiden lassen, ehe sich die Bundesrepublik zu einer Hilfe bequemt habe. Statt eines umständlichen Verfahrens hätte sie allerdings eine Geste erwartet, ein Schmerzensgeld. Allen hätte der gleiche Betrag ausgezahlt werden sollen, kein Trinkgeld, und ohne Suchen und Forschen. Es sei nicht das Verdienst der Deutschen, dass einige der ehemaligen Versuchsopfer finanziell besser gestellt seien als andere, also sollten auch nicht die Deutschen ihren Vorteil daraus ziehen. »Wie können Sie aus der Ferne her, selbst mit hierzulande eingezogenen Erkundigungen, beurteilen, wer es am nötigsten hat? Wer am lautesten schreit und über die stärksten Ellbogen verfügt, erhält das meiste, während die anderen, die sich nun einmal nicht so herausstellen können und allem seinen Lauf lassen, so gut wie nichts erhalten. Und ich, die so viele Frauen kennt, darf Ihnen sagen, dass auf diese Weise ein sehr großes Unrecht getan ist.«[29] Im Finanzministerium nimmt man das Schreiben zur Kenntnis und hält zehn Wochen später in einem Vermerk fest, dass nach Rücksprache mit dem zuständigen Ministerialrat »von einer unmittelbaren Beantwortung des Schreibens … abgesehen werden solle«.[30]

Im Nürnberger Ärzteprozess (9. Dezember 1946 bis 20. August 1947) sind Ärzte und Verwaltungsfachleute vor einem US-Militärgericht angeklagt, die für Medizinverbrechen verantwortlich sind. Zu den Schuldvorwürfen gehören auch Menschenversuche, allerdings sitzt keiner der für die Verbrechen in Block 10 unmittelbar verantwortlichen Ärzte auf der Anklagebank.

Prof. Dr. med. Carl Clauberg muss sich in dieser Zeit in Moskau verantworten, nicht für seine Sterilisationsexperimente, sondern, laut eigenen Angaben, wegen »massenhafter Vernichtung sowjetischer Staatsbürger«.[31] Er wird am 8. Juni 1945 in Schinkel, Landkreis Eckernförde, von britischer Militärpolizei verhaftet, an die Sowjetunion ausgeliefert und im Juli 1948 in Moskau zu 25 Jahren Gefängnis verurteilt.

Dr. med. Horst Schumann wird im Oktober 1945 aus amerikanischer Kriegsgefangenschaft entlassen und meldet sich am 15. April 1946 im Einwohnermeldeamt in Gladbeck an, wo er zunächst als Sportarzt arbeitet und 1949 eine eigene Praxis eröffnet. Erst als er am 29. Januar 1951 bei der Stadt Gladbeck einen Jagd- und Fischereischein beantragt, kommt zutage, dass er von der Staatsanwaltschaft Tübingen aufgrund eines vom

Amtsgericht Münsingen am 15. September 1947 erlassenen Haftbefehls zur Fahndung ausgeschrieben ist. Die nachlässige Bearbeitung des Falls durch die Kripo Tübingen und Gladbeck führt dazu, dass Schumann einen Tag vor der geplanten Festnahme außer Landes fliehen kann. Japan, Ägypten, Sudan und Ghana sind in den nächsten Jahren seine Lebensstationen, aufgrund eines Auslieferungsantrags wird er 1966 verhaftet, nach Deutschland überstellt und in Untersuchungshaft genommen. Am 23. September 1970 eröffnet das Landgericht Frankfurt am Main den Prozess gegen ihn wegen »Euthanasie«-Verbrechen und bricht ihn sieben Monate später wegen Verhandlungsunfähigkeit des Angeklagten wieder ab. Das Hauptverfahren wegen der Sterilisationsexperimente wird schon gar nicht mehr eingeleitet. Den Ausschlag geben enorm hohe Blutdruckwerte, die der Arzt hartnäckigen Gerüchten zufolge selbst ausgelöst haben soll. Am 29. Juli 1972 wird er aus der Haft entlassen und verbringt bis zu seinem Tod am 5. Mai 1983 noch friedliche Jahre.[32]

Lagerarzt Dr. med. Eduard Wirths taucht zunächst bei seinem Bruder in Hamburg unter, wird im Juli 1945 von den Briten festgenommen und im ehemaligen KZ Neuengamme inhaftiert. Dort stirbt er am 20. September 1945 an den Folgen eines Suizidversuchs.

Anatomieprofessor Dr. med. August Hirt flieht im September 1944 von Straßburg vor den herannahenden Alliierten nach Tübingen, von dort am 18. April 1945 aus demselben Grund in den Hochschwarzwald. Am 2. Juni 1945 erschießt er sich in der Nähe von Schönenbach.

Dr. med. Hans Münch wird 1945 von amerikanischer Militärpolizei festgenommen und 1946 an Polen ausgeliefert. Im Krakauer Auschwitz-Prozess vor dem Polnischen Nationalgericht wird er am 22. Dezember 1947 als Einziger von 40 Angeklagten freigesprochen und führt danach eine Landarztpraxis im Ostallgäu. Öffentliche Zweifel an seiner Stilisierung zum »guten Menschen von Auschwitz« beginnen 1998 mit einem *Spiegel*-Artikel. Das daraufhin gegen ihn eröffnete staatsanwaltschaftliche Ermittlungsverfahren wird im Januar 2000 wegen »fortgeschrittener Demenz« eingestellt.[33]

Dr. med. Bruno Weber wird im Juli 1946 von britischer Militärpolizei verhaftet, nach Polen ausgeliefert und dort von der Kommission zur Untersuchung der Kriegsverbrechen verhört. Er kann sich als »in keiner Weise schuldig« herausreden, wird nicht angeklagt und bleibt fortan von der Justiz unbehelligt. Er stirbt am 23. September 1956 in Homburg/Saar.

Der »Fall Clauberg« müsse »als Symptom für die innere Lage unseres Volkes, der deutschen Justiz und des deutschen Ärztestandes mit der größten Aufmerksamkeit beobachtet werden«, schreibt der Publizist und promovierte Mediziner Otto B. Roegele am 2. Dezember 1955 im *Rheinischen Merkur*, und er hält sich auch selbst mit unnachsichtiger Schärfe an diese Ankündigung. Schon die Inszenierung, mit der die Rückkehrer aus der Sowjetunion empfangen wurden, erscheint ihm als suspekt. Es sei falsch gewesen, »das nationale Pathos mit so dickem Pinsel aufzutragen«. Roegele kann sich nicht des Eindrucks erwehren, »als solle jetzt der mit Recht bekämpften These von der Kollektivschuld des deutschen Volkes die Antithese von unserer Kollektivunschuld gegenübergestellt werden«. Er jedenfalls empfinde es als »schwer auszulöschende Schande«, dass es erst eines energischen Anstoßes aus den Reihen der Opfer bedurft habe, um ein Verfahren gegen Clauberg einzuleiten. »Claubergs sadistische, von jeder medizinischen Rechtfertigung freie, oft mit dem Tod endende Experimente an jüdischen Frauen, ausgeführt im Lager Auschwitz, hätten sofort die deutsche Ärzteschaft als Anklägerin auf den Plan rufen müssen – wenn nicht aus ehrlichem Gewissensprotest, so dann zumindest aus der kühlen Überlegung, dass die hohen Ansprüche an das ärztliche Ethos, die auf allen Tagungen verkündet, in zahllosen standesrechtlichen Auseinandersetzungen vorgetragen und gegenüber Staat, Kasse und Patient ständig ins Feld geführt werden, ihre Glaubwürdigkeit verlieren, wenn die maßgeblichen Männer der Ärzteschaft im Fall Clauberg schweigen.« Roegele hält sogar »das Schauspiel« nicht für unwahrscheinlich, dass »irgendein Psychiater« dem Kollegen Clauberg Unzurechnungsfähigkeit bescheinige, »so dass er der Gerechtigkeit auf diese Weise entzogen werden kann«.[34]

Am 26. Dezember legt Roegele nach und fragt anklagend, wieso eigentlich die mit den Entschädigungsansprüchen der Frauen aus Block 10 konfrontierten Beamten nicht auf die Idee gekommen seien, von sich aus gegen Clauberg und andere Strafanzeige zu erstatten und diese Ärzte auf eine Fahndungsliste setzen zu lassen. Von dem im Finanzministerium liegenden Belastungsmaterial hatte die Staatsanwaltschaft erstmals am 14. November 1955 erfahren, als der inzwischen pensionierte Leiter des dort zuständigen Referats es »für gegeben« hielt, endlich darauf hinzuweisen.[35] Am 20. Februar 1957 empfiehlt der Vorstand der Bundesärztekammer der Ärztekammer Schleswig-Holstein – kleiner Erfolg Otto B. Roegeles –, beim Innenminister Schleswig-Holsteins ein vorläufiges Berufsverbot zu erteilen. Dem folgt der Innenminister am 8. März 1957, und die Bundesärztekammer betont in einem Rundschreiben an die »Herren Kollegen« ihre »scharfe und eindeutige Distanzierung von jedem der wenigen Einzelärzte«, die sich »auf Verlangen der damaligen Machthaber zu Verbrechen gegen die Menschlichkeit und zu Verstößen gegen die Verpflichtungen des Arzttums hergegeben haben«.[36] Auf Verlangen hergegeben!

Hermann Pörzgen bezieht sich in der *Frankfurter Allgemeinen Zeitung* explizit auf Roegeles ersten Kommentar und unterstreicht, dass an diesem Fall nicht nur die strafrechtliche Seite interessiere, denn: »Die Würde der Wissenschaft und das Ethos des Arztberufes rücken die Anschuldigungen gegen Clauberg unter einen breiten Aspekt. Nicht nur die Staatsanwaltschaft hat hier Wort zu sprechen, auch das Hochschulwesen und die Ärzteschaft werden ihre Stellungnahme zu prüfen haben.«[37] Im Übrigen dürften die Spätheimkehrer nicht mit einem wie Clauberg in einem Atemzug genannt werden. Daran hat Pörzgen damals selbst größtes Interesse, denn auch er ist Spätheimkehrer, gerade erst in die Redaktion der *Frankfurter Allgemeinen Zeitung* eingetreten, und obendrein hat er die Haftzeit in Moskau zeitweise mit Clauberg in einer Zelle verbracht, was er öffentlich allerdings nicht thematisiert.[38] Er weiß es also aus eigenem Erleben, wenn er in seinem Zeitungsbericht schreibt, dass Clauberg »vor den Moskauer Vernehmungsoffizieren sowie im Kreise seiner Mitgefangenen eine unablässige Kampagne zur Verteidigung seiner Experimente« betrieben habe, »um den wissenschaftlichen Wert und die Bedeutung des von ihm in Auschwitz erprobten Verfahrens zu propagieren«.[39]

Die staatsanwaltschaftlichen Ermittlungen dauerten über ein Jahr. Immer wieder wurde öffentlich gemahnt, nicht zuletzt auch durch den Generalstaatsanwalt[40], endlich den Prozess zu eröffnen. Die Kieler Staatsanwaltschaft ließ sich nicht beirren, betrieb zugleich historische Grundlagenforschung, suchte, mit Unterstützung des Zentralrats der Juden und des Internationalen Auschwitz-Komitees, weltweit nach überlebenden Zeugen. Am 14. Dezember 1956 lag die Anklageschrift vor, auf 107 Seiten ausgebreitet und trotzdem zahnlos. Noch bevor der Prozess eröffnet werden konnte, starb Carl Clauberg am 9. August 1957 in Untersuchungshaft.

Ein englisches Gericht befasste sich ebenfalls mit den Vorgängen in Block 10, in einem Verfahren, das durch eine Textstelle in dem von Leon Uris verfassten Bestseller *Exodus* ausgelöst wurde. Uris weist darin auf Menschenversuche durch Sterilisation von Juden hin und erwähnt dabei einen Arzt namens Dehring (also fälschlich mit »h«): »Here in Block 10 Dr. Wirths used women as guinea pigs and Dr. Schumann sterilized by castration and X-ray and Clauberg removed ovaries and Dr. Dehring performed 17 000 ›experiments‹ in surgery without anaesthetics.«[41] Die Zahl war maßlos übertrieben, deshalb klagte der frühere polnische Häftlingsarzt Wladysław Dering, der mittlerweile in London lebte, vor dem Queen's Bench Court II in den Royal Courts of Justice gegen den Autor des Romans und dessen Verleger auf Schmerzensgeld.

Als das Gericht am 13. April 1964 den Prozess eröffnete, hatte es eine aufwendige Verhandlung vor sich. Sie nahm 18 fortlaufende Sitzungstage in Anspruch, 29 Zeugen aus drei Kontinenten wurden gehört. Darunter befanden sich alle acht überlebende Frauen von den zehn, denen Dering am 10. November 1943 in Turbogeschwindigkeit einen Eierstock herausoperiert hatte. Dieser brutale Eingriff im Auftrag von Schumann hatte einzig den Zweck gehabt, den Erfolg der Röntgensterilisation zu überprüfen. Der polnische Arzt gab vor, er sei zu diesen Operationen gezwungen worden. Hätte er sich geweigert, so seine Behauptung vor Gericht, dann wäre ihm das als Sabotage ausgelegt worden und hätte ihn das Leben gekostet.[42] Unter den gleichen Umständen würde er wieder genauso handeln. »Zu einer Vollnarkose hatten wir keine Zeit«, beteuerte er, »wir arbeiteten von 6 bis 18 Uhr in sehr großer Eile.« [43]

Wladysław Dering, der als Häftling aus dem KZ entlassen worden war und von Herbst 1944 an für Clauberg in einer der Kliniken in Königshütte gearbeitet hatte, war nach dem Krieg in Polen unter falschem Namen untergetaucht, als er erfuhr, dass Alina Brewda überlebt hatte. Seine ehemalige Kommilitonin hatte, wie schon geschildert, bereits 1943 in Auschwitz seine Handlungsweise missbilligt. Sie, die als Häftlingsärztin in Block 10 gearbeitet hatte, war ebenfalls als Zeugin geladen, außerdem ihre Vorgängerin in Block 10, Adélaïde Hautval, und eine weitere Kollegin aus dem Block, Slavka Kleinová. Augenzeugen berichteten, wie diese drei Ärztinnen ihren Kameraden aufopferungsvoll halfen und sogar unter KZ-Bedingungen Würde bewahren konnten, indem sie sich manchen Zumutungen der KZ-Ärzte entzogen. Als einer der Höhepunkte des Prozesses wird ein Dialog zwischen Lord Gardiner, dem Richter, und Adélaïde Hautval beschrieben.

Lord Gardiner, in absolut ruhigem Tonfall: »Haben Sie sich je an einem Experiment Claubergs beteiligt?«

Adélaïde Hautval: »Nein.«

Lord Gardiner fragt sofort weiter, ohne seinen Tonfall zu ändern: »Und die Folge, wurden Sie erschossen?«

Eine kurze Pause tritt ein, die noch die Stille im Raum intensiviert, berichten Sitzungsteilnehmer. Nach einigen Augenblicken ist jedem Zuhörer die Bedeutung dieser Frage bewusst. Dann bricht ein befreiendes Lachen los, als Hautval, mit galligem Schulterzucken und Ausspreizen der Hände, lächelnd antwortet: »Nein.«[44]

Der Prozess, der viel Stoff zum Thema Befehlsnotstand bietet, endete damit, dass Władysław Dering gewann. Das Gericht hielt es für bewiesen, dass die Zahl von 17 000 Operationen außerhalb jeglicher Realität lag. Die Größenordnung beschrieb die Zahl seiner medizinischen Behandlungen insgesamt, die aber überwiegend ganz banale und alltägliche chirurgische Eingriffe wie die Entfernung von Geschwüren betrafen und ebenfalls im Operationstagebuch verzeichnet waren. Dass Dering selbst für Schumann nicht mehr als drei Dutzend Operationen, eingetragen als »Casus explorativi«, ausgeführt hatte, blieb unbestritten. Ebenso, dass nicht völlig ohne Betäubung operiert worden war. Da es dem Gericht aber darauf gar nicht so sehr ankam, blieb Derings Sieg ein Pyrrhussieg. Es hielt nämlich, angesichts der beeindruckenden Schilderungen der Versuchsopfer, die verharmlosenden Darlegungen Derings für widerlegt und sah keinen Anlass, eine große Ehrverletzung zu konzedieren. In allen Fällen, so Gardiner, sprächen die Umstände dafür, dass das Ausmaß der verlorenen Ehre, in Geld aufgewogen, am ehesten der kleinsten Münze entspreche, die im Königreich überhaupt im Umlauf sei. Am Ende verurteilte das Gericht Leon Uris dazu, Władysław Dering einen Halfpenny als Schmerzensgeld zu entrichten. Das entsprach etwa 2,5 Pfennigen. Die Gerichtskosten jedoch wurden dem Kläger auferlegt. Sie sollen etwa 269 000 Mark betragen haben.[45]

Ausblick und Dank

Was in Auschwitz geschah, können nur die wissen, die dort waren? Zu oft wird diese Feststellung verbreitet, man muss sie nicht mehr zuordnen. Sie ist geradezu Allgemeingut geworden, aber sie ist dennoch falsch. Es handelt sich um nichts anderes als eine Entlastungsbehauptung, mit der sich Zeitgenossen heutzutage der Mühe entheben, sich mit den Einzelheiten des Holocaust zu beschäftigen und mit all dem, für das Auschwitz zum Synonym geworden ist: das nationalsozialistische System von Verfolgung, Entrechtung und Vernichtung der Juden.

Aber alles bleibt unerreichbar für die Vorstellungskraft, wenn die Schauplätze der Geschichtsschreibung menschenleer sind, weil nur Fakten und Zahlen regieren. Wenn alles Böse nur durch ein paar Schurken verkörpert wird wie Eichmann oder Mengele, von Opfern aber, die nicht Rang und Namen haben, kaum eine Spur zu finden ist. Nur wenige Geschichtsschreiber des Holocaust beherrschen die Kunst eines Saul Friedländer, Namen und Fakten zu verknüpfen, die Täter- und die Opferperspektive aufeinander zu beziehen, im Gesamtgeschehen auch das Einzelschicksal nicht aus dem Blick zu verlieren.

Es ist das große Verdienst von Alexander Mitscherlich und Fred Mielke, erstmals das Ausmaß der Verbrechen an die Öffentlichkeit gebracht zu haben, die Mediziner im Nationalsozialismus begingen. *Medizin ohne Menschlichkeit* ist der provozierende Titel des Buchs, der in der ersten Auflage noch schärfer formuliert war: *Das Diktat der Menschenverachtung*. Sein Inhalt sind die Medizinverbrechen, die im Nürnberger Ärzteprozess Gegenstand der Anklage waren. Als das US-amerikanische Militärgericht ihn am 9. Dezember 1946 eröffnete, saßen 23 SS-Ärzte und Wissenschaftler auf der Anklagebank, denen Mitscherlich und Mielke noch vor dem Ende der Anhörungen nachsagten: »Wie auch immer das Urteil der Richter lauten möge, ganz unerlaubt wäre es, nur in den 23 Angeklagten mehr oder weniger Schuldige, abnorme Charaktere zu erblicken. Selbst wenn sie persönlich bedeutender wären, als sie es sind, könnte diese kleine Schar von Menschen niemals diese Unsumme von Leid verwirklicht haben.«[1]

Jeder zweite Arzt trat nach 1933 im Laufe weniger Jahre in die NSDAP ein. Das verwandelte den Berufsstand noch nicht in ein Verbrechersyndikat, aber es dokumentiert die Bereitschaft, die damalige Ideologie zu akzeptieren und sie in eigenes Handeln umzusetzen. Nicht nur die nach der Machtübergabe an die Nationalsozialisten zunehmende Brutalisierung der Medizin ist vielfach beschrieben worden, sondern auch der nach dem Krieg Jahrzehnte währende Widerwille ihrer Standesvertreter, die massiven Verstöße gegen Grundprinzipien des ärztlichen Ethos zur Kenntnis zu nehmen, geschweige denn, sich an der strafrechtlichen Aufklärung aktiv zu beteiligen. Ein bezeichnendes Beispiel dafür ist, dass die Staatsanwaltschaft Kiel 1956 scheiterte, unter der Ärzteschaft einen medizinischen Gutachter für gynäkologische Fragen im Strafverfahren gegen den Gynäkologen Prof. Carl Clauberg zu gewinnen.[2]

Zu den schlimmsten Verbrechen von Medizinern zählen die Menschenversuche in Konzentrationslagern. Sie stehen, bezogen auf Block 10 in Auschwitz, im Mittelpunkt dieses Buches, und zwar vor allem aus der Perspektive derer, die sie erdulden mussten. Überlebende Frauen erinnern an einen Leidensweg, der nicht erst begann, als sie von Ärzten mit Spritzen oder Röntgenstrahlen sterilisiert oder ihnen Sexualorgane herausoperiert wurden. Dieses Schicksal teilen über 800 jüdische Frauen aus verschiedenen europäischen Ländern, die in diesem Gebäude auf engstem Raum kaserniert waren und nur wenig Hoffnung hatten, jemals den grausamen Lebensumständen entrinnen zu können. Wie viele es genau waren, die bei der Evakuierung des Lagers am 18. Januar 1945 auf den sogenannten »Todesmarsch« geschickt wurden, ist nicht bekannt. Sicher ist nur, dass etwa 300 Frauen nach dem Zwangsaufenthalt in einigen weiteren Konzentrationslagern im Frühsommer und Sommer 1945 wieder in den Ländern ankamen, aus denen sie nach Auschwitz deportiert worden waren.

Aber ihre Leidenswege waren damit noch nicht zu Ende. Sie waren krank, hatten die meisten ihrer Angehörigen und ihr Hab und Gut verloren, wurden von ihren Erinnerungen gequält und mussten an ihrer Lebensperspektive verzweifeln. Nur wenige hatten noch ein Quäntchen Glück und konnten eine neue Familie gründen und Kinder gebären, weil die Experimente nicht immer im Sinne ihrer Peiniger ausgegangen waren. Die Erlebnisse aus Auschwitz blieben immer präsent, für die unmittelbar Betroffenen sowieso, aber auch – sofern sie welche bekamen – für ihre Kinder. Sol Pitchon beispielsweise, der Erstgeborene von Garmaine Pitchon (geborene Beracha), einer griechischen Überlebenden, die sechs Jahre nach ihrer Befreiung in die USA auswanderte: Er wurde von dem Trauma seiner Mutter, die zunächst Kinderlosigkeit befürchtet hatte, für sein eigenes Leben geprägt. 1981 konvertierte er in den USA zu einer evangelikalen christlichen Gemeinschaft, die den legalisierten Schwangerschaftsabbruch bekämpft, und amtiert dort als Präsident eines Schwangerschaftszentrums.

Für den 1947 geborenen niederländischen Meinungsforscher Maurice de Hond gehörten Berichte über schreckliche Einzelheiten aus Auschwitz von Kindheit an zu seinem Alltag. Seine Mutter, Marianne de Hond, hatte nach ihrer Befreiung den

Bruder ihres in Auschwitz ermordeten ersten Mannes geheiratet. Und weil sie sich mit noch vier anderen Frauen aus Block 10 regelmäßig traf, waren ihm die Ereignisse in Block 10 bald kein Geheimnis mehr und ein Anlass zu besonderem Selbstbewusstsein. »Die Tatsache, dass ich überhaupt geboren werden konnte, bedeutete, mehr noch als bei anderen jüdischen Nachkriegskindern, einen Triumph über die Nazis.«[3]

Ed Spanjaard wurde 1948 in eine hochmusikalische Amsterdamer Familie hineingeboren, seine Mutter – Ima Spanjaard (geborene van Esso) – hatte die Ausbildung im Konservatorium abbrechen müssen, als die Deutschen in ihrer Heimat die Juden verfolgten. Wie Garmaine Pitchon bekam sie vier Kinder. »Sie hat sich als Überlebende oft schuldig gefühlt«, sagt Ed Spanjaard, »sie sprach viel über Auschwitz und die Toten.« Aber es gab auch andere Seiten an ihr, sie kannte keinen Respekt mehr vor Autoritäten, engagierte sich bürgerschaftlich und konnte enormen Widerspruch mobilisieren, »wenn sie Kliniken oder Ärzte erlebte, die unpersönlich oder arrogant ihre Patienten behandelten«. Ihm selbst gehen die persönlichen Erlebnisse seiner Mutter und des Holocaust »immer sehr nahe«, eigene Sorgen relativiert er mitunter an diesem Moloch. Musik kann für ihn, den Dirigenten des Limburgs Symfonie Orkest in Maastricht, Medium für diese Auseinandersetzung sein. Aufwühlend für ihn ist die Beschäftigung mit Richard Wagner, seit 2009 führt er mit der Nationalen Reisopera Jahr für Jahr einen weiteren Teil des »Ring des Nibelungen« auf.

In vielen Fällen zündete der Wunsch, das Erlittene bekannt zu machen, erst Jahrzehnte später. Oder der Wunsch übertrug sich, mehr oder weniger unausgesprochen, auf die nächste Generation. Wie bei Wim Egger, der – wie er mir schrieb, erst Jahre nach ihrem Tod – die Lebensgeschichte seiner Mutter, Engelina Egger (geborene Jas), recherchierte und in einer Familienbiographie veröffentlichte.[4] Inzwischen haben die Nachwirkungen der traumatisierenden Erlebnisse längst die Enkelgeneration der Überlebenden erreicht. Stellvertretend sei Marja

Pinckaers, Enkelin von Marie Hertzdahl, genannt, deren Mutter noch vor dem Krieg geboren wurde. Marie Hertzdahls Briefe aus Schweden, unmittelbar nach ihrer Befreiung geschrieben, verfasst unter dem Eindruck ihrer Leiden und voll Optimismus für die Zukunft, geben der Enkelin Anlass, sie in ihr eigenes Leben einzuordnen.[5]

Etliche Überlebende haben ihre Erinnerungen selbst aufgeschrieben oder ließen sie aufschreiben, und weitere, die etwas älter wurden, stellten sich in den 1990er Jahren den Interviewern von Steven Spielbergs »Survivors of the Shoah Visual History Foundation«. Eine große Zahl von Frauen aus Block 10 beteiligte sich im Rahmen von Schulunterricht oder Gedächtnisveranstaltungen durch ihr eigenes Zeugnis an der pädagogischen Aufklärungsarbeit. Als Vorbereitung für Unterrichtsbesuche und gewidmet ihrer Tochter, ihren Enkeln und Urenkeln, zeichnete Renée Duering (geborene Krämer) 1987 einige Erinnerungen an ihr Erleben in Block 10. Ich freue mich sehr, dass sie spontan bereit war, zwei ihrer Bilder zum Abdruck freizugeben.

Wer jetzt noch mit Augenzeugen sprechen möchte, muss sich beeilen. Mehr als 65 Jahre nach ihrer Befreiung aus der Gefangenschaft leben nicht mehr viele. Das letzte Gespräch für dieses Buch führte ich am 16. August 2011. Mir gegenüber saß Eva Golgevit aus Paris, 99 Jahre alt, via Skype ein weiteres Mal bereit zu einigen Auskünften über ihre Zeit in Block 10 und die Erfahrungen nach ihrer Befreiung. Eva Golgevit wurde am 16. Juni 1912 in Łodz geboren, verließ 1931 Polen und gelangte über Brüssel 1934 nach Paris. Nach der Okkupation durch Nazi-Deutschland engagierte sie sich in der Résistance. Auschwitz wurde für sie ein zusätzliches Motiv für politisches Engagement. Lebenslang. Zusammen mit ihrem Sohn Jean hat sie 2010 ihre Memoiren veröffentlicht: *Ne pleurez pas, mes fils …*

Für alle kommenden Zeiten, in denen niemand mehr aus eigenem Erleben berichten kann, wie es war in Auschwitz, wird man noch die Bibliotheken haben und die Archive, wo auch die meisten Quellen für die vorliegende Untersuchung aufbewahrt werden. Man wird, mit einiger Anstrengung, auch noch mehr finden können als hier beschrieben. Aber am Ende wird man immer noch vor einer Schwelle stehen, die einem unüberwindlich erscheint. Denn es gibt eine schweigende Mehrheit von Nichtüberlebenden: Frauen aus Block 10, die in diesem Buch nicht erwähnt sind, weil sie nicht einmal dem Namen nach bekannt sind. Es sind die, für die es keine Befreiung geben konnte, weil sie vor der Evakuierung des Lagers im Gas ermordet wurden oder an Krankheit und Entkräftung ums Leben kamen. Selbst mit größter Anstrengung, hält der Philosoph Dieter Henrich fest, wird man nie über verlässliche Quellen »die Opfer im Geschehen ihres Todes« erreichen können und nichts von dem sicher wissen, »wie sie ihr Geschick austrugen«.[6] Das sollte man nicht gedankenlos übergehen. Anstelle von Resignation, schlussfolgert Henrich, »bleibt es doch immer noch möglich, ihrem Leben und dem nachzudenken, worin es sich hat sammeln können«. Und wohin diese Frauen hätten unterwegs sein können, um in ihrem Leben Erfüllung zu finden, wenn die Nationalsozialisten sie nicht herausgerissen hätten. Nur so sei abzuwenden, »dass ihr Tod auch noch in der Erinnerung der Nachgeborenen der anonymen Stummheit überlassen bleibt«.[7]

Zu guter Letzt bleibt noch der Dank an alle, die das Wagnis förderten, dieses Buch zu schreiben. Als der Entschluss noch vage war, verstand es Dieter Henrich (München), für den Anfang zu motivieren. Immer Verlass war auf den freundschaftlichen Rat und Zuspruch von Gert Riethmüller (München/Tübingen), ein leidenschaftlich forschender Wissenschaftler, Vorbild an ärztlichem Ethos und mit großer Empathie für das Leid, das durch fehlgeleitete Mediziner angerichtet wurde. Er spornte mich an, das Thema in größtmöglicher Breite und Tiefe auszuloten. Ohne einen großzügigen Zuschuss der Fritz-Thyssen-Stiftung wären die zahlreichen Archivfahrten nicht möglich gewesen. Für seine stete Auskunftsbereitschaft und

Leny Adelaar (im Lager: de Leeuw) im Februar 2011.

sein warmherziges Interesse dankbar bin ich dem Architekten Helmut Morlok (Isny), dem Erbauer der Jugendbegegnungsstätte in Oświęcim. Er fuhr eigens mit mir zur Auschwitz-Gedenkstätte, um mir den öffentlich nicht zugänglichen Block 10, den er im Auftrag der deutschen Bundesländer sanierte, zu zeigen und zu erklären. Thomas Gläser (†), der frühere Generalkonsul von Krakau, vermittelte mir wichtige Kontakte.

Im Laufe meiner Forschungen kam ich mit einigen Versuchsopfern und vielen Verwandten von Versuchsopfern ins Gespräch, die dazu ermutigten, das Thema nicht abstrakt abzuhandeln, sondern konkret auf die Personen zu beziehen, um die es geht. Insbesondere danke ich Leny Adelaar, Renée Duering, Eva Golgevit, Garmaine Pitchon, Überlebende aus Block 10, für ihre Bereitschaft, mir Antworten auf meine Fragen zu geben. Nelly Sturm, deren Mutter, Elisabeth Klein, kurze Zeit in Block 10 war, verfolgte den Werdegang meines Projekts mit großer Anteilnahme. Ed Spanjaard, der Sohn von Ima van Esso, recherchierte selbst unter größtem Zeitdruck klaglos in seinem Privatarchiv für mich und vermittelte mir stets das Gefühl, mit meinen Anliegen willkommen zu sein. Claude Romney, Tochter des nach Auschwitz verschleppten Pariser Bakteriologen Jacques Lewin, gab mir gerne, und immer postwendend, nützliche Quellenhinweise.

Es können nicht alle erwähnt werden, die meine Arbeit mit Rat und Tat unterstützten, stellvertretend seien noch genannt: Erika Kounio-Amarilio (†) und Rudolf Amarilio (beide Saloniki, GR), Wim Egger (NL), Kathrin Flor (Bad Arolsen), Jean Golgevit (Paris, F), Henk Janssen (Bathmen, NL), Ernst Klee (Frankfurt/Main), Paul Nathan (USA), Ewa Pasterak, (Oświęcim, PL), Rita und Jechiel Porat (Herzliya, IL), Joachim S. Russek (Krakau), Laurence Schram (Brüssel, B), William Seidelman (Beer-Sheva, IL), Carl Simon (Milwaukee, USA), Hermann Simon (Berlin), Susanne Urban (Bad Arolsen), Otto Westra, (Bathmen, NL), meinem Lektor Jens Petersen sowie dem Verlag Hoffmann und Campe, der sich ohne zu zögern für dieses Buchprojekt erwärmte.

Allzeit ein offenes Ohr und Zeit für Anregungen hatte Willi Hans Braun, mein engster Freund. Er gab mir auch Rückhalt, wenn Zweifel kamen. Es schmerzt, dass er das Manuskript nicht mehr zu Ende lesen konnte, dessen Inhalt ihm weitgehend vertraut war.

Allen voran danke ich meiner Frau, Susanne Wiedmann, weil sie alltäglich zu diesem Buch beigetragen hat. Sie war immer zugegen, hörte zu, ermutigte mich und trug dazu bei, stets Zuversicht zu bewahren.

Quellen und Literatur

Ungedruckte Quellen

Algemeen Rijksarchief in België (ARB), Brüssel
Police des Etrangers. Dossiers individuels
Archiwum Państwowego Muzeum Auschwitz-Birkenau (APMO), Oświęcim
Syg. D – AuI – 5/1–3 Operationstagebücher, Häftlingskrankenbau Auschwitz, 10.9.1942 – 23.2.1944
Oświadczenia (Aussagen)
Höß-Prozess, Band 21
Archiv von Yad Vashem (YVA), Jerusalem
Central Database of Shoah Victims' Names
Holocaust-Survivors Testimonies
Interviews der »Survivors of the Shoah Visual History Foundation«
Bundesarchiv (BArch), Berlin, Koblenz, Ludwigsburg
NS 19 Persönlicher Stab Reichsführer SS
NS 21 Ahnenerbe
ZSg 154 Sammlung Pross
B 126 Wiedergutmachungsakten
Hessisches Hauptstaatsarchiv (HHStA), Wiesbaden
Abt. 631a Strafverfahren gegen Horst Schumann

Abt 461 Strafverfahren gegen Bruno Beger, Hans Fleischhacker und Wolff-Dietrich Wolff

International Trade Service (ITS), Bad Arolsen

Ordner 1/34, Anfragen IKRK, Anfragen und Fallanalysen

Ordner 4/37, Medizinische Versuche Allgemein

Ordner 5/39, Sitzungsprotokolle IKRK, Medizinische Versuche

Ordner 13/46, Medizinische Versuche, Schriftverkehr

Ordner Auschwitz 5 / I 87, Aufzeichnungen des ehemaligen Lagerkommandanten Rudolf Höß aus den Jahren 1946/47

Landesarchiv Schleswig-Holstein (LAS), Schleswig

Abt. 352.3 Strafverfahren gegen Carl Clauberg

Leo-Baeck-Institut (LBI), New York

Augusta Nathan: 1933–1945 (Erinnerungen, Typoskript vom 7.1.1946), Record ID 410348

National Archive (NA), Washington

RG 153 Records of the Judge Advocate General (Army); Records of Concentration Camp Natzweiler

Nederlands Instituut voor Oorlogsdocumentatie (NIOD), Amsterdam

Ervaringen in het Experimentenblok No. 10 KL. Auschwitz, Verslag van Froukje C. de Leeuw

Service des Victimes de la Guerre (SVG), Brüssel

Dossiers individuels

Interviews des Verfassers

Wilhelm Brasse (12. Juni 2009), Renée Duering (27. Dezember 2010 und 7. Januar 2011), Leny Adelaar (19. Februar 2011), Garmaine Pitchon (2. November 2010), Helmut Morlok (13. Juni 2009 und 31. Januar 2010), Ed Spanjaard (19. Februar 2011), Eva Golgevit (16. August 2011)

Baumann, Stefanie: Opfer von Menschenversuchen als Sonderfall der Wiedergutmachung. In: Hans Günter Hockerts, Claudia Moisel und Tobias Winstel (Hg.): Die Entschädigung für NS-Verfolgte in West- und Osteuropa 1945–2000. Göttingen 2006, S. 147–194.

Beischl, Konrad: Dr. med. Eduard Wirths und seine Tätigkeit als SS-Standortarzt im KL Auschwitz. Würzburg 2005.

Blatman, Daniel: Die Todesmärsche 1944/45. Das letzte Kapitel des nationalsozialistischen Massenmordes. Reinbek 2011.

Brandhuber, Jerzy: Die sowjetischen Kriegsgefangenen im Konzentrationslager Auschwitz. Hefte von Auschwitz 4, Oświęcim 1961, S. 6–62.

Bukowski, Rudolf: Klinischer Beitrag zur Hysterosalpingographie. Archiv für Gynäkologie, Band 168 (1939), S. 775–797.

Bundesarchiv (Hg.): Gedenkbuch. Opfer der Verfolgung der Juden unter der nationalsozialistischen Gewaltherrschaft in Deutschland 1933–1945. 2 Bände. Koblenz 1986.

Büchler, Yehoshua: »Certificates« for Auschwitz. In: Yad Vashem Studies 30 (2002), S. 125–152.

Constantopoulou, Photini, und Thanos Veremis: Documents on the History of the Greek Jews. Records from the Historical Archives of the Ministry of Foreign Affairs. Athens 1998.

Czech, Danuta: Konzentrationslager Auschwitz – Abriss der Geschichte. Warschau 1981.

Czech, Danuta: Kalendarium der Ereignisse im Konzentrationslager Auschwitz-Birkenau 1939–1945. Reinbek 1989.

De Wind, Eduard: Der Experimentierblock. In: Hans Günther Adler, Hermann Langbein, Ella Lingens-Reiner (Hg.): Auschwitz. Zeugnisse und Berichte. 3., überarb. Auflage, Köln/Frankfurt am Main 1984, S. 175–178.

Dopheide, Renate: Clauberg – ein Kieler Arzt. Massensterilisationen in Auschwitz und die Geschichte eines Prozesses.

In: Jutta Dalhoff und Sabine Kock (Hg.): »Ich habe mir Deutschland vom Leibe zu halten versucht«. Frauen im Nationalsozialismus und der Umgang »nachgeborener« Frauen mit dem Gedenken. Kiel 199, S. 43–79.

Egger, Wim: Surinaamse Rug. Joodse buik. Heemstede 2009.

Freie Universität Berlin (Hg.): Gedenkbuch Berlins der jüdischen Opfer des Nationalsozialismus. Berlin 1995.

Friedländer, Saul, und Jan Philipp Reemtsma: Gebt der Erinnerung Namen. Zwei Reden. München 1999.

Golgevit, Eva: »Ne pleurez pas, mes fils«. Paris 2010.

Gottwaldt, Alfred, und Diana Schulle: Die »Judendeportationen« aus dem Deutschen Reich 1941–1945. Eine kommentierte Chronologie. Wiesbaden 2005.

Grosch, Helmut: Der Kieler Gynäkologe Carl Clauberg und die Bevölkerungspolitik des Nationalsozialismus. In: Eckhard Heesch (Hg.): Heilkunst in unheilvoller Zeit. Beiträge zur Geschichte der Medizin im Nationalsozialismus. Frankfurt am Main 1993, S. 85–118.

Grossmann, Atina: *Jews, Germans,* and *Allies: Close Encounters* in *Occupied Germany.* Princeton 2007.

Hautval, Adélaïde: Medizin gegen die Menschlichkeit. Die Weigerung einer nach Auschwitz deportierten Ärztin, an medizinischen Experimenten teilzunehmen. Herausgegeben von Florence Hervé und Hermann Unterhinninghofen. Berlin 2008.

Heeg, Egon: Die Levys oder Die Vernichtung des Altfrechener Judentums. Band 3: Die Geschichte der Frechener Juden nach 1918. Frechen 2010.

Helmberger, Peter: »Ausgleichsverhandlungen« der Bundesrepublik mit Belgien, den Niederlanden und Ludwigsburg, In: Hans Günter Hockerts, Claudia Moisel und Tobias Winstel (Hg.): Die Entschädigung für NS-Verfolgte in West- und Osteuropa 1945–2000. Göttingen 2006, S. 197–241.

Heumann, Friedel: Auschwitz – Block 10. Nach langem Leidensweg wurde Israel zur neuen Heimat. In: Moritz

Neumann/Eva Reinhold-Postina (Hg.): Das zweite Leben. Darmstädter Juden in der Emigration. Ein Lesebuch. Darmstadt 1993, S. 189 – 190.
Heiber, Helmut: Der Generalplan Ost. Dokumentation. In: Vierteljahrshefte für Zeitgeschichte, Jahrgang 6 (1958), Heft 3, S. 281 – 325.
Hill, Mavis M., und L. Norman Williams: Auschwitz in England. A record of a libel action. London 1965.
Ikonomopoulos, Marcia Haddad: The Story behind the Statistics: Variables Affecting the Tremendous Losses of Greek Jewry during the Holocaust. In: Journal of the Hellenic Diaspora. Jahrgang 32, Heft 1 und 2, S. 89 – 109.
Kater, Michael H.: Ärzte als Hitlers Helfer. Hamburg/Wien 2000.
Kaul, Friedrich Karl: Ärzte in Auschwitz. Berlin 1968.
Kieta, Mieczysław: Das Hygiene-Institut der Waffen-SS und Polizei in Auschwitz. In: Hamburger Institut für Sozialforschung (Hg.): Die Auschwitz-Hefte, Band 1, Hamburg 1994, S. 213 – 218.
Klarsfeld, Serge: Die Kinder von Izieu – eine jüdische Tragödie, Berlin 1991.
Klee, Ernst: Auschwitz, die Medizin und ihre Opfer. Frankfurt am Main 1997.
Klee, Ernst: Deutsche Medizin im Dritten Reich. Karrieren vor und nach 1945. Frankfurt am Main 2001.
Klee, Ernst: Das Personenlexikon zum Dritten Reich. Wer war was vor und nach 1945. Frankfurt am Main 2003.
Kłodziński, Stanisław: »Sterilisation« und Kastration durch Röntgenstrahlen im Auschwitz-Lager. Verbrechen Horst Schumann. In: Internationales Auschwitz-Komitee (Hg.): Unmenschliche Medizin. Anthologie. Band 1, Teil 2, Warschau 1969, S. 89 – 119.
Kogon, Eugen: Der SS-Staat. Das System der deutschen Konzentrationslager. München 1974.
Kounio-Amarilio, Erika, und Albertos Nar: Proforikes marti-

ries Ewraion tis Thessalonikis gia to Olokaitoma. Thessaloniki 1998.

Kounio, Heinz: A Liter of Soup and Sixty Grams of Bread. The Diary of Prisoner Number 109565. New York 2003.

Kramer, Helgard: NS-Täter aus interdisziplinärer Perspektive. München 2006.

Kramer, Helgard: Review of Völklein, Ulrich, Dr. med Eduard Wirths. Ein Arzt in Auschwitz: Eine Quellenedition, and Völklein, Ulrich, Der »Märchenprinz«. Eduard Wirths: Vom Mitläufer zum Widerstand. Als SS-Arzt im Vernichtungslager Auschwitz. H-Soz-u-Kult, H-Net Reviews. November 2006. (http://www.h-net.org/reviews/showrev.php?id=21470)

Kraus, Ota, und Erich Kulka: Die Todesfabrik. Berlin 1957.

Lang, Hans-Joachim: Die Namen der Nummern. Wie es gelang, die 86 Opfer eines NS-Verbrechens zu identifizieren. Hamburg 2004.

Langbein, Hermann: Menschen in Auschwitz. Wien/München 1995.

Lettow, Fritz: Arzt in den Höllen. Erinnerungen an vier Konzentrationslager. Berlin 1977.

Lifton, Robert Jay: The Nazi Doctors. Medical Killing and the Psychology of Genocide. New York 1986. Deutsche Taschenbuchausgabe: Ärzte im Dritten Reich. Berlin 1998.

Lingens, Ella: Gefangene der Angst. Ein Leben im Zeichen des Widerstandes. Wien/Frankfurt am Main 2003.

Lorska, Dorota: Wspomnienia z bloku nr. 10 Dr. Hans Münch. In: Przeglad lekarski, 1966, 1, S. 105 – 112.

Lorska, Dorota: Block 10 in Auschwitz. In: Hamburger Institut für Sozialforschung (Hg.): Die Auschwitz-Hefte, Band 1. Hamburg 1994, S. 209 – 212.

Ludwig, Hans: Hinselmann und Schiller – die Erkennung von Frühstadien des Zervixkarzinoms. Gynäkologe 4 (2003), S. 373 – 374.

Micheels, Louis J.: Doctor 117641: A Holocaust Memoir. New Haven/London 1989.

Minney, R[ubeigh] J[ames]: I Shall Fear No Evil. The Story of Dr. Alina Brewda's Survival in Auschwitz. London 1967.
Mitscherlich, Alexander, und Fred Mielke: Das Diktat der Menschenverachtung. Der Nürnberger Ärzteprozeß und seine Quellen. Heidelberg 1947. Müller-Hill, Benno: Der gute Dr. Samuel. In: S. 231–241.
Molho, Michael (Hg.): In memoriam gewidmet dem Andenken an die jüdischen Opfer der Naziherrschaft in Griechenland, nach der 2. Auflage von Joseph Nehama (1973) und der griechischen Übersetzung von Georgios K. Zographakis (1976) deutsch von Peter Katzung, Essen 1981 (maschinenschriftliches Typoskript).
Nadav, Daniel: Medicine and Nazism. Jerusalem 2010.
Newman, Richard, mit Karen Kirtley: Alma Rosé. Wien 1906 bis Auschwitz 1944. Eine Biographie. Berlin 2005.
Piper, Franciszek, und Teresa Świebocka (Hg.): Auschwitz. Nationalsozialistisches Vernichtungslager. Oświęcim 1997.
Pross, Christian: Wiedergutmachung. Der Kleinkrieg gegen die Opfer. Frankfurt am Main 1988.
Riaud, Xavier: Dental War Heroes – Number 1: Danielle Casanova (1909–1943) of the French Resistance. In: Dental History Magazine, Vol. 2, Nr. 2, Herbst 2008, S. 13–14.
Riedesser, Peter, und Axel Verderber: Maschinengewehre hinter der Front. Zur Geschichte der deutschen Militärpsychiatrie. Frankfurt am Main 2001.
Rüther, Martin: Ärzte im Nationalsozialismus. Neue Forschungen und Erkenntnisse zur Mitgliedschaft in der NSDAP. In: Deutsches Ärzteblatt, Jg. 98, Heft 49 vom 7. Dezember 2001, S. 3264 f.
Saidel, Rochelle G.: The Jewish Women of Ravensbrück Concentration Camp. Madison 2004.
Santin, Tulla: Der Holocaust in den Zeugnissen griechischer Jüdinnen und Juden. Berlin 2008.
Schreiber, Marion: Stille Rebellen. Der Überfall auf den 20. Deportationszug nach Auschwitz. Berlin 2000.

Schübelin, Jürgen: Expansionspolitik und Ärzteverbrechen. Das Beispiel Carl Clauberg. In: Projektgruppe »Volk und Gesundheit« (Hg.): Heilen und Vernichten im Nationalsozialismus. Tübingen 1982. S. 187–203.

Schwalbová, Margita: They Were Murdered in the Infirmary. In: Roger A. Ritvo and Diane M. Plotkin (Ed.): Sisters in Sorrow. Voices of Care in the Holocaust. College Station 1998, S. 159–169.

Schwalbová, Margita: Elf Frauen. Leben in Wahrheit. Eine Ärztin berichtet aus Auschwitz-Birkenau 1942–1945. Annweiler 1994.

Sehn, Jan: Konzentrationslager Oświęcim–Brzezinka. Warschau 1957.

Sehn, Jan: Carl Claubergs verbrecherische Unfruchtbarmachungsversuche an weiblichen Häftlingen in den Nazi-Konzentrationslagern. In: Hefte von Auschwitz 2, Oświeçim 1959, S. 3–32, 51–87.

Shelley, Lore (Hg.): Criminal Experiments on Human Beings in Auschwitz and War Research Laboratories: Twenty Women Prisoners' Accounts. San Francisco 1991.

Shelley, Lore: »Post-Auschwitz-Fragments«. Gedanken nach Auschwitz. Paderborn 2005.

Steinberg, Maxime, und Laurence Schram: Transport XX Mechelen–Auschwitz. Brüssel 2008.

Strzelecka, Irena: Die ersten Polen im KL Auschwitz. In: Hefte von Auschwitz 18. Oświeçim 1990, S. 5–144.

Strzelecka, Irena: Die Frauenabteilung im Stammlager. In: Hefte von Auschwitz 20, Oświeçim 1997, S. 7–67.

Uris, Leon: Exodus. London 1959.

Van Pelt, Robert Jan, und Debórah Dwork: Auschwitz. Von 1270 bis heute. Zürich/München 1998.

Völklein, Ulrich: Der »Märchenprinz«. Eduard Wirths: Vom Mitläufer zum Widerstand. Als SS-Arzt im Vernichtungslager Auschwitz. Gießen 2006.

Weinberger, Ruth Jolanda: Fertilitätsexperimente in Auschwitz.

In: Medizinische Experimente in nationalsozialistischen Konzentrationslagern. Wissenschaftliche Texte des Ludwig Boltzmann-Instituts für Historische Sozialwissenschaft. http://www.lbihs.at

Weindling, Paul J.: Akteure in eigener Sache. Die Aussagen der Überlebenden und die Verfolgung der medizinischen Kriegsverbrechen nach 1945. In: Carola Sachse (Hg.): Die Verbindung nach Auschwitz. Biowissenschaften und Menschenversuche an Kaiser-Wilhelm-Instituten. Dokumentation eines Symposiums. Göttingen 2003, S. 255 – 282.

Wolff, Sharma L., und Carol L. Miller: Margot 47574. The story of an Auschwitz survivor. Plymouth 2010[3].

Anmerkungen

(Bei Zeugenvernehmungen ist, wo es überliefert wurde, angegeben, wann sie stattgefunden haben. Bei Zitaten im Text wurden Kommata und ß/ss der neuen Rechtschreibung angeglichen. In einigen wenigen Fällen, wo Namen in verschiedener Schreibweise überliefert sind, wurden sie vereinheitlicht, um Fehldeutungen auszuschließen. Bevorzugt wurde in solchen Fällen die Schreibweise in Unterschriften der Betreffenden oder in amtlichen Schriftstücken.)

Einleitung

1 Oscar Fisher ist Auschwitz-Überlebender und wanderte nach seiner Befreiung in die USA aus.

2 Diese Geschichte wurde am 27. Januar 2005, am Erinnerungstag der Befreiung von Auschwitz, im Hörfunksender WBUR 90.9 FM ausgestrahlt, der National-Public-Radiostation im Raum Boston. Am 24. November 2006 übertrug der Sender ein Interview mit Deborah Fisher und Maya Lee. Siehe: http://www.wbur.org/npr/6535380/storycorps-holocaust-story-prompts-family-reunion.

3 HHStA, Abt. 631a, Nr. 545 (26. Juli 1956).

4 Lifton 1998, S. 306. Im Original: »A place that could be considered to be quintessential Auschwitz.« Lifton 1986, S. 270.

5 Dobra Sławka Goldszajder wurde am 3. November 1913 in Kielce (Polen) geboren. Sie studierte in Prag Medizin, heiratete dort und hieß fortan Slavka Kleinová. Sie kämpfte

im Spanischen Bürgerkrieg und in der französischen Résistance, wurde nach Auschwitz deportiert. Nach ihrer Befreiung lebte sie in Paris und hieß seit ihrer zweiten Ehe Dorota Lorska. – Diese Hinweise verdanke ich Claude Romney.

6 Mitteilung von Frau Dr. Kleinová aus Prag über ihren Aufenthalt im Block 10 in Auschwitz. In: Internationaler Suchdienst (IST), Sachdokumente, Ordner 1/34. o. O., o. J. – Diesen Vergleich verwendet sie auch in einer Veröffentlichung von Ota Kraus und Erich Kula 1957, S. 92: »Ich hatte das Gefühl. in ein Milieu versetzt worden zu sein, das die Verbindung von Hölle und Irrenhaus darstellte.«

7 http://www.npr.org/templates/story/story.php?storyId=6535380 (21. August 2011).

8 Friedländer 1999, S. 36.

9 Lang 2004.

10 Nach Rücksprache mit Überlebenden, mit zahlreichen Familienangehörigen von Überlebenden und mit Historikern habe ich mich entschlossen, generell die Namen der Frauen zu nennen, die sie während ihrer Lagerzeit trugen. Die später nach Heirat oder aus anderen Gründen geänderten Namen erwähne ich nur dort, wo es die Betreffenden in Veröffentlichungen selbst getan haben. Bei den Häftlingen sind oft Altersangaben vermerkt. Es ist, wo nichts anderes hinzugefügt ist, das jeweilige Alter in der Chronologie der Ereignisse gemeint.

11 Josef Mengele war vom 30. Mai 1943 bis zum 18. Januar 1945 Lagerarzt in Auschwitz-Birkenau und führte dort verbrecherische Menschenversuche durch.

Mehr als eine Wiederbegegnung

1 »Return of the pig«. In: *Time* vom 5. Dezember 1955. Auch Hermann Langbein spricht von diesem Fernsehauftritt, in dem sich Clauberg als Märtyrer dargestellt habe. Langbein 1995a, S. 506 f. – Helmut Grosch hat vergeblich versucht, dieses Fernsehinterview ausfindig zu machen, vermutlich wurde es nicht archiviert. Grosch 1993, S. 89, Anm. 19.

2 Carl Clauberg am 1. November 1955 an Friedel Clauberg. – LAS, Abt. 352.3, Nr. 16433.

3 LAS, Abt. 352.3, Nr. 16433.

4 Alle Angaben: LAS, Abt. 352.3, Nr. 16433

5 Clauberg wurde in der Vernehmung nicht nach Augusta Nathan gefragt, sondern nach ihrem Namen, den sie in der nach dem Krieg geschlossenen Ehe trug.

6 Siehe Anmerkung 15.

7 In seiner Vernehmung vom 19. Dezember 1955, einen Monat später, spricht er von 23 selbst durchgeführten Sterilisationen. LAS, Abt. 352.3, Nr. 16434.

8 Richterliches Vernehmungsprotokoll vom 19. November 1955. – LAS, Abt. 352.3, Nr. 16433.

9 Haftbeschwerde vom 21. November 1955. – LAS, Abt. 352.3, Nr. 16433.

10 LAS, Abt. 352.3, Nr. 16433.

11 Zur Chronologie: LAS, Abt. 352.3, Nr. 16462.

12 Die folgenden Angaben sind, wo nicht anders vermerkt, Augusta Nathans biographischen Aufzeichnungen aus dem Jahr 1946 entnommen. – LBI, Record ID 410348.

13 In den autobiographischen Aufzeichnungen steht zwar 1934, ist aber aus der Erinnerung falsch aufgeschrieben. In den belgischen Dokumenten wird als Aufenthaltszeit die Spanne zwischen dem 3. September 1935 und dem 15. August 1936 angegeben. Und in den in Düsseldorf am 6. April 1937 ausgestellten polizeilichen Führungszeugnissen wird der 28. November 1935 als Abmeldetag genannt. – ARB, Police des Etrangers. Dossiers individuels.

14 Clauberg in einer Vernehmung am 2. Dezember 1955. LAS, Abt. 352.3, Nr. 16433.

15 *Norddeutsches Ech*o vom 18. November 1955.

16 LAS, Abt. 352.3, Nr. 16433.

17 Grosch 1993, S. 90 – 96.

18 Anklageschrift, S. 20. – LAS, Abt. 352.3, Nr. 16446.

19 LAS, Abt. 352.3, Nr. 16457.

20 Vernehmung Frieda Clauberg. – LAS, Abt. 352.3, Nr. 16433.

21 Vernehmung von Ernst Schroeder, 1939 bis 1945 Oberbürgermeister von Königshütte. – LAS, Abt. 352.3, Nr. 16433.

22 LAS, Abt. 352.3, Nr. 16433.

23 Anklageschrift, S. 28. – LAS, Abt. 352.3, Nr. 16446.
24 Vernehmung 1947 in Polen. Zitiert nach LAS, Abt. 352.3, Nr. 16434.

Auschwitz. Anfänge

1 Zitiert nach van Pelt 1998, S. 305.
2 Am 3. September 1941 wurden, zusammen mit 250 Häftlingen aus dem Krankenbau, 600 russische Kriegsgefangene im Kellergeschoss des Blocks 11 mit Zyklon B ermordet, ebenfalls mit Zyklon B weitere 900 im Krematorium.
3 Czech 1989, S. 35 f.
4 Czech 1981, S. 17.
5 Czech 1989, S. 68.
6 Van Pelt 1998, S. 195.
7 Strzelecka 1997, S 7.
8 HHStA, Abt. 631a, Nr. 547 (27. September 1967).
9 Ebd.
10 Czech 1989, S. 192.
11 Czech 1989, S. 194 – 257.
12 Wannsee-Protokoll, Seite 9. – siehe: http://www.ghwk.de/deut/Seite9.jpg
13 Immerhin hatten sich die slowakischen katholischen Bischöfe in einem Memorandum an Jozef Tiso gesorgt: »Wie werden wir da noch weiter lehren können, dass vor Gott alle Menschen gleich sind? Wie ohne Widerspruch verkünden, dass man anderen nicht antun darf, was man selber nicht von anderen erleiden will?« Und im Auftrag von Papst Pius XII. erklärte Kardinalstaatssekretär Luigi Maglione in einer Protestnote vom 12. November 1941, dass die slowakischen Rassengesetze »in offenem Gegensatz zu katholischen Prinzipien stehen«. – Hansjakob Stehle: Ein Nationalstaat von Hitlers Gnaden. In: *Die Zeit* vom 20. September 1991.
14 Jäckel u. a. 1993, Stichwort Slowakei, S. 1322 – 1327.
15 Eva Gruberova: Hitlers Hirte. In: *Die Zeit* vom 27. September 2007.
16 Survivors, YVA, File 39262 (Interviewerin: Marianna Bergida, 16. März 1998).
17 Ebd.

18 Ebd.
19 Irena Strzlecka 1997, S. 26.
20 Diese Rampe ist auf dem Buchcover abgebildet. Ab Mai 1944 rollen die Deportationszüge direkt ins Vernichtungslager Auschwitz-Birkenau. Eines der am häufigsten veröffentlichten Bilder, die Auschwitz symbolisieren, zeigt den dortigen Gleisanschluss mit dem Einfahrtsgebäude.
21 Czech 1989, S. 242 f.
22 Survivors, YVA, File 39262, a. a. O.
23 BArch B 126, Nr. 2612.
24 Helena Siemaszkiewicz. Zitiert nach Strzelecka 1997, S.65.
25 HHStA, Abt. 631a, Nr. 542 (12. Juli 1967).

»Negative Bevölkerungspolitik«

1 Anklageschrift S. 38 f. – LAS, Abt. 352.3, Nr. 16446.
2 Aussage von SS-Oberführer Helmut Poppendick, Chef des persönlichen Büros des Reichsarztes-SS, im Nürnberger Ärzteprozess. Zitiert nach Schübelin 1982, S. 190.
3 Hefte von Auschwitz 2, S. 55.
4 Clauberg an den Bundesinnenminister, 11. November 1955. – LAS, Abt. 352.3, Nr. 16433.
5 Carl Clauberg, Experimentelle Untersuchung zur hormonalen temporären Sterilisierung und zur Behebung hormonal bedingter Sterilität, In: Zeitschrift für Geburtshilfe und Gynäkologie, Jahrgang 112, 1936, S. 4 – 23.
6 Grosch 1993, S. 102.
7 Vernehmung am 2. Dezember 1955. – LAS, Abt. 352.3, Nr. 16433.
8 Ebd.
9 Zitiert nach Anklageschrift, S. 43. LAS, Abt. 352.3, Nr. 16446.
10 Ebd.
11 Wetzel, Erhard: Stellungnahme und Gedanken zum Generalplan Ost des Reichsführers SS vom 27. April 1942. In: Heiber 1958, S. 303.
12 Viktor Brack an Heinrich Himmler, 28. März 1941. – Nürnberger Dokument NO-203. Zitiert nach Mitscherlich/Mielke 1947, S. 153 – 155.
13 RFSS = Reichsführer der SS.

14 Unterstreichung durch Clauberg.
15 Zitiert nach der Anklageschrift, S. 44–46. – LAS, Abt. 352.3, Nr. 16446.
16 Zitiert nach der Anklageschrift, S. 52.
17 Himmler nennt in seinem Brief zwar das KZ Ravensbrück als geplanten Ort der Sterilisierungen, Allerdings war zuvor schon Auschwitz als Experimentierort fest vereinbart.
18 Zitiert nach Mitscherlich/Mielke 1947, S. 160.
19 In seiner Vernehmung vom 13. Dezember 1955 behauptet Clauberg, Wirths habe ihn im August 1942 aufgesucht. Wirths hat seinen Dienst in Auschwitz allerdings erst am 6. September 1942 angetreten. – LAS, Abt. 352.3, Nr. 16433.
20 Vernehmung vom 13. Dezember 1955. LAS, Abt. 352.3, Nr. 16433.
21 Ebd. – Wirths behauptete, dieser Besuch habe im August 1942 stattgefunden, aber zu dieser Zeit war Wirths noch im KZ Neuengamme beschäftigt. Standortarzt in Auschwitz wurde Wirths am 1. September 1942.
22 Anklageschrift, S. 13 – LAS, Abt. 352.3, Nr. 16446.

Der Vorläufer

1 Survivors, YVA, File 50302 (Interviewer: Paul Rachler, 5. Oktober 1998).
2 Ebd.
3 Sie blieben auch nach dem Krieg befreundet. Topor nannte ihre Tochter nach Sonja Fischmann mit Vornamen Sonja. – Shelley 1991, S. 21.
4 Schriftlicher Bericht vom 15. Februar 1967. – HHStA, Abt. 631a, Nr. 551.
5 HHStA, Abt. 631a, Nr. 541 (14. August 1964).
6 Luft am 10. Dezember 1964 im Verfahren gegen Schumann. – ITS I, 50, Med. Versuche Nr. 2.
7 LAS, Abt. 352.3, Nr. 16434 (12. Dezember 1956).
8 Klee 2001, S. 70.
9 HHStA, Abt. 631a, Nr. 548.
10 BArch, B 126, Nr. 27650.
11 HHStA, Abt. 631a, Nr. 540 (30. Juli 1964).

12 HHStA, Abt. 631a, Nr. 547 (27. September 1967).
13 Vernehmung vom 30. Oktober 1968 in Frankfurt. – HHStA, Abt. 631a, Nr. 544.
14 HHStA, Abt. 631a, Nr. 544 (8. November 1968).
15 BArch, B 126, Nr. 61132.
16 Anna Tytoniak. – HHStA, Abt. 631a, Nr. 551 (10. Mai 1967). Nina Knesits, HHStA, Abt. 631a, Nr. 556 (6. November 1967).
17 HHStA, Abt. 631a, Nr. 551 (24. Oktober 1967).
18 HHStA, Abt. 631a, Nr. 541 (14. August 1964).
19 Schriftlicher Bericht, 15. Februar 1967. – HHStA, Abt. 631a, Nr. 551.
20 HHStA, Abt. 631a, Nr. 537 (5. Juli 1967). Später war Magda Lenka Hertzková Schreiberin in der politischen Abteilung der Lagerkommandantur.
21 BArch, B 126, Nr. 61132.
22 HHStA, Abt. 631a, Nr. 552 (1. Juli 1968).
23 Geboren am 30. September 1921. YVA, Central Database of Shoah Victims' Names.
24 HHStA, Abt. 631a, Nr. 548 (27. April 1967).
25 HHStA 631a, Nr. 551 (18. November 1966).
26 Ebd.
27 Shelley 1991, S. 13 f.
28 Schwalbowá 1994, S. 163.
29 HHStA, Abt. 631a, Nr. 556.
30 Im »Erbgesundheitsgesetz« vom 1. Januar 1943 festgelegt: angeborener Schwachsinn, Schizophrenie, zirkuläres (manisch-depressives) Irresein, erbliche Fallsucht, erblicher Veitstanz (Huntington'sche Chorea), erbliche Blindheit, erbliche Taubheit, schwere erbliche körperliche Missbildung und schwerer Alkoholismus.
31 Staatsanwaltschaftliche Vernehmung, 19. Dezember 1955. – LAS, Abt. 352.3, Nr. 16434.
32 Ebd.
33 Ebd.
34 Kieta 1994, S. 213.
35 Egger 2009, S. 185
36 Ebd., S. 184.
37 HHStA, Abt. 631a, Nr. 540.

38 Egger 2009, S. 185.
39 HHStA, Abt. 631a, Nr. 540.
40 Shelley 1991, S. 14.
41 Geboren am 4. September 1920 in Humenne/Ostslowakei – zu einem nicht bekannten Zeitpunkt ums Leben gekommen.
42 Die slowakischen Jüdinnen Nora Löwenberg und Irma Schwarz, außerdem Halina Sznajderska, Ula Kozlowska, Wanda Mende, Kazimiera Jankowska, Izabella Sosnowska, Halina Kinalska und Anna Tytoniak. – Zeugenvernehmung Anna Tytoniak, 10. Mai 1967. – HHStAW, Abt. 631a, Nr. 551.
43 Egger 2009, S. 187.
44 Ebd.

Innenansichten

1 LAS, Abt. 352.3, Nr. 16434 (11. Januar 1956).
2 Schriftliche Ergänzung vom 27. März 1956 einer Niederschrift vom 13. April 1948. – HHStA, Abt. 631a, Nr. 556.
3 Ervaringen 1947, NIOD.
4 HHStA, Abt. 631a, Nr. 548 (24. August 1956).
5 Ervaringen 1947, NIOD.
6 Shelley 1991, S. 264.
7 HHStA, Abt. 931a, Nr. 548 (19. Januar 1965).
8 Kieta 1994, S. 215.
9 LAS, Abt. 352.3, Nr. 16453.
10 Schriftliche Auskunft seiner Tochter Claude Romney an den Verfasser, 22. November 2010.
11 LAS, Abt. 352.3, Nr. 16434 (16. März 1956).
12 Kieta 1994, S. 215.

Die Versuchspersonen

1 BArch, B 126, Nr. 27631.
2 LAS, Abt. 352.3, Nr. 16460 (30. September 1956).
3 BArch, B 126, Nr. 27611.
4 Survivors, File 39262, a. a. O.
5 Shelley 1991, S. 77.
6 Kounio 2003, S. 177.
7 Shelley 1991, S. 78.

8 Die deutschen Besatzer zogen etwa 3000 unverheiratete Juden aus Saloniki zu harten Zwangsarbeiten in verschiedenen griechischen Regionen ein. Eine »Heiratsepidemie« habe daraufhin im Ghetto eingesetzt mit anfangs zehn, bald bis zu hundert Verheiratungen pro Tag. – Siehe Molho 1973, S. 133.

9 Shelley 1991, S. 79.

10 Santin 2008, S. 138.

11 HHStA, Abt. 631a, Nr. 556 (6. November 1967).

12 HHStA, Abt. 631a, Nr. 537 (29. März 1967).

13 HHStA, Abt. 631a, Nr. 556 (6. November 1967).

14 Survivors, YVA, File 6000 (Interviewerin Mahli Lieblich, 28. August 1995).

15 Kounio-Amarilio 1998, S. 46.

16 Schreiber 2001, S. 280.

17 HHStA, Abt. 631a, Nr. 540 (16. Mai 1956).

18 Rede von Simon Gronowski am 8. Mai 2010 in Köln. Abgedruckt in http://open-memory.info/content/einleitung/rede_simon_g.pdf (24. Februar 2011).

19 Siehe S. 182–192 in diesem Buch.

20 Micheels 1989, S. 62. Im Buch ist der Name von Ima van Esso verschlüsselt, sie heißt dort Nora. Ed Spanjaard, ihr Sohn, war so freundlich, die Verschlüsselung aufzulösen und freizugeben. Loet Micheels nannte sich in den USA, wohin er einige Jahre nach dem Krieg auswanderte, Louis J.

21 LAS, Abt. 352.3, Nr. 16460.

22 Schram, S. 40.

23 Wie viele genau in Block 10 kommen, lässt sich nicht mit Gewissheit sagen. Von dem 20. Transport erhielten 245 Frauen Lagernummern zwischen 42451 und 42695. Czech schreibt, dass die 112 Nummern zwischen 42451 und 42562 für Block 10 vergeben wurden (Czech 1989, S. 475). Das stimmt nicht. Den Zeugenbeschreibungen widerspricht die Vermutung von Schram, dass alle 245 Frauen in Block 10 kamen. Die mir mit Namen bekannten 57 Frauen aus diesem Transport, die in Block 10 waren, hatten Nummern zwischen 42469 und 42693. Das heißt, dass aus den 245 Frauen rund 100 Frauen für Block 10 selektiert wurden, als sie bereits mit Nummern tätowiert waren.

24 Niederschrift vom 13. April 1948. – HHStA, Abt. 631a, Nr. 556.

25 Als Absenderort durfte bei Postkarten immer nur Auschwitz-Birkenau angegeben werden, auch wenn die Absender im Stammlager untergebracht waren.

26 Die Sardinenbrötchen erwähnt Lore Shelley in der Schilderung einer Deutschlandreise 1990: »Ich konnte mich nun endlich am Silberhorn in Grindelwald persönlich bei einem der Reichmannbrüder aus Tanger, heute Toronto, dafür bedanken, dass sie seinerzeit über Portugal Sardinen an die jüdischen Häftlinge in Auschwitz geschickt hatten.« – Shelley 2005, S. 336.

27 Micheels 1989, S. 78

28 Micheels 1989, S. 85

29 LAS, Abt. 352.3., Nr. 16454.

30 In Auschwitz wurden bei der Ankunft 346 Juden registriert. Die Differenz erklärt sich daraus, dass unterwegs noch weitere Juden aufgenommen wurden. Gottwald/Schulle 2005, S. 422.

31 Nr. 543 b.

32 LAS, Abt. 352.3, Nr. 16459 (8. Februar 1956).

33 LAS, Abt. 352.3, Nr. 16459 (12. Januar 1955).

34 LAS, Abt. 352.3, Nr. 16459 (8. Februar 1956).

35 Ervaringen 1947, NIOD.

36 LAS, Abt. 352.3, Nr. 16459 (8. Februar 1956).

37 Margot de Wilde, die damals noch Meyer hieß, in ihrem Buch, S. 74.

38 LAS, Abt. 352.3, Nr. 16459 (12. Januar 1956).

39 LAS, Abt. 352.3, Nr. 16459 (8. Februar 1956).

40 Ebd.

41 BArch, B 126, Nr. 61118.

42 BArch, B 126, Nr. 61099. Im Original steht statt Wirths Würz.

43 BArch, B 126, Nr. 61130.

44 Auf der Transportliste wird sie fälschlich als Obna Vanleeuwen geführt. – Newman. S. 270.

45 Reinhard Mey. http://www.reinhard-mey.de/start/texte/alben/die-kinder-von-izieu.

46 BArch, B 126, Nr. 61134.

47 LAS, Abt. 352.3, Nr. 1646 (24. August 1956).

48 Ervaringen 1947, NIOD.

49 De Leeuw hat in ihrem eigenen Fall genau nachgezählt. – Ervaringen 1947, NIOD.
50 Ervaringen 1947, NIOD.
51 BArch, B 126, Nr. 61097.
52 Dr. Max Benjamin (16. Mai 1889 – 9. September 1975) überlebte Auschwitz, wo er als Häftlingsarzt zwangsverpflichtet war. Die Benjamins lebten in Köln in der Salierstraße 46, die Familie des Häftlingsarztes Maximilian Samuel in der Salierstraße 50.
53 Interview des Verfassers mit Renée Duering, verwitwete Krämer, 7. Januar 2011.
54 Record ID 410348.
55 Survivors, YVA, File 543 (Interviewerin: Edi Kalb, 11. Januar 1995).
56 Survivors, YVA, File 5581 (Interviewerin: Cydney Mandel, 17. August 1994).
57 Ebd.

Interne Hierarchien

1 Golgevit 2010, S. 114.
2 BArch, B 126, Nr. 61643.
3 LAS, Abt. 352.3, Nr. 1646 (24. August 1956).
4 Ervaringen 1947, NIOD.
5 Golgevit 2010, S. 114.
6 Darüber berichtet Hermann Langbein, der in der Widerstandsbewegung an führender Stelle beteiligt war. Siehe: Langbein 1995a, insbesondere S. 358 – 401.
7 Shelley 1991, S. 68.
8 Ebd.
9 Interview vom 29. April 1990, YVA, Tape V.T/38.
10 Ebd.
11 Siehe das Kapitel »Die Skelettsammlung des August Hirt« in diesem Buch.
12 Ervaringen 1947, NIOD.
13 LAS, Abt. 352.3, Nr. 16459 (12. Januar 1955).
14 Survivors, YVA, File 29457 (Interviewerin: Yvonne Walters, 14. Mai 1997).
15 LAS, Abt. 352.3, Nr. 16459 (14. März 1956).

16 LAS, Abt. 352.3, Nr. 16459 (12. Januar 1956).
17 Survivors, File 29457, a.a.O.
18 Ervaringen 1947, NIOD.
19 Survivors, YVA, File 5581, a.a.O.
20 Shelley 1991, S. 38.
21 LAS, Abt. 352.3, Nr. 16459.
22 LAS, Abt. 352.3, Nr. 16434 (16. März 1956).
23 Shelley 1991, S. 51.
24 Minney 1967, S. 162.

Sterilisierung durch Spritzen

1 LAS, Abt. 352.3, Nr. 1646 (24. August 1956).
2 Ervaringen 1947, NIOD.
3 Clauberg nennt als Zeitpunkt seiner ersten Sterilisation Ende März 1943 in Block 10. Mit Sicherheit war dies aber erst einen Monat später, denn zu diesem Zeitpunkt war Block 10 noch nicht fertig.
4 LAS, Abt. 352.3, Nr. 16434 (11. Januar 1956).
5 Staatsanwaltschaftliche Vernehmung vom 19. Dezember 1955, LAS, Abt. 352.3, Nr. 1634.
6 Ebd.
7 Auch einige Namen von Frauen seien auf der Liste mit etwa 180 gestanden, die sich weigerten, an den Versuchen teilzunehmen. Staatsanwaltschaftliche Vernehmung vom 17. August 1956. LAS, Abt. 352.3, Nr. 16460.
8 Ebd.
9 Survivors, YVA, File 26282 (Interviewer: Michael Kuhntopf, 26. Januar 1997).
10 LAS, Abt. 352.3, Nr. 16459 (12. Januar 1956).
11 Niederschrift vom 13. April 1948. – HHStA, Abt. 631a, Nr. 556.
12 Shelley 1991, S. 88.
13 Survivors, File 26282, a.a.O.
14 LAS, Abt. 352.3, Nr. 16459 (9. Februar 1956).
15 LAS, Abt. 352.3, Nr. 1634.
16 Record ID 410348.
17 LAS, Abt. 352.3, Nr. 16459 (15. März 1956).
18 LAS, Abt. 352.3, Nr. 16459.
19 LAS, Abt. 352.3, Nr. 16434 (15. März 1956).

20 Ebd.
21 HHStA, Abt. 631a, Nr. 548 (6. August 1956).
22 LAS, Abt. 352.3, Nr. 16460 (14. März 1956).
23 LAS, Abt. 352.3, Nr. 16461 (24. August 1956).
24 Survivors, File 29457, a. a. O.
25 HHStA, Abt. 631a, 546 (5. Juli 1956).
26 LAS, Abt. 352.3, Nr. 16459 (14. Dezember 1955).
27 LAS, Abt. 352.3, Nr. 16459 (15. März 1956).
28 LAS, Abt. 352.3, Nr. 16434 (11. Januar 1956).
29 LAS, Abt. 352.3, Nr. 16459 (13. Januar 1956).
30 HHStA, Abt. 631a, 539 (13. September 1956).
31 LAS, Abt. 352.3, Nr. 16442 (14. September 1956).
32 HHStA, Abt. 631a, Nr. 540 (21. Mai 1967).
33 HHStA, Abt. 631a, Nr. 539 (10. September 1956).
34 LAS, Abt. 352.3, Nr. 1646 (24. August 1956).
35 LAS, Abt. 352.3, Nr. 16434 (16. März 1956).
36 HHStA, Abt. 631a, Nr. 546 (16. März 1956).
37 LAS, Abt. 352.3, Nr. 16459 (15. März 1956).
38 LAS, Abt. 352.3, Nr. 16434 (15. März 1956).
39 HHStA, Abt. 931a, Nr. 545 (19. Dezember 1956).
40 HHStA 631a, Nr. 551 (16. März 1956).
41 LAS, Abt. 352.3, Nr. 16434 (11. Januar 1956).
42 LBI, Record ID 410348.
43 Max Scheller an Carl Clauberg, 9. Mai 1943. – Auschwitz-Archiv, Syg mat./602
44 Zitiert nach der Anklageschrift gegen Clauberg, S. 95. – LAS, Abt. 352.3, Nr. 16446.
45 Ebd., S. 95.
46 Siehe hierzu Seite 135 in diesem Buch.
47 Staatsanwaltschaftliche Vernehmung vom 20. Dezember 1955. – LAS, Abt. 352.3, Nr. 16434.
48 LAS, Abt. 352.3, Nr. 16459 (14. März 1956).
49 BArch, B 126, Nr. 61108.
50 HHStA, 631a, Nr. 539 (10. September 1956).
51 Staatsanwaltschaftliche Vernehmung vom 20. Dezember 1955. – LAS, Abt. 352.3, Nr. 16434.
52 Ein Irrtum, der mehreren Zeugen unterläuft, denn Sylvia Friedmann stammt aus der Slowakei.

53 LAS, Abt. 352.3, Nr. 16434 (16. März 1956).
54 HHStA, Abt. 631a, Nr. 539 (10. September 1956).
55 Staatsanwaltschaftliche Vernehmung vom 20. Dezember 1955. – LAS, Abt. 352.3, Nr. 16434.
56 Ebd.
57 Siehe hierzu das Kapitel »Blut von Juden für die Truppe«.
58 LAS, Abt. 352.3, Nr. 16442.
59 Survivors, File 29457, a. a. O.

Röntgenbombe und Skalpell

1 HHStA, Abt. 631a, Nr. 537 (1967).
2 Es ging das Gerücht, dass Clauberg für seine Versuchspersonen eine Gebühr bezahlen musste. Was daran wahr ist, konnte im Rahmen dieser Arbeit nicht geklärt werden.
3 Hautval 2008, S. 68.
4 Ima Spanjaard-van Esso am 18. Mai 1967 an Hermann Langbein: »Prof. Schumacher kam etwa am 26. oder 27. April [1943] in unseren Block. Er war begleitet von 2 oder 3 AA-Leuten, alle in Uniform.« Kopie im Privatarchiv Ed Spanjaard.
5 HHStA, Abt. 631a, Nr. 556 (6. November 1967).
6 HHStA, Abt. 631a, Nr. 556 (2. Mai 1967).
7 HHStA, Abt. 631a, Nr. 537 (29. März 1967).
8 Sie hat bereits mit 14 Jahren geheiratet. BArch, B 126, Nr. 61098.
9 HHStA, 631a, Nr. 541 (30. März 1967).
10 Laut Anklageschrift nach eigener Aussage. Dort S. 42. – LAS, Abt. 352.3, Nr. 16446.
11 HHStA, Abt. 631a, Nr. 541 (14. August 1964).
12 Anklageschrift gegen Horst Schuhmann vom 25. November 1971, S. 35–38. – HHStA, Abt. 631a, Nr. 457.
13 Ebd., S. 24–26.
14 HHStA, Abt. 631a, Nr. 537 (29. März 1967).
15 Shelley 1991, S. 82.
16 Beispielsweise Ima van Esso, Niederschrift vom 13. April 1948. – HHStA, Abt. 631a, Nr. 556. Hautval spricht von »mindestens sechs« Operationen. – HHStA, Abt. 631a, Nr. 542.
17 ARB, Police des Etrangers, A191008.
18 Klee 1997, S. 443.
19 HHStA, Abt. 631a, Nr. 537 (29. März 1967).

20 Dies bestätigt auch Eugenia Brodniewicz in ihrer richterlichen Vernehmung am 2. November 1967 in Frankfurt am Main. – HHStA, Abt 631a, Nr. 539.

21 »He didn't extract the womb or ovaries«, heißt es beispielsweise auch in einer neueren Veröffentlichung. Nadav 2010, S. 129. – Dagegen sprechen die beiden unten noch dargestellten Kontrolloperationen durch Wladysław Dering und ärztliche Gutachten nach der Befreiung.

22 Laut Hermann Langbein schrieb er sogar einen Brief an Himmler. Langbein, S. 343. Adélaïde Hautval: »Dr. Samuel war servil, es hieß, er hätte noch eine Tochter im Lager, um die er sehr bangte.« – HHStA, Abt. 631a, Nr. 542.

23 Interview des Verfassers mit Garmaine Pitchon am 2. November 2009

24 Sol Pitchon am 1. Juli 2011 an den Verfasser.

25 Zu der Gruppe gehörten noch Rachel Mordo und Bella Tchimin, deren Wunden nicht verheilt waren und die darum noch zurückgestellt wurden. – HHStA, Abt. 631a, Nr. 540 (3. April 1967).

26 Ebd.

27 HHStA, Abt. 631a, Nr. 537 (3. April 1967).

28 Ebd.

29 Minney 1967, S. 127.

30 Shelley 1991, S. 52.

31 HHStA, Abt. 631a, Nr. 541 (3. Februar 1967).

32 Minney, S. 128f.

33 HHStA, Abt. 631a, Nr. 537 (3. Februar 1967).

34 Hill/Williams 1965, S. 166.

35 HHStA, Abt. 631a, Nr. 551 (3. Februar 1967).

36 Möglicherweise wurde die Betäubungsspritze mehreren Frauen unmittelbar nacheinander gegeben, denn 1964 sagt sie, dass zwischen Spritze und Operation eine Stunde vergangen sei. – Hill/Williams 1965, S. 171.

37 HHStA, Abt. 631a, Nr. 540 (3. April 1967).

38 Hill/Williams 1965, S. 170 f.

39 HHStA, Abt. 631a, Nr. 548 (3. Februar 1967).

40 HHStA, Abt. 631a, Nr. 544 (3. Februar 1967).

41 Ebd.

42 Ervaringen 1947, NIOD.
43 Schriftliche Erklärung, Februar 1956, HHStA, Abt 631a, Nr. 538.
44 Im Original steht Dr. de Löw. – HHStA, Abt. 631a, Nr. 540 (10. November 1967).
45 Ebd.
46 HHStA, Abt. 631a, Nr. 540 (3. April 1967).
47 HHStA, Abt. 631a, Nr. 540 (10. November 1967).
48 HHStA, Abt. 631a, Nr. 541 (3. Februar 1967).
49 HHStA, Abt. 631a, Nr. 537 (3. April 1967).
50 HHStA, Abt. 631a, Nr. 540 (24. April 1967).

Früherkennung von Gebärmutterkrebs

1 Aus Konrad Beischls Studie übernehme ich die Stationen des Lebenslaufs von Wirths. – Beischl 2005, S. 17–19.
2 Lolling war während Wirths' Tätigkeit in Auschwitz durchweg sein Dienstvorgesetzter. – Klee 2003, S. 379.
3 Langbein 1995a, S. 559.
4 Ludwig 2003, S. 373.
5 Zitiert nach Beischl, S. 129. – Auch Lagerkommandant Rudolf Höß berichtet von der Zusammenarbeit von Eduard Wirths »in Verbindung mit seinem Bruder«. In: ITS, Aufzeichnungen und Briefe von Rudolf Höß aus den Jahren 1946/47, S. 180.
6 Das war bis Mai 1943 der Fall. – HHStA, Abt. 631a, Nr. 540 (30. Juli 1964).
7 BArch, B 126, Nr. 61105.
8 HHStA, Abt. 631a, Nr. 551 (16. März 1956).
9 Hautval 2008, S. 31.
10 Ebd., S. 66.
11 Ebd., S. 37.
12 Lorska (Lagername: Slavka Kleinová, vgl. Anmerkung 5 zur Einleitung) 1994, S. 212.
13 Hierbei handelt es sich um den noch heute von Frauenärzten routinemäßig durchgeführten Papanicolaou-Test, mit dem man versucht, maligne oder prämaligne Zellveränderungen an der Cervixwand zu erkennen. – Diesen Hinweis verdanke ich Prof. Gert Riethmüller.
14 Vgl. Ludwig 2003, S. 373.

15 Hautval 2008, S. 72.
16 Ebd., S. 73.
17 Lorska 1994, S. 212.
18 Ella Lingens in einem Brief vom 20. Januar 2000 an Konrad Beischl. Zitiert nach Beischl, S. 139. – Dieses Zitat wird in vielen Zeugenberichten erwähnt, auch der Dialog, der sich daraufhin zwischen Wirths und Hautval entwickelt hat. Wirths soll gesagt haben, dass es doch Unterschiede gebe zwischen den Menschen, deswegen habe man sie hierhergebracht. Und Hautval soll sinngemäß darauf entgegnet haben: Ja, dessen sei sie sich bewusst, sie wisse sehr wohl auch den Unterschied zwischen ihr und ihm. Hautval bringt in ihren eigenen Erinnerungen dieses Zitat in den Zusammenhang ihrer Weigerung, an den Dering-Operationen weiter mitzuwirken. Daran will ich mich hier halten. – Hautval 2008, S. 74.
19 HHStA, Abt. 631a, Nr. 556 (16. März 1956).
20 Alina Brewda in einer staatsanwaltschaftlichen Vernehmung am 10. September 1956 in Kiel: »Er war gewissermaßen der Privatsekretär Wirths'.« – HHStA, Abt. 631a, Nr. 539.
21 Langbein 1995a, S. 343.
22 Hautval 2008, S. 75.
23 Brief von Ella Lingens an Konrad Beischl, 20. Januar 2000. Zitiert nach Beischl 2005, S. 140.
24 Hautval 2008, S. 75.
25 Kogon 1974, S. 143.
26 Langbein 1995a, S. 541.
27 Langbein 1995a, S. 342.
28 Zitiert nach Beischl 2005, S. 129, der die Prozessunterlagen gegen Horst Fischer eingesehen hat. Fischer wurde am 25. März 1966 in der DDR zum Tod verurteilt.
29 Interview des Verfassers am 12. Juni 2009.
30 Brasse erzählte in einem teilweise etwas altertümlich klingenden Österreichisch mit leichtem polnischem Akzent.
31 Interview des Verfassers am 12. Juni 2009.
32 Er emigrierte 1937 in die USA.
33 Ludwig 2003, S. 373.
34 BArch, B 126, Nr. 61097.

35 BArch, B 126, Nr. 61101.
36 BArch, B 126, Nr. 61133.
37 BArch, B 126, Nr. 61126.
38 BArch, B 126, Nr. 61128.
39 Ervaringen 1947, NIOD.
40 HHStA, Abt. 931a, Nr. 553 (22. Juni 1945, Krakau).
41 BArch, B 126, Nr. 61126.
42 BArch, B 126, Nr. 61140.
43 BArch, B 126, Nr. 61103.
44 LAS, Abt. 352.3, Nr. 16434 (15. März 1956).
45 BArch, B 126, Nr. 61133.
46 BArch, B 126, Nr. 61143.
47 BArch, B 126, Nr. 61134.
48 Violette Lehmann, ÖStA Wien; E/1797:277/10. Zitiert nach Beischl 2005, S. 135, Anm. 529.
49 Renée Sclover ist der Lagername der von Konrad Beischl zitierten »Frau Lehmann«. ÖStA Wien, E/1797:277/10. Zitiert nach Beischl 2005, S. 135, Anm. 531.
50 Ergänzung (27. März 1956) der Niederschrift vom 13. April 1948. – HHStA, Abt. 631a, Nr. 556.
51 Dr. Leeuw spricht von Eunarcon oder Evipannatrium, Ilse Korn von einer Evipaninjektion in den Oberarm vor der Operation durch Samuel, Esther Miliband von Novocain.
52 Niederschrift vom 13. April 1948. – HHStA, Abt. 631a, Nr. 556.
53 BArch, B 126, Nr. 61101.
54 ITS, Sachdokumente, Ordner 1/34, S. 53.
55 Zitiert nach Strzelecka, S. 148 : Medizinische Experimente im KL Auschwitz. In: Piper/Świebocka 1997, S. 130 – 151.
56 ITS, Sachdokumente, Ordner 1/34, S. 53.
57 Ervaringen 1947, NIOD.
58 Weil sie aber gerade Menstruation hat, wird sie nicht operiert. – LAS, Abt. 352.3, Nr. 16434 (16. März 1956).
59 LAS, Abt. 352.3, Nr. 16434.
60 HHStA, Abt. 631a, Nr. 546 (16. März 1956).
61 BArch, B 126, Nr. 61133.
62 BArch, B 126, Nr. 61143.
63 BArch, B 126, Nr. 61156.
64 BArch, B 126, Nr. 61101.

65 BArch, B 126, Nr. 61113.
66 BArch, B 126, Nr. 61155.
67 BArch, B 126, Nr. 61120.
68 BArch, B 126, Nr. 61134.
69 Auskunft von Wojciech Płosa (Archiwum Państwowego Muzeum Auschwitz-Birkenau) vom 6. Mai 2011 an den Verfasser.
70 www.joodsmonument.nl/person/501518/en [20. Mai 2011].
71 LAS, Abt. 352.3, Nr. 16434.
72 Langbein, 1995a, S. 340.
73 Auskunft des Universitätsarchivs Köln vom 27. April 2011.
74 Renée Duering in Shelley, S. 94, und Survivors, File 29457, a. a. O. und Interview mit dem Verfasser am 7. Januar 2011.
75 Interview des Verfassers mit Renée Duering am 27. Oktober 2010.
76 Niederschrift vom 13. April 1948. – HHStA, Abt. 631a, Nr. 556.
77 HHStA, Abt. 631a, Nr. 540 (10. November 1967).
78 LAS, Abt. 352.3, Nr. 16434 (11. Januar 1956).
79 LBI, Record ID 410348.
80 LAS, Abt. 352.3, Nr. 16459 (8. Februar 1956).
81 BArch, B 126, Nr. 61117.
82 LAS, Abt. 352.3, Nr. 16453 (27. November 1956).
83 LAS, Abt. 352.3, Nr. 16459 (12. Januar 1955).
84 Benno Müller-Hill: Der gute Dr. Samuel. In: Kramer 2006, S. 231 – 241.
85 Langbein 1995a, S. 342.
86 Ebd., S. 343.

Blut von Juden für die Truppe

1 LAS, Abt. 352.3, Nr. 16434 (11. Januar 1956).
2 LAS, Abt. 352.3, Nr. 16459 (19. Januar 1956).
3 Daten nach Czech 1989, S. 560 – 592.
4 BArch, B 126, Nr. 61128.
5 BArch, B 126, Nr. 61165.
6 ITS, Sachdokumente, Ordner 1/34, S. 53.
7 Shelley 1991, S. 263.
8 Wenn Froukje de Leeuw von SS-Leuten oder, noch allgemeiner, von den Nazis schreibt, dann meist mit der Bezeichnung »Moffen«.

9 Ervaringen 1947, NIOD.
10 HHStA, Abt. 631a, Nr. 547 (15. Juni 1956).
11 BArch, B 126, Nr. 61102.
12 HHStA, Abt. 631a, Nr. 540 (21. Mai 1967).
13 LAS, Abt. 352.3, Nr. 16434 (15. März 1956).
14 LBI, Record ID 410348.
15 BArch, B 126, Nr. 61101.
16 BArch, B 126, Nr. 61102.
17 BArch, B 126, Nr. 61108.
18 BArch, B 126, Nr. 61120.
19 BArch, B 126, Nr. 61126.
20 BArch, B 126, Nr. 61128.
21 BArch, B 126, Nr. 61141.
22 BArch, B 126, Nr. 61130.
23 BArch, B 126, Nr. 61127.
24 BArch, B 126, Nr. 61117.
25 ITS, Sachdokumente, Ordner 1/34, S. 53.
26 HHStA, Abt. 631a, Nr. 547 (15. Juni 1956.
27 ITS, Sachdokumente, Ordner 1/34, S. 53.
28 BArch, B 126, Nr. 61141.
29 BArch, B 126, Nr. 61177.
30 Ebd.
31 Kieta 1994, S. 217.
32 Zitiert nach Kieta 1994, S. 217.
33 HHStA, Abt. 931a, Nr. 548 (19. Januar 1965).

Spuckkommando und Rheumaspritzen

1 Münch 1911–2001.
2 Langbein 1995a, S. 528 f.
3 In Robert Jay Liftons Studie wird er »Ernst B.« genannt.
4 Lifton 1998, S. 345 f.
5 Ebd., S. 347.
6 Am Ende dieses Prozesses wurden 22 Todesurteile verkündet, davon 20 vollstreckt, darunter gegen den KZ-Kommandanten Arthur Liebehenschel. KZ-Kommandant Rudolf Höß wurde am 2. April 1947 vom Nationalgerichtshof Warschau zum Tode verurteilt und danach hingerichtet. – Sehn 1957, S. 188.
7 HHStA, Abt. 631a, Nr. 547 (15. Juni 1956).

8 ITS, Sachdokumente, Ordner 1/34, S. 53.
9 Bruno Schirra: Die Erinnerung der Täter. In: *Der Spiegel* vom 28. September 1998.
10 BArch, B 126, Nr. 61128.
11 LAS, Abt. 352.3, Nr. 16434.
12 LAS, Abt. 352.3, Nr. 16459 (15. Juni 1956).
13 Survivors, File 29457, a. a. O.
14 BArch, B 126, Nr. 61103.
15 BArch, B 126, Nr. 61102.
16 BArch, B 126, Nr. 61129.
17 LBI, Record ID 410348.
18 BArch, B 126, Nr. 61136.
19 Zitiert nach Bruno Schirra. In: *Der Spiegel*, a. a. O.
20 BArch, B 126, Nr. 61135. – An anderer Stelle sagt sie, dass ihr fünf Zähne gezogen wurden.
21 BArch, B 126, Nr. 61097.
22 Lorska 1966, S. 107. Übersetzt hat mir diese Passage dankenswerterweise Claude Romney.
23 Tatsächlich wurden die meisten Frauen, die bei den Blutexperimenten beteiligt waren, hinterher entweder von Clauberg übernommen oder nach Birkenau geschickt.
24 BArch, B 126, Nr. 61146.
25 BArch, B 126, Nr. 61163.
26 BArch, B 126, Nr. 61101.
27 BArch, B 126, Nr. 61138.
28 BArch, B 126, Nr. 61140.
29 LBI, Record ID 410348.

Die Skelettsammlung des August Hirt

1 Die Gründe dafür sind in den Quellen nicht erwähnt. Sie könnten damit zu tun haben, dass die Nazis politische Kommissare der Roten Armee, die von der Wehrmacht als irreguläre Kämpfer angesehen wurden, propagandistisch mit Juden gleichsetzten.
2 Erna Fleig meint als Einzige, dass nur drei oder vier Frauen von Beger selektiert wurden. – LAS, Abt. 352.3, Nr. 16459 (12. Januar 1956).

3 Hirt, Stellungnahme zu der Veröffentlichung der *Daily Mail* vom 3. Januar 1945, geschrieben am 25. Januar 1945. – BArch, N 21/366.
4 August Hirt, Sicherstellung der Schädel von jüdisch-bolschewistischen Kommissaren zu wissenschaftlichen Forschungen in der Reichsuniversität Straßburg. Bericht vom 9. Februar 1942. BAB, Berlin, NS 21, Nr. 904.
5 Sievers am 8. September 1942 an Hirt. – BAB, ebd.
6 Sievers am 3. Januar 1942 an Hirt. – StA Nürnberg, NO-3629.
7 Sievers am 2. November 1942 an Rudolf Brandt, persönlicher Referent Himmlers. – HHStA Abt. 461, Sonderband I, Dokumente zur Skelettsammlung.
8 HHStA, Abt. 461, Nr. 34147.
9 Vermerk Begers für »Ahnenerbe«-Geschäftsführer Wolfram Sievers vom 3. Oktober 1942. – BAB, NS 21/905.
10 Beger am 31. Mai 1964 an Michael Kater. – IfZ München, ZS/A-25.
11 Personalakte Hans Fleischhacker. – Universitätsarchiv Tübingen, 126a/125.
12 Staatsanwaltschaftliche Vernehmung Beger am 14. Dezember 1961. – HHStA, Abt. 461, Nr. 34147, S. 66.
13 HHStA Wiesbaden, Abt. 461, Nr. 34147.
14 Shelley 1991, S. 57.
15 Ebd.
16 LAS, Abt. 352.3, Nr. 16460.
17 BArch, B 126, Nr. 61117.
18 LAS, Abt. 352.3, Nr. 16460.
19 Ebd.
20 Hautval 2008, S. 77.
21 Hans Fleischhacker, Lebenslauf, S. 16. – HHStA, Abt. 461, Nr. 34152.
22 Ebd.
23 HHStA Wiesbaden, Abt. 461, Nr. 34147.
24 HHStA, Abt. 461, Bd. I, S. 132.
25 Ebd.
26 Es ist fraglich, ob nicht die zweite Frau bei einer anderen Gelegenheit gerettet wurde.
27 HHStA, Abt. 461, Bd. I, S. 2.

28 HHStA, Abt. 461, Bd. I, S. 306 f.
29 HHStA, Abt. 461, Bd. I, S. 130 f.
30 Aussage von Lagerkommandant Joseph Kramer. – HHStA, Abt. 461, Sonderband II, Nr. 10/2, Bl. 756.
31 Lettow 1997, S. 185 f.
32 HHStA, Abt. 461, Sonderband II, Nr. 10/2.
33 Joseph Freimuth, Mathias Bärbel, Adam Konrad und Leopold Shilling. – Siehe: Hornung: The Natzweiler Concentration Camp, S. 141. – NA, RG 153.
34 Ausführlich: Lang 2004, S. 232 – 234.

Zwischen Angst und Hoffnung

1 LAS, Abt. 352.3, Nr. 16459.
2 Survivors, YVA, File 39262 (Interviewerin: Marianna Bergida, 16. März 1998).
3 Shelley 1991, S. 91.
4 Survivors, File 29457, a. a. O.
5 Ebd.
6 Golgevit 2010, S. 120.
7 Ervaringen 1947, NIOD.
8 Survivors, File 26282, a. a. O.
9 Aus einer Zeugenvernehmung von Hilda Tenenbaum. – HHStA, Abt. 631a, Nr. 540 (16. Mai 1956).
10 LAS, Abt. 352.3, Nr. 551 (13. Januar 1956).
11 LBI, Record ID 410348.
12 LAS, Abt. 352.3, Nr. 16459 (14. März 1956).
13 HHStA, Abt. 931a, Nr. 545 (19. Dezember 1956).
14 Ervaringen 1947, NIOD.
15 Niederschrift vom 13. April 1948. – HHStA, Abt. 631a, Nr. 556.
16 Ervaringen 1947, NIOD.
17 LAS, Abt. 352.3, Nr. 16459 (9. Februar 1956).
18 Im Originaldokument steht an dieser Stelle der Ehename aus der Nachkriegszeit. Spira ist der Lagername.
19 LAS, Abt. 352.3, Nr. 16459 (8. Februar 1956).
20 LAS, Abt. 352.3, Nr. 16459 (10. Februar 1956).
21 Ebd.
22 Adélaïde Hautval: Einblick in die Versuche, die in den Frauenlagern Auschwitz und Ravensbrück durchgeführt wurden.

ITS, medizinische Dokumente, S. 45 (Übersetzung vom 27. Oktober 1967).
23 Shelley 1991, S. 69.
24 Nach dem Krieg heiratete Ima van Esso den Bruder des Gastgebers.
25 Newman 2005, S. 179 f.
26 Ima Spanjaard (Lagername: Ima van Esso) in einem Interview 1983. Zitiert nach Newman 2005, S. 281.
27 Lorska 1994, S. 211.
28 Ervaringen 1947, NIOD. – Erna Ellert stammte aus Oświęcim, ihr Vater aus Breslau und ihre Mutter aus Wien und sprach fließend Deutsch. Siehe Saidel 2006, S. 171.
29 De Leeuw, Ervaringen 1947, NIOD.
30 Shelley 1991, S. 59.
31 Newman 2005, S. 287 – 412.
32 Micheels 1989, S. 77.
33 Miss Blanche dankt am 2. Oktober 1937 »für die fachmännische Lieferung«, abgedruckt in einem Katalog der Zauber-Zentrale F. W. Conradi-Horster, Berlin [1938], S. 2.
34 BArch, B 126, Nr. 61163.
35 www.mzvd.de/?mz32_41 [19. Juli 2011].
36 BArch, B 126, Nr. 61126.
37 Niederschrift vom 13. April 1948. – HHStA, Abt. 631a, Nr. 556.
38 Wo nicht anders erwähnt, folgt die Rekonstruktion eines Tagesablaufs der Schilderung von Froukje de Leeuw. Ervaringen 1947, NIOD.
39 Interview des Verfassers mit Leny Adelaar (im Lager: de Leeuw) am 19. Februar 2011.
40 ITS, Pseudo-medizinische Versuche im KL Auschwitz. Med. Dok.
41 Ervaringen 1947, NIOD.
42 Interview Survivors, YVA, File 3577 (Interviewerin: Renee Firestone, 17. Juli 1995).
43 Interview des Verfassers mit Leny Adelaar am 19. Februar 2011.
44 Interview Survivors, YVA, File 63186 (Interviewerin: Miriam Dunkelgrun-Glück, 17. November 1995).
45 LAS, Abt. 352.3, Nr. 16459 (9. Februar 1956).

46 Interview Survivors, YVA, File 7090 (Interviewerin: Susan Motin, 27. November 1995).
47 Ervaringen 1947, NIOD.
48 Interview mit dem Verfasser am 2. November 2009.
49 Ebd.
50 Ebd.
51 Golgevit 2010, S. 114, Anm. 1.
52 Golgevit 2010, S. 125.
53 Golgevit 2010, S. 115.
54 Niederschrift vom 13. April 1948. – HHStA, Abt. 631a, Nr. 556.
55 Ervaringen 1947, NIOD.
56 Niederschrift vom 13. April 1948. – HHStA, Abt. 631a, Nr. 556.
57 Ervaringen 1947, NIOD.
58 Shelley 1991, S. 102 – 104.
59 Langbein 1995, S. 277 – 282.
60 Ebd.
61 Interview Survivors, YVA (Interviewerin: Dasha Gilden, 21. Dezember 1995).
62 Record ID 410348.
63 Lingens 2003, S. 237.
64 HHStA, Abt. 631a, Nr. 537 (16. Dezember 1955).
65 LAS, Abt. 352.3, Nr. 16459 (15. März 1956).
66 Niederschrift vom 13. April 1948. – HHStA, Abt. 631a, Nr. 556.
67 LAS, Abt. 352.3, Nr. 16459 (14. März 1956).
68 LAS, Abt. 352.3, Nr.16462 (24. Juli 1956).
69 LAS, Abt. 352.3, Nr. 16459 (13. Januar 1956).
70 Survivors, File 39262, a. a. O.
71 Niederschrift vom 13. April 1948. – HHStA, Abt. 631a, Nr. 556.
72 LAS, Abt. 352.3, Nr. 16434 (16. März 1956).
73 HHStA, 631a, Nr. 551 (13. Januar 1956).
74 HStAW 631a-541 (25. Oktober 1956).
75 Siehe hierzu das Kapiel »Die Skelettsammlung des August Hirt«.
76 HStAWi 631a – 543b.
77 HHStA, Abt. 631a, Nr. 546 (16. März 1956).
78 LAS, Abt. 352.3, Nr. 16459.

79 Laut den im Auschwitz-Archiv verbliebenen Dokumenten über die zu Versuchszwecken im Hauptlager Auschwitz eingesetzten Frauen schwankte deren Zahl zwischen dem 1. und dem 31. Oktober zwischen 395 und 387. Für November 1943 liegen keine Angaben vor. Im Dezember 1943 liegt die Zahl zwischen 397 und 400. Das nächste und letzte Dokument über Block 10 dokumentiert den 5. Juni 1944. – Czech 1989.

80 HHStA, Abt. 631a, Nr. 546 (16. März 1956).

81 LAS, Abt. 352, Nr. 16459 (14. März 1956).

82 De Wind 1984, S. 176.

83 LAS, Abt. 352.3, Nr. 1646 (24. August 1956).

Umzug in einen neuen Block

1 In Danuta Czechs Kalendarium von Auschwitz wird als Datum des Umzugs der 22. Mai 1944 genannt. Die Verlegung der Frauen erfolgte indes zu einem späteren Zeitpunkt. Denn zwischen dem 5. Juni und dem 19. Juni 1944 reduzierte sich die Zahl der Versuchspersonen von 413 auf 348. Diese Zahl entspricht der Größenordnung der von mehreren Zeuginnen beschriebenen Selektion, die auf jeden Fall noch vor dem Umzug stattfand. – Czech 1989, S. 781, 793 und 803. – Judith de Leeuw nennt den Juli 1944 als Umzugsmonat (HHStA, Abt. 631a, Nr. 539), die meisten anderen nennen den Sommer oder den Spätsommer 1944, Zijsa van Emden den Sommer 1944 (HHStA, Abt. 631a, Nr. 541), ebenso Celina Prijs (HHStA, Abt. 631a, Nr. 548) und Helena Polak (HHStA, Abt. 631a, Nr. 548), Sophia Nord (LAS, Abt. 352.3, Nr. 16459) und Theresia Soetendorp (HHStA, Abt. 631a, Nr. 551) den Spätsommer 1944.

2 LAS, Abt. 352.3, Nr. 16434 (16. März 1956).

3 LAS, Abt. 352.3, Nr. 16459 (11. Januar 1956).

4 LAS, Abt. 352.3, Nr. 16459 (15. März 1956).

5 Staatsanwaltschaftliche Vernehmung am 20. Dezember 1955. – LAS, Abt. 352.3, Nr. 16434.

6 APMO, BW. 20 A.

7 LAS, Abt. 352.3, Nr. 16434 (11. Januar 1956).

8 LAS, Abt. 352.3, Nr. 16459 (13. März 1956).
9 Protokoll der Vernehmung von Rudolf Höß am 9. Januar 1947 durch Untersuchungsrichter Jan Sehn in Krakau. Zitiert nach Kaul 1968, S. 278.
10 *Krakauer Zeitung* vom 21. November 1944.
11 Brief vom 5. November 1955, LAS, Abt. 352.3, Nr. 16433.
12 LBI, Record ID 410348.
13 BArch, B 126, Nr. 61108.
14 Staatsanwaltschaftliche Vernehmung am 20. Dezember 1955. LAS, Abt. 352.3, Nr. 16434.
15 Ebd.
16 Ebd.
17 Czech 1989, S. 952.
18 LAS, Abt. 352.3, Nr. 16442 (13. September 1956).
19 Erwähnt von Sophie Baum. – LAS, Abt. 352.3, Nr. 16442 (14. September 1956).
20 Erwähnt von Sophie Baum, die ihre Freundin war. Todesdatum vermutlich Ende 1943/Anfang 1944. – LAS, Abt. 352.3, Nr. 16442 (14. September 1956).
21 Sie war die Freundin von Schewa Friedmann und war gebürtig in Polen: Sagurski hatte die Spritze »von der Sylvia erhalten … die dann sehr krank wurde und daran auch gestorben ist«. – LAS, Abt. 352.3, Nr. 16460 (16. März 1956).
22 HHStA, Abt. 631a, Nr. 546 (16. März 1956).
23 HHStA, Abt. 931a, Nr. 553 (22. Juni 1945, Krakau).
24 Erwähnt von Sophie Baum; wahrscheinlich handelt es sich um Clara Cohen de Lara. – LAS, Abt. 352.3, Nr. 16442 (14. September 1956).
25 Schewa Friedmann: »Sie bekam nachts [nach der Spritze] hohes Fieber, wurde unten ins Krankenrevier gebracht und ist schon am Morgen verstorben.« – LAS, Abt. 352.3, Nr. 16460 (16. März 1956).
26 LAS, Abt. 352.3, Nr. 16460.
27 Ebd.
28 Eidesstattliche Erklärung, 16. Oktober 1956, LAS, Abt. 352.3, Nr. 16445.
29 HHStA, Abt. 631a, Nr. 547.

Evakuierung und Todesmarsch

1 Survivors, YVA, File 6155 (Interviewerin: Miriam Dunkelgrun-Glück, 17. November 1995).
2 Blatman 2011, S. 132.
3 Survivors, YVA, File 29457, a. a. O.
4 LBI, Record ID 410348.
5 Ebd.
6 Ebd.
7 Schriftlicher Bericht von Ilse Nußbaum vom 24. April 1995; YVA, Dokument Nr. 8780160.
8 LBI, Record ID 410348.
9 LAS, Abt. 352.3, Nr. 16442 (4. Oktober 1956).
10 HHStA, Abt. 631a, Nr. 545 (19. Dezember 1956).
11 LAS, Abt. 352.3, Nr. 16442 (28. Februar 1957).
12 Neumann/Reinhold-Postina 1993, S. 190.
13 HHStA, Abt. 931a, Nr. 545 (19. Dezember 1956).
14 Survivors, YVA, File 26282, a. a. O.
15 In einer Anzeige gab Ruth Dattel mit ihrer nach Peru emigrierten Schwester die Ermordung ihrer Eltern durch die Nazis bekannt und gab zu ihrem Sohn Peter an: »verschollen«. In: *Aufbau* vom 12. April 1946, S. 30.
16 Julia Edwards: Child Auschwitz survivor comes home. In: *Stars and Stripes,* 2. Februar 1947.
17 O. V.: Das einzige überlebende Kind aus Auschwitz kommt nach Berlin zurück. In: *Der Weg.* Jahrgang 1, Nummer 29 vom 13. September 1946, S. 3.
18 Ebd.
19 Anita Grossmann 2007, S. 104.
20 Oliver Kaufhold: Die Herstatt-Bank bricht zusammen. Sendung im Deutschlandradio vom 26. Juni 2004. Sendemanuskript unter: http://www.dradio.de/dlr/sendungen/kalender/278928/ [12. August 2011].

Befreiung

1 LBI, Record ID 410348.
2 Neumann/Reinhold-Postina 1993, S. 192.
3 Heumann 1993, S. 189.

4 BArch, B 126, Nr. 61156.
5 BArch, B 126, Nr. 61128.
6 HHStA, Abt. 631a, Nr. 543b (24. März 1956).
7 BArch, B 126, Nr. 61105.
8 BArch, B 126, Nr. 61180.
9 BArch, B 126, Nr. 61134.
10 BArch, B 126, Nr. 61133.
11 BArch, B 126, Nr. 61143.
12 HHStA, Abt. 631a, Nr. 537.
13 BArch, B 126, Nr. 61097.
14 Ebd.
15 Ebd.
16 Pross, S. 156.
17 Ulrich Venzlaff, damals Assistenzarzt an der Universitätsnervenklinik Göttingen, war von 1969 bis 1986 deren Leiter.
18 Ammermüller-Wilden: Gesundheitliche Schäden in der Wiedergutmachung. Zitiert nach Pross, S. 156.
19 BArch, B 126, Nr. 61110.

Nachkriegsjahre

1 Dazu forderte Sophie Koster die Bundesregierung in einem Brief auf, auf den weiter unten noch ausführlicher eingegangen wird. – BArch, B 126/61110.
2 BArch, B 126, Nr. 61140.
3 Thomas Dehler an den Generalkonsul Krekeler, New York, am 14. Februar 1951. Zitiert nach Baumann 2006, S. 168, Anmerkung 94.
4 Meldung des Presse- und Informationsamtes der Bundesregierung, Nr. 651/51 vom 26. Juli 1951. Zitiert nach Baumann 2006, S. 156.
5 Baumann 2006, S. 157.
6 Baumann zitiert aus einem Brief des Bundesjustizministers an den Bundesfinanzminister vom 15. Oktober 1951: »Ich halte es auch nicht für angezeigt, die Entschädigung für überlebende Opfer von Menschenversuchen grundsätzlich als ›vorläufige Maßnahme‹ zu bezeichnen, da diese Entschädigung … eine endgültige Regelung darstellt.« – Baumann 2006, S. 159.

7 Die erste Sitzung fand am 8. Mai 1952 statt. Mitglieder waren Vertreter des Auswärtigen Amts, des Bundesinnenministeriums, des Bundesjustizministeriums und Sachverständige des Bundesministeriums für Arbeit und Sozialordnung, später auch des Bundesministeriums für Gesundheitsfragen. Den Vorsitz hatte der Vertreter des Bundesfinanzministeriums.

8 Bundesfinanzministerium an die Antragstellerin, 17. Dezember 1959. BArch, B 126, Nr. 61136.

9 Aktenvermerk, 18. Oktober 1961. – BArch, B 126, Nr. 61136.

10 Gutachter Weiner an Dr. Walter Kopp (Generalkonsulat New York), 22. Juli 1952, BArch, B 126, Nr. 12554.

11 Generalkonsulat New York an das Auswärtige Amt, 16. Oktober 1952, BArch, B 126, Nr. 12554.

12 Dr. med. Goetz, Ministerialrat im Bundesministerium für Arbeit und Sozialordnung, am 21. September 1964 an Oberregierungsrat Dr. Carl im Bundesministerium der Finanzen. BArch, B 126, Nr. 12554.

13 Bundesarbeitsministerium in dem Gutachtenauftrag vom 10. Februar 1967: Bislang habe kein deutscher Arzt Gelegenheit gehabt, persönlich mit den Antragstellerinnen in Verbindung zu treten. »Nur dadurch, dass Frau K. 1966 aus der CSSR in die Bundesrepublik übergesiedelt ist, besteht eine Möglichkeit der exakteren Erforschung des Tatbestandes.« BArch, B 126, Nr. 61132.

14 BArch, B 126, Nr. 61132.

15 BArch, B 126, Nr. 61110.

16 BArch, B 126, Nr. 12554.

17 BArch, B 126, Nr. 61155.

18 Eintrag im Operationstagebuch, 10. November 1943. – APMO.

19 BArch, B 126, Nr. 61111.

20 BArch, B 126, Nr. 61127.

21 BArch, B 126, Nr. 61117.

22 BArch, B 126, Nr. 61158.

23 BArch, B 126, Nr. 61139.

24 BArch, B 126, Nr. 61177.

25 Als Kriegszitterer wurden Soldaten des Ersten Weltkriegs bezeichnet, die an posttraumatischen Belastungsstörungen litten. Zu den Symptomen gehörte ein unkontrolliertes Zittern.

26 Errechnet aus einer tabellarischen Übersicht des Interministeriellen Ausschusses. – BArch, B 126, Nr. 61082.

27 BArch, B 126, Nr. 61149.

28 Helmberger 2006, S. 227.

29 Brief vom 25. September 1952 an den Bundesfinanzminister. – BArch, B 126, Nr. 61140.

30 Aktenvermerk vom 5. Dezember 1952. Ebd.

31 Anklageschrift gegen Carl Clauberg, S. 25. – LAS, Abt. 352.3, Nr. 16446.

32 Anklageschrift, Ernst Klee: Was sie taten – was sie wurden, S. 102–107. *Der Spiegel* 51/1972 vom 11. Dezember 1972.

33 Otto B. Roegele: Clauberg und Genossen. In: *Rheinischer Merkur* vom 2. Dezember 1955.

34 Tatsächlich ist Clauberg, nachdem er Anfang November 1955 aus der Klinik Drohbriefe an seine Frau und seine ehemalige Lebensgefährtin geschrieben hatte und diese sich hilfesuchend an die Polizei wandten, am 22. November 1955 in das Landeskrankenhaus in Neustadt/Schleswig-Holstein überführt worden. Ein psychiatrisches Gutachten des Direktors der Einrichtung stellte allerdings fest: »Clauberg ist nicht geisteskrank. Er ist vernehmungsfähig.« LAS, Abt. 352.3, Nr. 16460.

35 G. Schmidt an die Staatsanwaltschaft Kiel, 15. November 1955. Damit war auch die Anregung verbunden, zu prüfen, ob nicht Clauberg für die Ermordung von Maximilian Samuel mitverantwortlich war. – LAS, Abt. 352.3, Nr. 16433.

36 Rundbrief der Bundesärztekammer vom 2. April 1956. – APMO, IV-2/533.

37 Hermann Pörzgen: Experimente in Auschwitz. Der Fall des Universitätsprofessors Dr. Clauberg. In: *Frankfurter Allgemeine Zeitung* vom 3. Dezember 1955.

38 LAS, Abt. 352.3, Nr. 16460.

39 Pörzgen, a. a. O.

40 Der Generalstaatsanwalt mahnte am 17. April 1956, beschleunigt zum Abschluss der Ermittlungen zu kommen. Die Staatsanwaltschaft berichtete am 23. Mai 1956 ans schleswigholsteinische Justizministerium: »Eine weitere Beschleunigung des Vorverfahrens würde eine nicht vertretbare Beein-

trächtigung der Aufklärung bedeuten.« – LAS, Abt. 352.3, Nr. 16462.

41 Uris 1959, S. 155.

42 Hill/Williams 1965, S. 68.

43 Ebd., S. 73.

44 Ebd., S. 220.

45 *Der Spiegel* 20 vom 13. Mai 1964, S. 21.

Ausblick und Dank

1 Mitscherlich/Mielke 1947, S. 12.

2 Die Staatsanwaltschaft beantragte daraufhin am 16. Dezember 1956 die gerichtliche Bestellung eines Sachverständigen. – LAS, Abt. 352.3, Nr. 16446.

3 Maurice de Hond am 30. August 2011 an den Verfasser.

4 Wim Egger am 3. Januar 2011 an den Verfasser.

5 Marja Pinckaers: De circle. Hommage aan Marie Hertzdahl-Bloemgarten. Lanaken 2011. – Erscheinungstag erst nach Redaktionsschluss des vorliegenden Buches.

6 Henrich 2009, S. 91.

7 Ebd., S. 93.

Bildnachweis

Renée Duering 1987: 112, 199. Rainer F. Fischer, Berlin: 74/75. Joods Museum voor Deportatie en Verzet: 93. Landesarchiv Schleswig-Holstein: 119. Hans-Joachim Lang: S. 76–79, 153 oben. Ed Spanjaard: 240. Julia Saur / *Der Spiegel*: 29. Otto Westra: 278.